U0458041

优雅的汉语

中文经典100句

四朝高僧传

季旭昇 总策划

文心工作室 编著

上海三联书店

《四朝高僧传》背景简介

南朝梁慧皎撰《高僧传》十四卷，唐代道宣撰《续高僧传》三十卷，宋代赞宁等撰《宋高僧传》三十卷，明代如惺撰《大明高僧传》八卷，合称“四朝高僧传”。这是中国佛教史上的经典之作，贯穿中国佛教的十三个宗派，记载了从东汉至明朝，一千三百多位高僧的修行记录，反映了中国佛教的起承转合。这四部“高僧传”所记录的时间正是中国佛教最重要的四个时期：东汉至南朝时期佛教的初传、广译、研究；隋唐时期宗派的构成以及佛家义学的发展；宋代各家宗派的融通与实践；及至明代，由台贤所代表的中国佛家义学在此时期重现。

作为“高僧传”的滥觞，南朝梁时的慧皎撰《高僧传》大量引用史料，汤用彤先生在《读慧皎〈高僧传〉札记》中说：“及晋、宋、齐、梁春秋书史，秦、赵、燕、凉荒朝伪历，地理杂篇，孤文片记。并博谘古老，广访先达，校其有无，取其同异。”清代的经学家孙星衍认为其极具价值：“遁入释道，故多通品，辞理可观，且足资考史，地方古迹亦可借证，实为有用之书。”

《高僧传》收录的都是德高的僧人，取“高蹈独绝”之义，慧皎在《高僧传·自序》中说：“前代所撰，多曰名僧，然名者本实之宾也，若实行潜光，则高而不名；寡德适时，则名而不高。名而不高，本非所纪；高而不名，则备今录。”《高僧传》在体例上将载录的僧人分为十科，即“译经”“义解”“神异”“习禅”“明律”“忘身”“诵经”“兴福”“经师”和“唱导”。

每科末尾，都有总论一篇，称“赞曰”或“论曰”。前八科论赞具备，后二科有论无赞。一科之“论”，概述这一门类的意义、源流概述与重要的僧人、事象之评论。后来的僧传也参照了这种体例和分类。

《续高僧传》又称《唐高僧传》，唐代道宣撰，记录了梁初至中唐佛教的史料。道宣认为《高僧传》中记载的梁代高僧较少，需要做补辑，经过长时期的资料收集，而得《续高僧传》三十卷。吕澂先生认为隋唐是中国佛学的构成时期，这种构成是以宗派的形式出现的，这些宗派出现的先后次序为：天台宗、三论宗、慈恩宗、贤首宗、禅宗，各宗各派的大势即成，各家代表人物粉墨登场。

《宋高僧传》记载了唐高宗至宋太宗时期各宗派高僧的事迹。在唐代，佛家的义学达到巅峰，而宋代的各家宗派更为注重融通，一般佛教徒着重实践的倾向极为显著，故禅净两宗最为流行。在《宋高僧传》中，以唐代为主体，可以看出唐至宋时期的各家演变，《习禅》《感通》二科最具特色，前者反映了禅宗南顿北渐之争，对于研究禅宗史有着极高的价值，后者从护法弘教的角度来看，自有其宗教价值。

《明高僧传》是从北宋末年至明神宗时期，共五百余年的佛家史事，具有很高的历史文献价值。佛家在当时已融入了中华文化，深深地扎根在华夏的土壤中，成了中华文明不可忽视的重要组成部分。正是在南宋至明代，佛教僧人在传法布道教化上的着力，极大程度地推动了俗文学的发展。许多流传至今的话本故事、优秀的小说作品中都有浓厚的佛教印记。俗文学的受众十分广泛，尤其在普通民众中广为传播，诸多佛教的观念更加深入人心，更形塑了中国人生命、文化、价值等根本上的观念。

目录

如臭泥中生莲花，但采莲花勿取臭泥也

——《高僧传》

命由业也，岂是防护之所加乎

——《续高僧传》

人有南北，佛性无南北

——《宋高僧传》

汝等识字者，用耳闻经；不识字者，用心念佛

——《明高僧传》

高僧传

如臭泥中生莲花，但采莲花勿取臭泥也

支郎眼中黄，形躯虽细是智囊

名句的诞生

博览经籍，莫不精究；世间伎艺[1]，多所综习；遍学异书，通六国语[2]。其为人细长黑瘦，眼多白而睛黄[3]，时人为之语曰：“支郎眼中黄，形躯虽细是智囊[4]。”

——译经上·康僧会

完全读懂名句

1. 伎艺：即技艺，指各种技巧性的才艺和技术。
2. 六国语：“六国”本指战国时期的齐、楚、燕、韩、赵、魏，这里其实是用来泛指中国各地，所以“六国语”是指各地的方言。
3. 眼多白而睛黄：“白”是眼白，“睛”是眼睛的眼珠部分。这句话的意思是眼白的部分多，眼睛小而黄。
4. 智囊：形容足智多谋的人。

语译：广博地阅览了各种经书典籍，而且无不精通；世间的各种技艺，都有所研习；遍学各种奇异的书籍，也通晓各地的方言。他的外表看起来细长黑瘦，眼白的部分多而眼珠又小又黄，当时的人因此为他编了一句话：“支郎的眼睛泛黄，虽然形体纤细瘦长，但却是一个足智多谋的人。”

僧人背景小常识

康僧会是三国时期的著名高僧，号超化禅师，祖籍是康居国（古代西域的国家名，强盛时位于新疆北部至中亚一带，立国五百年间大致活动在巴尔喀什湖与咸海之间），后来世居天竺，又因父亲从商而再移居交趾（今两广、越南北部一带）。康僧会在父母相继过世、服丧期满后，便出家为僧，并在三国吴赤乌十年（二四七年）来到东吴的建业（今江苏南京），建立寺庙、设置道场教化世人。当时江东地区的佛法尚未盛行，而吴国的君王孙权，久闻康僧会的博学多才，特别迎请入宫，宣扬佛法，佛教在江东地区的传播，从此逐渐繁荣与兴盛，孙权自己也被感化。

康僧会是继支谦之后在江南一带传教的高僧，也是中国佛教史上较早试图融合佛、道、儒三家思想的僧人。他不仅精通佛典，毕生也致力于佛经的注解与翻译工作，他糅合三家思想的观点，可以在他的注释与翻译中明显看到。在圆寂之前，康僧会一共翻译了《六度集经》、《旧杂譬喻经》、《吴品经》（也称《小品般若》）、《菩萨净行经》、《权方便经》、《菩萨二百五十法经》、《坐禅经》七部佛经，又为《安般守意经》《法镜经》《道树经》作注并写序，他的注译相当精确，文辞也十分典雅，成为今日研究汉魏佛学的重要资料。

名句的故事

原文这句话，是在形容三国时期以翻译佛经著名的优婆塞支谦。支谦原本是大月氏人的后裔，其祖先在汉灵帝时来到中国，因此支谦从小就受汉族文化影响，精通汉文，不仅翻译或重译了许多佛教经典，传说还深受孙权的信任，辅导过吴国太子孙登。

“博览经籍，莫不精究；世间伎艺，多所综习；遍学异书，通六国语。”从这段话足以想见支谦的博学与多才，对各地方言、异国书籍也多有涉猎。不过话锋一转，文章开始记载支谦的身材与形貌：“细长黑瘦，眼多白而睛黄。”可见支谦又干又瘦，眼睛还略显黄浊，单看这个人的外表，可以说是其貌不扬，与中国人传统思维中身形挺拔、面容俊秀、双目炯炯有神的“有为读书人”，根本是天壤之别。幸好当时的百姓都知道支谦是一位拥有丰富才学与见识的高僧，所以才会为他编了一句类似民谣的赞颂语，而“黄眼支郎”的名号，也从此不胫而走。

历久弥新说名句

这种“以貌取人”的刻板印象，就连孔子这样的圣贤人物，也曾经不小心地错犯了。司马迁《史记·仲尼弟子列传》记载，孔子有一个名叫宰我的学生，长得相貌堂堂，彬彬有礼，又能言善道。孔子第一次和宰我交谈的时候，就很欣赏这个学生，认为他是个难得的人才，将来一定能够有所作为，然而事实却非如此，有一天孔子见到宰我在白天睡觉，气得大骂：“朽木不可雕也，粪土之墙不可杇也。”而孔子还有另一个名叫子羽的学生：“状貌甚恶。欲事孔子，孔子以为材薄。既已受业，退而修行，行不由径，非公事不见卿大夫。”大意是说，子羽外貌甚丑，而且言行笨拙愚钝，所以当他第一次来拜见孔子的时候，孔子对他的印象不太好，甚至心想：“这个学生大概没有什么出息吧！”没想到子羽在日后奋发努力，终于成为一位著名的学者，而且“从弟子三百人，设取予去就，名施乎诸侯”（意思是说，有三百多个学生拜子羽为师，向他求教，名声几乎超过了显赫的诸侯）。孔子听到后不禁大叹：“吾以言取人，失之宰予；以貌取人，失之子羽。”

民间也有许多阐述这种道理的俚语。除了以明太祖朱元璋作为比喻对象的“臭头仔也会做皇帝”一语外，再如形容看似木讷却实力惊人的“恬恬食三碗公”，形容残疾或能力不佳的人也有可取之处的“瘦马也有一步踢”等，也都是相似的观念。至于莎士比亚的名句“闪烁者未必都是金”，以及西方俗谚“美丽是肤浅的”“不应根据封面来评价一本书”也同样是在说明“人不可貌相”这个道理。

行恶则有地狱长苦，修善则有天宫永乐

名句的诞生

周、孔[1]所言，略示近迹[2]，至于释教，则备极幽微。故行恶则有地狱长苦，修善则有天宫永乐。举兹以明劝沮[3]，不亦大哉。

——译经上·康僧会

完全读懂名句

1. 周、孔：指周公、孔子等圣贤人物，也可泛指儒家圣人。
2. 略示近迹："近迹"指浅近的事迹与事理。这句话的意思是粗略地表达浅近的事理。
3. 劝沮："劝"是劝勉、鼓励，"沮"是禁止、阻止。

语译：周公、孔子等儒家圣人所说的，都只是粗略地表明浅近的事理。至于佛教，则是完备、周全地阐明隐微、深刻的道理。所以作恶便会堕入长久苦难的地狱，行善便会升上永享快乐的天宫。以这样的理论来劝善止恶，难道不是更恢宏博大吗？

名句的故事

本句是康僧会在面对孙皓的诘难时，所回答的一句话。孙权的孙子孙皓即位之后，因认为不合礼制的祭祀容易让人过度迷信，开始破坏各地进行淫祀的庙宇、祠堂，甚至派遣使者到寺院中为难康僧会。被孙皓派遣去和康僧会辩论的使者叫作张昱，张昱与康僧会交手之后，十分佩服康僧会的才智与明识，因此返回宫中之后，反而对康僧会极尽赞誉，如此一来，孙皓不得不派遣马车将康僧会迎入宫中，亲自会见康僧会。

孙皓见到康僧会，便问："既然周公、孔子等儒家圣人早已明白地指出善有善报、恶有恶报，行善、为恶皆有因果报应，又何必需要佛教来再次说明呢？"换句话说，孙皓刻意为难康僧会，质疑佛教存在的必要性。所以康僧会回答，佛教并非多余的，反而是更深刻、备极细微地弥补了儒家学说的不足，并利用天堂与地狱的说法，让儒、佛的共同理念"劝善止恶"能更有效地深植到一般人的心底。

历久弥新说名句

康僧会的这句话，不仅是佛教的格言，当然也是儒家的明训，它详细说明了行善、作恶所必然得到的结果，以强调"修善"的重要性。早在数千年前的《周易》时代，"坤"卦下就已经劝诫世人："积善之家，必有余庆；积不善之家，必有余殃。"意思是说，能够行善积德的家族，一定会余留丰厚的恩泽、福报给自己的后代子孙；相反的，不知多做善事、累积善行的家族，必定会遗留许多的灾难、祸害给后世。

正如康僧会所说的，中国的学者虽然说明了善恶报应的现象，但总不如佛教利用地狱之苦、极乐天宫等观念来警诫人心来得深刻有效，佛教经典《无量寿经》也记载："神明记识，犯者不赦。"认为神明会记下我们所造的善端恶行，如果犯了罪，神明绝不会饶恕，而且必定会随着自己所造的善恶，分别去地狱、天堂受苦或受乐。这样的警语，不仅与康僧会的说法相同，也印证了我们常说的俗谚“举头三尺有神明”“天网恢恢，疏而不漏”，以及闽南语的俚语“人在做，天在看”。每个人头上三尺处，都有神明鉴察，所以要做亏心事之前，必须三思。

人之无德，遂使清泉辍流。水若永竭，真无以自给

名句的诞生

护以晋武之末，隐居深山。山有清涧[1]，恒取澡漱[2]。后有采薪者秽其水侧，俄顷而燥[3]。护乃徘徊叹曰："人之无德，遂使清泉辍流[4]。水若永竭，真无以自给，正当移去耳。"言讫而泉流满涧，其幽诚[5]所感如此。

——译经上·竺昙摩罗刹

完全读懂名句

1. 涧："涧"是指山间的流水。
2. 澡漱：洗澡、梳洗与漱口。
3. 燥："燥"是干燥、缺少水分的意思，这里是指涧水干涸。
4. 辍流："辍"是停止的意思，"辍流"是指泉水断流。
5. 幽诚：极深的诚心与诚意。

语译：竺法护在晋武帝末年隐居在深山里，山中有一道清澈的泉水，他时常用这里的泉水梳洗、漱口，后来有一个砍柴的人弄脏了溪岸，过了不久泉水就干涸了。竺法护在泉边流连徘徊，说道："因为人没有德行，使得清泉停止流水。如果泉水真的永远枯竭了，我就不能取水自给，那就应该搬去其他地方住了。"竺法护的话刚说完，泉水便再次涌出，溢满了山涧，由此可见他极深的诚心已经被感知，并且得到响应。

僧人背景小常识

竺昙摩罗刹是西晋时代的高僧，祖先是月支（或作月氏，古代西域国名）人，竺法护是他的汉文名字（昙摩罗刹的梵文是“法护”的意思）。又因为他本姓支氏，所以又被称作支法护。竺法护的祖先从西域迁居到中原之后，就一直住在敦煌郡（今日的甘肃敦煌），这也是后人会称他作“敦煌菩萨”的原因。

竺法护自八岁以后就出家修行，据说他拥有过目不忘的能力，可以日诵经书万言，还精通西域三十六国语言，熟谙印度及西域各国的字体、发音等，甚至精通中国的思想典籍，涉猎百家之说，正因为具备这些过人的才能，所以奠定了他日后翻译经典的基础。

晋武帝司马炎时期，竺法护来到长安，并在长安、洛阳等地从事翻译经文的工作，将西域的大乘佛教经典逐一翻译成汉文，根据梁代僧祐《出三藏记集》的记载，他总共翻译了一百五十四部佛经，计三百零九卷，著名的有《般若经》《法华经》等，其中《法华经》是首次介绍观音菩萨到中国的佛典。

竺法护穷尽一生的心力从事译经工作，是鸠摩罗什到中国以前中国佛教史上翻译佛典最多的高僧。此外，他也以高洁的道德修养闻名，当时追随他的门徒多达数千人，所以晋代士人孙绰在编写《道贤论》时，就把他与“竹林七贤”中的山巨源相提并论。

名句的故事

晋武帝末年，竺法护在深山隐居时，山中有一脉清泉，是竺法护每天梳洗、漱口之处，后来清泉被一个砍柴的人污染了，泉水很快就干涸了，所以竺法护才会禁不住感叹。不过，竺法护这里所说的“人没有德行”，表面上是在责怪将水弄脏的樵夫，实际上也是在反省自己，认为住在泉水边的自己或许是因为德行、修养仍然不足吧，才会让原本源源不绝的泉水干涸。

这是一种非常谦卑的态度。竺法护一语双关，看似在谴责污染水源的人，其实也是在检讨自己：“是不是还有德行不足之处？”“是不是自己无德而遭大自然的谴责？”因此扪心自问：如果是因为我们人类的无德，害得泉水干涸，那么我大概要赶紧搬离此处了。

《高僧传》记载，竺法护的话语刚落，泉水就再次涌出了，并认为这是因为竺法护的诚意深深地感动了上苍，所以本文也描述，后来在东晋时期，另一位高僧支遁听到这个故事之后，特别在竺法护的画像上题赞说：“竺法护的心是如此的清静与洁净，品德是如此的高尚深厚而完美，在深山峡谷中稍稍发令，就让枯泉再度喷吐了。”正所谓“精诚所至，金石为开”，与其说是向大自然发号施令，不如说是竺法护能谦卑地与自然万物相处，并诚心诚意地感动了冥冥之中的自然神灵。

历久弥新说名句

竺法护说的这句话，强调了人生在世德行、品格的重要性。这与古代许多中国学者“重德”的精神完全一致，早在《尚书》就曾经记载：“皇天无亲，惟德是辅。”意思是上天不会亲近任何人，只帮助有德之人。《诗经》也说：“天生烝民，有物有则。民之秉彝，好是懿德。”意思是上天生育百姓，并且给予他们固定的形体以及规律的生活法则，而人民天生的秉性，是爱好品德。言下之意，就是“好德”本为人类的天性。古语有云：“德，人之本，政之根，国之基。”认为做人、为政与治国的根本都在于“德”。这可以说是非常看重“修业进德”的工夫，因为它已经把“德”视作修身的首要条件，正是《世说新语》中所谓的“百行以德为首”。

换句话说，谨守道德伦常，是做人最基本的原则，相反，人如果无德，则很难在社会上立足，所以孔子才会直接点出：“德之不修”是他自己最忧虑的事情之一。而《战国策》则更进一步说“道德不厚者，不可以使民”，认为无德行操守的人，根本没有能力统驭人民，做人民的表率。

儿心有分别，故钵有轻重耳

名句的诞生

什进到沙勒国[1]，顶戴佛钵，心自念言："钵形甚大，何其轻耶？"即重不可胜[2]，失声下之。母问其故，答云："儿心有分别，故钵有轻重耳。"遂停沙勒一年。

——译经中·鸠摩罗什

完全读懂名句

1. 沙勒国：古西域国名，又名疏勒国，故址何在，众说纷纭。
2. 重不可胜：胜：承受。"重不可胜"即沉重到无法承受。

语译：鸠摩罗什进到沙勒国时，头上顶着一个佛钵，内心暗道："这个佛钵形体相当大，怎么顶在头上感觉这么轻呢？"刚这么想的时候，佛钵立即沉重到无法负荷，罗什随即失声大叫，佛钵也不小心掉了下来。他的母亲询问发生何事，罗什答道："孩儿因为心中起了分别心，所以感觉佛钵产生轻重变化。"由于如此，鸠摩罗什便留在沙勒国修行一年。

僧人背景小常识

鸠摩罗什（三四四至四一三年，一说三五〇至四〇九年），原学小乘，后更精进，再学大乘，学有所成，名播中土。于后秦弘始三年罗什抵达长安，姚兴待之如国师，并大力支持罗什翻译佛经。当时讲解佛法、翻译佛经二事同时进行，门下有僧叡、僧肇、道流、道恒等八百余人，一同翻译出《大品般若经》，接续又译出《小品般若经》《法华经》《维摩诘经》《中论》《百论》《十二门论》等等，共达三百余卷。由于鸠摩罗什通晓汉、梵文，门下又有许多杰出的弟子相助，所以均能校改先前译本的谬误，译出的佛经多能臻及信、雅、达的水平。

到晚年，罗什自知不久人世，便向众人宣誓，若他所传译的佛经没有谬误的话，那么在他去世遗体焚化后，舌根也不会焦烂。果然在他逝世遗体火化后，全身成为灰烬，唯独舌根不灰。证明了罗什所译经典，真实不妄。

名句的故事

鸠摩罗什的父亲鸠摩炎本是天竺高官之子，相当具有智慧与德行，本来应该世袭家中的官位，但他却推辞不就，且毅然决然地出家。后来旅行到龟兹国，受到国王礼遇成为国师。鸠摩罗什的母亲便是龟兹国的公主，生来聪颖，有过目不忘的本事。她潜心学佛，时常解悟佛法中的奥妙。当她一见到鸠摩炎，便十分倾心，于是在龟兹王有意的安排下，鸠摩炎便娶了公主。

不久，公主便怀了鸠摩罗什。据说，鸠摩罗什的母亲在怀孕时，不论记忆还是悟性，都有极大的进步，甚至开始通晓天竺语。众人都感到十分讶异，认为她腹中的孩子必定是天赋异禀。在鸠摩罗什出生后，一日他母亲出城，看见荒地中遍地散乱着枯骨，于是思索色身是苦，决意出家修行。在鸠摩罗什七岁时，亦随母亲出家。由于他天生智慧过人，因此跟随老师研读经典时，无须解释，皆能领略其中高深的意涵。就在鸠摩罗什九岁时，母亲考虑到自己在龟兹国的地位太高，日日受到相当丰厚的待遇，如此享受的生活，是修行者必须戒慎恐惧的，于是她便带着年幼的罗什离开了龟兹，四处游历，并跟随高僧研习佛法。当鸠摩罗什十二岁时，就已经是声名远播的高僧了。

这则名句正是在鸠摩罗什十二岁时，与母亲来到沙勒国发生的事件。所谓“儿心有分别，故钵有轻重耳”，就是因为小小年纪的罗什，心中起了念，而此念便是认为以自己的年纪、气力，无法顶起沉重的钵，而这样的意识，就是一种“分别心”。所谓年纪、力气的大小，以及物品的轻重，皆为一种“分别”，然而世间一切正是因缘相生，随着我们的起心动念，而时时流转。因此，所有的差异，皆为我们的“心”所赋予。正因为有此分别心，使得原本已经做到的事，顿时难如登天。一切皆是心念所塑造，是以若我们无分别心，面对这世间诸多事物，或许便可以随缘面对。

历久弥新说名句

所谓的“分别心”，就是心对情境起作用时，只看到情境的表相，而有所思维量度所产生的心念。具体地说，便是对事物产生是非、善恶、人我、大小、好坏、美丑等种种之差别观感。事实上，这种取舍分别之心，便是一种妄念执着，无论对人还是对事，都容易因此导向迷惘、烦恼与自苦。

卖牛奶的女孩，就是个很好的例子。女孩好不容易挤了一桶牛奶，欢喜地将牛奶提到市集上去贩卖。在前往市集的途中，她开始想着：“啊，有一桶牛奶，可以换到五个金币吧？换到五个金币，就可以买一件美丽的洋装；若能够拥有一件美丽的洋装，好好打扮，我一定是个最受人注目的女孩……啊，听说皇宫将要举行舞会了！我若穿上那件美丽的洋装，参加舞会，一定是一颗闪闪动人的星星，受到众人的赞美……也许，王子会过来向我邀舞呢！那么我就会拉起裙摆，和王子翩翩起舞……”想到这里，女孩仿佛看到未来美好的愿景，竟然真的拉起裙摆，跳起舞来。这时，提在手上的牛奶，便因为女孩跳舞的动作，突然滑落——牛奶全都打翻了！女孩只能含着泪，看着洒落一地的牛奶，美好的梦就这么碎了。

这个故事清楚地呈现了女孩因分别心而产生的妄念，甚至最后她所妄想的一切，都因为这个负面的结果，而化为一团泡影。

汝是小魔，宜时速去，我心如地，不可转也

名句的诞生

后于寺侧故宫中初得《放光经》[1]，始就披读。魔来蔽文，唯见空牒[2]。什知是魔所为，誓心逾固[3]，魔去字显，仍习诵之。复闻空中声曰："汝是智人，何用以读此？"什曰："汝是小魔，宜时速去，我心如地，不可转也[4]。"停住二年，广诵大乘经论，洞其秘奥。

——译经中·鸠摩罗什

完全读懂名句

1.《放光经》：又称《放光般若经》《放光般若波罗蜜经》等，为西晋无罗叉、竺叔兰译，为般若经系，内容记述般若波罗蜜法。
2. 空牒：牒：书写文字用的木片或竹片。空牒，即空白竹片。
3. 逾固：越加坚固。
4. 不可转也：不会退却、转移，喻心志坚定。

语译：鸠摩罗什后来在寺院旁的旧宫中寻得《放光经》，于是展卷阅读。此时魔鬼前来阻挠，遮住经文，让罗什只见到空白书页。罗什内心清楚是受魔鬼所遮蔽，愿心更加坚定不移，魔鬼因此退让，而经文也显现出来，罗什仍旧诵读研习。后又听到空中有声音发出："你是聪明人，何须读这些书呢？"罗什答道："你只是小魔鬼，快点离开，我的心志如大地般坚定，不会退却、转移。"于是罗什在龟兹停留居住了两年，广泛学习、诵读佛教的大乘经典，并且深入思索、体会其中高妙的佛法。

名句的故事

学道求佛，在有形或无形方面，肯定会遭遇困顿、阻碍、折磨，此乃修道之人必经之途。绝大多数人总会因为万般缘由而中途放弃，而且不会自觉到是自己放弃，总归咎于外在许多人、事、物的阻碍，使得自己不得不放弃。事实上，凡人固然皆会遭逢诸多不如意之事，然而一个潜心修道者，他所遭受的苦难与考验，更会高于常人数倍。如此多的考验，无非是要测试他修道之心是否坚定。也因为考验是如此严峻，因此古今中外能真正不动摇，并最终修成正果的人，实在是少之又少。体会这层，我们便可以感受到鸠摩罗什所言是如何的难能可贵。

历久弥新说名句

在唐代传奇小说中，有记载一则杜子春的故事。杜子春本是隋代一名纨绔子弟，少年时期游手好闲、不务正业，最后只能行乞度日。后来遇到了一位老人，老人运用智慧解开他的心结，杜子春便跟随着老人，在华山云台峰潜心修行。

一日，老人将杜子春唤到跟前，拿了三颗白色药丸与一杯酒给杜子春，要他吃下，另拿了一张虎皮铺在屋内墙边，要杜子春面朝东方坐下，交代道："现在是你要经历考验的时候了，一会儿我离开后，你无论看到任何景象，都不可以发出声音。要记得，那一切都是虚幻的，不是真实的，因此无论见到什么凄惨的事，都不可以说话。只要你心无旁骛，安定无惧，便不会受到任何伤害，切记，切记！”

老人再三告诫后，便离去了。后来，突然震天动地、喧嚣声响四起，只见满山遍野的士兵拿着武器朝杜子春而来，杜子春不敢出声，大将军只能怒瞪他一眼，带着大军离开。不久，又来了无数的毒蛇猛兽，咆哮着要吞噬他，接着雷电大作，倾盆大雨瞬间变成洪水，朝他席卷而来，此时，背后突然燃起熊熊火焰，他无从闪避，但仍谨记着师父的告诫，一语不发，端正地坐在地上。

此时，方才的那位将军又出现了，领着一群地狱中的怪物、厉鬼，把装满滚水的大锅放在他面前，吼道：“说出你的姓名，否则就把你煮了！”杜子春依然保持缄默。鬼怪们于是抓来他的妻子，鞭打她，一会儿烧，一会儿煮，妻子被折磨得不成人形。然而，杜子春忍耐着，无论妻子如何哭号，他依然沉默。大将军眼看杜子春不就范，于是将他带到阴曹地府让他上刀山、下油锅，遭受所有的虐待、酷刑，但他仍记着师父的叮咛，咬着牙撑过。阎王眼看他如此顽强，便安排杜子春转世投胎成为一个女人，生在宋州一位王姓的官员家中。

投胎成为女子的杜子春始终不出声，被认定是个哑女。同乡的一位青年卢生对杜子春转生成的哑女相当倾心，委托媒人前去说媒，然而王家人却因为她是哑女，推辞了这门婚事。知道这件事的卢生说道：“娶妻只要贤惠即可，会不会说话又有何关系？”于是两人便成了亲，并孕育了一个男孩。一天卢生抱着孩子，想跟妻子说话，但妻子就是一声不吭。这时卢生大怒道：“你是不屑跟我说话吗？大丈夫被妻子瞧不起，还要她的儿子做什么？”说着，抓起孩子便扔到地下，孩子的头磕在石头上，顿时鲜血四溅。杜子春爱子心切，情急之下竟然忘了道长的吩咐，不觉失声大喊："哎呀！"

声音还没落，瞬间身边场景如云雾般消失，杜子春便发现自己仍坐在原来的位置，此时师父已经坐在他的面前，摇头叹息道："你已经将七情六欲看透，却只有爱仍无法割舍。卢生摔你的孩子时，你只要熬过去，仙丹便可以炼成，而你也就修炼成仙了。我的仙丹可以重炼，但你这个可成仙的人才实为难得。如今你无法看破此关，只能回到人间去重新修行了！"说完，便指着远方一条路，要杜子春离去。回到人间的杜子春，想回去求师父再给他一次机会，但当他再次登上华山云台峰，却再也找不到当时修行的所在了。

大乘深净，明有法皆空；小乘偏局，多滞名相

名句的诞生

什得师至，欣遂本怀[1]，即为师说《德女问经》，多明因缘空假[2]。昔与师俱所不信，故先说也。师谓什曰："汝于大乘见何异相[3]，而欲尚之？"什曰："大乘深净，明有法皆空[4]；小乘偏局[5]，多滞名相。"

——译经中·鸠摩罗什

完全读懂名句

1. 本怀：原本的愿望、心意。
2. 因缘空假：一切存在都是因缘和合所生，且是刹那变化，自体并非永恒不变，故为"性空"；但也由于因缘和合形成万法，所以又为"假有"。因：主因，原因。缘：助缘，机缘。
3. 异相：此词在佛经中随文脉有不同用法，此处指大乘有何特殊义理。
4. 有法皆空：一切有为法，意即一切存在，均是因缘和合以成，兼之刹那变化，故一切皆空。
5. 偏局：有所偏颇，局限于一端。此特指小乘局限于"有"而不明"空"。

语译：鸠摩罗什得知自己的师父到来，很高兴原本的期待如今实现，于是为师父说解《德女问经》，经中多是阐述因缘和合，以及假有性空的中观思想。这种中观思想，罗什过去

和他的师父皆不相信，如今罗什已经明白这个道理了，所以先向他的师父说明何谓因缘空假。后来他的师父问："你在大乘经典里学到什么特殊的义理，因而如此尊崇之呢？"罗什答道："大乘佛理精深透净，明白揭示了一切有为法皆是性空的道理；小乘则局限于名相、实有，而有许多偏失、执着。"

名句的故事

这个故事是发生在鸠摩罗什年满二十，母亲离开龟兹国前往天竺之后。与母亲分别后，罗什一人继续留在龟兹，读诵了许多大乘经论，两年后便通晓了大乘教义。这时，龟兹王为鸠摩罗什设置金狮子座，要恭请罗什说法，然而，鸠摩罗什却说道："我之前在罽宾国的师父尚未体悟大乘佛法之奥妙，我必须亲自为他解说，所以不久后便会离开。"

但不久，鸠摩罗什的师父竟然不远千里地来到龟兹国。在拜会国王时，国王问他为何如此长途跋涉，罗什的师父说道："一来是听说我的弟子鸠摩罗什已有不凡的体悟，二来听说贵国大力弘扬佛法，所以我前来。"因为师父的到来，鸠摩罗什实现了之前的心愿，于是有了上述的交谈。事实上，罗什的师父在听完罗什的说明后，并没有立即接受因缘空假的思想，进而问难道："你说的一切皆空，甚为可怕，怎能舍弃实有法而转崇虚空呢？以前有位狂人，要制线的工匠将线制作得极为纤细，工匠用心制作，将线制得如同微尘般纤细，但狂人仍认为那线太粗，工匠因此大怒，指着空中说：'这就是细线。'狂人说：'为何看不到？'工匠说：'这条线之纤细，像我这样的良匠都看不到了，何况其他人！'狂人因此大为欢喜，付钱给这位工匠。这位工匠从此复制这办法，也获得很高的奖赏，但其实根本没有这种线。你所谓的因缘空假，即是如此。”

罗什便通过各种相似的事理，使用许多譬喻阐明此理，用心说解，反复论谈一个多月，师父才真正信服。他的师父也因此感叹：“师父不能明白通达的，弟子反过来启发师父，如今确实得到验证了。”于是反而尊崇罗什为师父，并说：“和尚是我大乘佛法的师父，我是和尚小乘义理的师父。”因为这些事迹，罗什在西域诸国的名声也就愈加响亮，备受尊崇。

历久弥新说名句

大乘佛法所强调的，并非自我的修持以获得解脱，而是在自渡之外，尚能渡人，地藏王菩萨便是很好的例子。地藏王菩萨，又称“幽冥教主”，简称“地藏王”。在《地藏菩萨本愿经》中提到，地藏王菩萨过去是一位孝顺的婆罗门女，后来修成菩萨道，具足悲愿，普度众生。

在佛教中，菩萨是依其德行命名，中国人所熟悉的四大菩萨，名称前各有一个赞词，分别是：“大智文殊”“大行普贤”“大悲观音”“大愿地藏王”。由赞语来看，地藏王菩萨的誓愿较诸其他菩萨来得深广，因此以大愿著名。地藏王所立下的大愿是：“地狱不空，誓不成佛，众生度尽，方证菩提。”当世间仍有沦丧之人，那么地狱便仍有诸多罪孽深重之人在受苦，地藏王菩萨不为自身修行成佛，反而心系迷惘的众生。也因此，在信众的心目中，地藏王菩萨不仅是掌管地狱的“幽冥教主”，更一直是以慈悲大愿，救渡苦难众生的菩萨。

《地藏十轮经》中有句描述地藏王菩萨之佛语：“安忍不动犹如大地，静虑深密犹如秘藏。”地藏王菩萨的安忍不动、稳固不坏，维系万物不致倾颓，承载着众生的种种罪业，通晓一切生命之妙法，便犹如大地一般，承担一切，包蕴无限，含藏一切种子不使朽坏，以此比喻地藏王菩萨能保持众生善根之种子、为众生历劫受苦的无量心，是相当贴切的。

如臭泥中生莲花，但采莲花勿取臭泥也

名句的诞生

什为人神情鉴彻，傲岸出群[1]；应机领会[2]，鲜有其匹[3]。且笃性仁厚，泛爱为心；虚己善诱，终日无倦。姚主常谓什曰："大师聪明超悟，天下莫二。若一旦后世[4]，何可使法种无嗣。"遂以伎女[5]十人，逼令受之。自尔以来，不住僧坊，别立廨舍[6]，供给丰盈。每至讲说，常先自说譬喻："如臭泥中生莲花，但采莲花勿取臭泥也。"

——译经中·鸠摩罗什

完全读懂名句

1. 傲岸出群：人品风采异于常人，出类拔萃。
2. 应机领会：随顺各种机遇而皆能有所体会，不限一隅。
3. 其匹：与他相当、比配。
4. 后世：逝世。
5. 伎女：歌舞女子。
6. 廨舍：原意为官署、官舍，此处指姚兴为鸠摩罗什修建的居所。

语译：鸠摩罗什精神性情爽朗洒脱，人品风采异于常人，出类拔萃；且能够随顺各种机遇而均有所体会，这样的资质、工夫，很少有人能与之比配。其又生性笃实仁厚，长存博爱之心；也能虚怀己见，以适合对方的方式循循善诱众人向善，无有倦怠。姚兴经常跟罗什说："大师资质聪明、领悟力非凡，天下没有第二个人比得上。一旦大师过世，怎能让如此优良法种不延续下去呢！"因此便派遣十名歌舞女子，强势逼迫罗什接受。自此以后，也不让罗什住在僧舍，另外建盖房舍让罗什居住，生活物质上的供给亦更为丰厚。鸠摩罗什此后每到讲经说法的时候，总会先说："譬如臭泥中生长清净的莲花，只能取莲花之清净，而不可采臭泥之污秽。"

名句的故事

鸠摩罗什二十岁时，他的母亲已感觉到龟兹国运将尽，于是便告别龟兹，前往天竺。在临行前，罗什的母亲对他说："大乘佛法将会大大发扬于东方，而你的法缘也正是在那里，也只有你能够将佛法弘扬，然而，这个使命对你本身将有诸多不利，你如何是好？"鸠摩罗什说道："要行菩萨道，便需要为法忘却形躯，因此即便赴汤蹈火，也在所不辞。"

于是，就在中国魏晋南北朝时期，鸠摩罗什从西域远道来到后秦，在这个东方的国度讲道说法。当时的后秦皇帝名为姚兴。姚兴得知鸠摩罗什东来，亲自相迎，并以国师之礼待之，时常向鸠摩罗什讨教，受佛法浸润而终日不倦。

然而，姚兴毕竟世俗之人，无法看破肉体之表象，竟然兴起妄想，要鸠摩罗什娶妻生子，将优良的佛法种子延续下去，并强迫罗什接纳赏赐的美女、华宅，以及丰厚的物质享受。对一个已出家的僧人而言，如此赏赐便如同一种羞辱；然而鸠摩罗什为了使佛法继续在中国生根，只能勉强承受。在讲经说法时，他便语重心长地说道："就如同泥中生长清净的莲花，我们只能取莲花之清净，而不可取臭泥之污秽。"意思是要信徒明白：鸠摩罗什便如同臭泥中的莲花，众生要学习莲花的清净，而不可因他脚下踩着臭泥而困惑。因为以鸠摩罗什的能力，在臭泥中依然能开出清净莲花；但众生凡心，若在臭泥中则往往与之同流合污。

历久弥新说名句

莲花，是佛教的一个象征。由于莲花生长于池塘污泥中，却不会被污泥所染，仍能开出洁净的花朵，因此往往用以勉励人在污浊的世俗中依然保有自身的高洁风骨。莲花拥有这样的寓意，因此时常成为画作中的素材，如观世音菩萨画像，观世音菩萨的脚下便时常踩着一朵莲花。

不只是佛教，甚至在中国儒家的观念中，莲花也往往为学者们所倾慕，成为譬喻与自勉的对象。宋代理学之祖周敦颐，便以莲花为题材，写作知名的《爱莲说》，文中盛赞莲花之高洁为："出淤泥而不染，濯清涟而不妖。"周敦颐这一句话，不仅是形容莲花，更是点出士人应有的风骨与志节，所以这篇《爱莲说》事实上不仅是自我的描绘与期盼，更可以说是一种对历朝历代知识分子的期许。

罗什如好绵，何可使入棘林中

名句的诞生

行达姑臧[1]，而什[2]已入长安。闻姚兴[3]逼以妾媵[4]，劝为非法[5]，乃叹曰："罗什如好绵[6]，何可使入棘林中！"

——译经中·佛陀耶舍

完全读懂名句

1. 姑臧：地名，位于今日甘肃省武威市。在五胡十六国时期，此地为东西交通要道，往来商人、僧人必经此地。在十六国中，前凉、后凉、南凉、北凉曾以此地为首都。
2. 什：鸠摩罗什，曾为龟兹、后秦的国师。
3. 姚兴：后秦的文桓帝。姚兴自幼聪慧，信奉佛法，曾迎鸠摩罗什入长安，并组织有规模的佛经翻译事业，聚集僧众禅修。
4. 妾媵：泛指侍妾、小老婆。
5. 非法：不合法的事，此处指破淫戒。
6. 好绵：精美的丝绵。

语译：佛陀耶舍要到姑臧找鸠摩罗什，到达姑臧时，罗什却已去长安。佛陀耶舍又听说姚兴逼迫罗什娶妻纳妾，鼓动罗什破淫戒，于是感叹地说："罗什就像精美的丝绵，怎么能让他处在荆棘中呢？"

僧人背景小常识

佛陀耶舍，婆罗门种姓，罽宾人。耶舍的嘴上长着红色胡子，又擅长解释毗婆沙，当时人称为“赤髭毗婆沙”。他曾是鸠摩罗什的老师，又称“大毗婆沙”。

耶舍原是婆罗门种姓，十三岁出家，诵经过目不忘，十九岁已能诵记大小乘经数百万言。又随舅父学了五明诸学，世间法术技艺，无不精通。耶舍到沙勒国时，太子达摩弗多见他仪态优美，谈吐非凡，就把他留在宫中为众人说法。此时鸠摩罗什也来向他学习，两人相知相惜。

鸠摩罗什为后秦国师时，曾向文桓帝姚兴推荐，迎请耶舍到长安协助翻译。当时鸠摩罗什正翻译《十住经》，遇到瓶颈，一个多月难以下笔。后来与耶舍讨论后，鸠摩罗什才将经文翻译出来。僧众们都认为文句简要，义理精当，因此对耶舍生起崇敬钦服之心。

耶舍的记忆力超强，司隶校尉姚爽想请他译《四分律》，但担心他的记忆有谬误，就先以五万言的“羌籍药方”让他诵记。第三天进行验试，姚爽拿出原文对照，结果一字不差，便心悦诚服地请他翻译。耶舍为魏晋时期有成就的译经家，有名的译作为《长阿含经》《虚空藏菩萨经》《四分律》等。

名句的故事

当龟兹国被吕光攻破时，鸠摩罗什亦被俘虏。这时鸠摩罗什在姑臧，佛陀耶舍在沙勒，两人分居两地，却经常怀念彼此的情谊。耶舍在沙勒国弘法十余年，转至龟兹国弘法。鸠摩罗什得知耶舍已到龟兹，便写信邀请耶舍前来姑臧会面。耶舍带着兴奋的心情要前往时，却被龟兹信徒强力挽留了一年多。有一天，耶舍下定决心要去找鸠摩罗什，为了预防龟兹信徒的挽留，选择在夜间悄悄出发。又担心信徒们发现后会以快马追赶，因此耶舍便在清水上施法术，分别与弟子们洗脚。果然在行进时，其速度飞快犹如腾云驾雾，大家都觉得两耳风声飕飕，两眼泪水直流，一夜之间，已走出数百里。

耶舍及其弟子到达姑臧，正期盼与鸠摩罗什相见时，却发现鸠摩罗什已经被姚兴接去长安。又听说姚兴太过赏识鸠摩罗什，甚至逼迫鸠摩罗什娶妻纳妾，想以优生计划来延续鸠摩罗什优良的“法种”。耶舍身为鸠摩罗什的老师，得知心爱的弟子即将被迫犯下淫戒，毁坏修行人清净的戒体，不禁感叹地说：“罗什如好绵，何可使入棘林中！”

历久弥新说名句

鸠摩罗什破“淫戒”这件事，在《高僧传》中《佛陀耶舍传》《鸠摩罗什传》，以及《晋书》卷九十五都有记载。后人对此事的看法，大致可分两种：一是视为小说家的渲染之笔，不予相信；一是肯定鸠摩罗什为法忘躯的大乘菩萨精神，加以赞叹。

明代憨山德清在《妙法莲华经通义》中，就曾为此事提出看法：曾有西域梵师来到长安，他与鸠摩罗什投契，姚兴想留他，却留不住，因此遣人暗杀梵师。此事让姚兴认为鸠摩罗什也有离开长安的念头，所以赐宫女给鸠摩罗什，名义上是要延续“佛种”，实则想用娶妻生儿将鸠摩罗什留在长安。鸠摩罗什为了消除姚兴的疑心，而能安心译经，所以没有拂逆姚兴之意，就接受了宫女。憨山大师认为这是“为法忘躯”的精神，若不是大乘菩萨的示现，哪有死后舌根不烂、“塔前生青莲华”的奇迹呢？

“淫戒”是佛教僧人的重戒，修行人不敢稍越雷池半步。在鸠摩罗什的推荐下，姚兴也曾迎佛陀耶舍到长安，但耶舍有言在先：“若像对鸠摩罗什那样逼我娶妻妾，则绝对不敢从命。”由于耶舍是精通戒律的大师，翻译经典主要以戒律为主，因此耶舍忧心鸠摩罗什是否破戒，不是没有原因的。

戒律固然重要，但更重要的是鸠摩罗什为我们留下许多宝贵的经典，这些经典是真实的存在，真真切切慰藉了空虚的心灵，给予我们智慧的力量。至于这个破戒的公案是否真实，已无法考证，只能留给后人慢慢去思考。

以一微故众微空，以众微故一微空

名句的诞生

罗什[1]与贤[2]数番往复。什问曰："法云何空？"答曰："众微[3]成色[4]，色无自性[5]，故虽色常空。"又问："既以极微[6]破色空，复云何破一微？"答曰："群师或破析一微，我意谓不尔。"又问："微是常耶？"答曰："以一微故众微空，以众微故一微空。"

——译经中·佛驮跋陀罗

完全读懂名句

1. 罗什：鸠摩罗什。
2. 贤：觉贤，即佛驮跋陀罗。
3. 微：微尘，指物质之最小单位。
4. 色：指宇宙间一切有情生命或器世间的形质相状。
5. 无自性：自性是万事万物自体的本性。无自性是指诸法都是无常的，没有恒久永住、真常不变的实体。
6. 极微：小乘修行者以天眼将微尘再分析，分析至无法可分的单位，称为极微。每一微尘都由七极微所组成，如《阿毗达摩俱舍论》："谓七极微为一微量。"

语译：鸠摩罗什与觉贤多次往返讨论佛法的义理。罗什问："一切诸法为何都是空的呢？"觉贤答："众多的微尘组成色法，这些色法都是无常的，没有恒久永住、真常不变的实体。

所以这一切虽然有形体相状，但本质上都是空的。”罗什又问：“以极微来分析一切的色法都是空的是可理解的，但要如何解释极微也是空的？”觉贤答道：“有些论师主张以分析法来破除微尘，但我的意思不是这样。”罗什又问：“那极微是常有实存的吗？”觉贤答：“因为一微尘的本质是空，所以众多微尘也是空的；因为众多微尘是空，所以一微尘也是空的。”

僧人背景小常识

佛驮跋陀罗（三五九至四二九年）又作佛驮跋陀、佛陀跋陀罗，意译为“觉贤”，北印度迦维罗卫国人，为魏晋南北朝时期重要的译经家。佛驮跋陀罗三岁丧父，五岁丧母，后为外婆收养，外婆见他聪明伶俐，就让他剃度出家。受业于佛大先禅师，十七岁时，以诵经为课业，同学们一个月的诵读功课，他一日便可熟记。又以禅修和戒律闻名。

因智严的请求，佛驮跋陀罗到中土弘法。先在长安弘扬禅法，曾与鸠摩罗什共论法义。又转往庐山，慧远请他译出禅修经典。后定居在刘宋京师道场寺翻译经典、讲授佛法。当时，佛驮跋陀罗仪态清雅，智慧深邃，身教言教都令人敬佩，时人曾赞叹他为“天竺王”。

佛驮跋陀罗翻译出许多重要的经典，如《达摩多罗禅经》、《大方广佛华严经》（六十卷本）、《大方等如来藏经》、《文殊师利发愿经》、《摩诃僧祇律大比丘戒本》、《摩诃僧祇比丘尼戒本》等，对佛教有重要的贡献及影响。

名句的故事

佛驮跋陀罗到中土时，听说鸠摩罗什在长安，便想到长安亲近他。两人见面，彼此都非常高兴，同住在长安，经常互相切磋佛法的义理。有一次觉贤就对鸠摩罗什说：“君所释不出人意而致高名，何耶？”你所翻译的经典，只是让人容易理解，却能赢得很高的名声，这是为什么呢？罗什谦虚地回答：“吾年老故尔，何必能称美谈？”我只是年纪比较大的缘故，不敢说有什么美好的赞誉。罗什的回答虽然是谦虚，但他也知道佛法的弘传是靠因缘。简单来说，就是要先让人了解你的能力，这时才有机会弘扬佛法。

罗什翻译经典时，每当有疑义，常与觉贤讨论。他非常欣赏觉贤的学识，因此也想暗中帮助他。有一次，后秦太子姚泓想听觉贤说法，集合了众多的僧人在东宫。这时罗什就趁机提出疑问，让觉贤有发挥的机会。

借由名高誉隆的罗什提问，觉贤的回答不仅让太子姚泓、众多僧人印象深刻，也在历史上留下了一个著名的公案。觉贤所提出的空义，是大乘佛法的“自性空”，不是某些小乘论师所讲的“分析空”。觉贤说出的经典名句不仅具有启发性，区别了大小乘对空义的不同理解，其富有玄思的言语，更是隽永而耐人寻味。

历久弥新说名句

“微尘”的观念，原是古印度物理学的一种，在印度曾出现各式各样的“极微论”。如佛教说一切有部主张“三世实有，法体恒存”，“五蕴”本身是由极微所聚成的，若无“极微”，一切蕴、处、界即不可能产生；又如耆那教提出心物二元的“积聚说”，将“极微”分成“精神极微”“物质极微”两大类。

若从科学的角度而言，有学者认为今日物理学的研究，正好可以印证“微尘”“极微”的概念。经许多科学家的研究，宇宙一切物质的结构都是由分子、原子乃至夸克等微粒子所组成。换言之，这些微粒子，有可能就是古印度所谓的“极微”。

科学家必须用科学仪器才能发现量子（微粒子），而古印度的论师们就已经能从冥想、禅修中知道“七极微为一微量”，每一“微尘”都由七“极微”所组成。这时，姑且不论“极微”是否是“空”，或许我们已不禁要对这些伟大的修行者，打从心底发出深切的赞叹与敬佩。

法不自生，缘会故生

名句的诞生

法不自生[1]，缘会[2]故生。缘一微[3]故有众微。微无自性，则为空矣。宁可[4]言不破一微，常[5]而不空乎？

——译经中·佛驮跋陀罗

完全读懂名句

1. 不自生：不会自己凭空而生。如《中论》："不自生者，万物无有从自体生，必待众因。"
2. 缘会：因缘会合，指一切诸法皆因条件组合而有。
3. 一微：一微尘。
4. 宁可：怎可，岂可。
5. 常：真常实存，永恒不变。

语译：世间一切诸法是不会自己凭空而生的，都是因缘会合而有的。因有一微尘，才能集合成众微尘，而微尘本身是没有真实自体的，这就是空。岂可说不破除微尘，就认为微尘是真实存在而不空呢？

名句的故事

觉贤（佛驮跋陀罗）与鸠摩罗什在东宫的一场精彩对话，觉贤说出了"以一微故众微空，以众微故一微空"的经典名句，然而觉贤使用文学性的语言，虽然隽永而富有玄思，若未经详细的说明，对初学者而言是不容易理解的，因此有许多人摸不着头绪，甚至误会觉贤的意思。当时多数的听众都认为，觉贤所提出的空义和小乘论师的分析法相同，都是主张“微尘是常”，就是一切有情生命、器世间的种种都是由微尘所组成，万事万物虽是空的，但是微尘是真常实存的。

不久之后，长安的学僧又来请教觉贤。这次觉贤用平铺直叙的语言直接阐明大乘佛教的“缘起论”。觉贤说：“法不自生，缘会故生。”一切诸法都是因缘会合而有的。同时觉贤也解释了“一微”、“众微”和“空”的关系，他说：“微无自性，则为空矣。”微尘本身是没有真实自体的，这就是空啊。觉贤所说“无自性”，是指宇宙间一切有情生命或器世间的种种都是由微尘所组成，因为微尘是“无自性”的，所以它才会随缘组成任何事物；倘若微尘“有自性”，它就只能是微尘，而不能随缘组成其他事物，因此微尘的本质是空的。同理可推，一微尘是空的，众多微尘所组成的万事万物，同样也是空的，都是无常的，都随着因缘（条件组合）的聚散而变化。

“一微”和“众微”是个对比的概念，当“众微”是“空”时，“一微”也必定是“空”。觉贤以为这样的表达可以让人了解大乘“空义”，却想不到造成某些人的误解。难怪最后觉贤要感叹地说：“宁可言不破一微，常而不空乎？”

历久弥新说名句

觉贤所说的“法不自生，缘会故生”是大乘佛教“空义”的基本概念，此处觉贤使用的表达语句和龙树菩萨《中论》颇为相似。

《中论》曾提道:“诸法不自生，亦不从他生，不共不无因，是故知无生。”这是指宇宙间的一切诸法是不会自己生出来的，因为自己无法产生（不自生）；同样的，他者也无法产生（不从他生），因为他者只是另一个自己；既然自、他都不能生，那自、他合在一起也无法产生（不共生）；更不会无因凭空而生（不无因）。因此，总结地说，是“无生”，是“空”。

既是“无生”，那宇宙间的一切现象又该如何解释呢？佛教认为一切诸法都是因缘会合的宛然幻有，所以在《中论》又提道:“众因缘生法，我说即是空，亦为是假名，亦是中道义。未曾有一法，不从因缘生，是故一切法，无不是空者。”因缘会合所生的一切诸法都是空的，但在现象界却是宛然存在，故称为“假”。倘若能够掌握到“空”“假”两者之间的平衡，就是“中道”。没有任何一法不是从因缘会合而生的，所以一切法都是空的。

大乘佛教“空义”关于“法不自生，缘会故生”的这些论述，对有修证的修行人而言，也许简单得就如说出眼前所见的事物；但对于一般的凡夫俗子，这些言语就如同高度的抽象思考，完全摸不着边际。然而不可否认，这些法义的指导，将引领着我们这群凡夫俗子发现生命的实相。

染学有浅深，得法有浓淡

名句的诞生

贤[1]在长安，大弘禅业，四方乐靖[2]者，并闻风而至。但染学[3]有浅深，得法有浓淡[4]，浇伪之徒[5]，因而诡滑[6]。

——译经中·佛驮跋陀罗

完全读懂名句

1. 贤：觉贤，即佛驮跋陀罗。

2. 乐靖：喜爱静修禅坐。靖同“静”。

3. 染学：指对佛法的熏染学习。

4. 浓淡：对于佛法、禅修体验的层次不同。

5. 浇伪之徒：心地恶劣，轻浮、虚伪的人。

6. 诡滑：狡猾诡诈。

语译：佛驮跋陀罗在长安弘扬禅坐静修的法门，四方喜爱静修禅坐的人，都闻名来向他学习。在徒众中，个人对佛法的熏染有深浅的差异，对佛法的体会、禅修的体验也有所不同。此时有心地恶劣的人，想伪装自己有修行，便趁机以狡猾诡诈的手段鱼目混珠，欺瞒世人。

名句的故事

觉贤自从在东宫说法后，饱学精修的名声也逐渐传开。当时后秦皇帝姚兴专志于佛法，在宫阙里供养了三千多名僧人。这些僧人们大多喜欢参与俗事，只有觉贤专心静修，与其他僧人不同。在觉贤禅观时，经常会出现许多感应。有一次，觉贤告诉他的弟子，说他在静坐时看到有五艘船从他的家乡（印度）出发，现在正往东土驶来。后来，觉贤的弟子不小心将这件事传了出去，因此长安的僧人们大都以为觉贤是要乱发异言来迷惑世人。

觉贤在长安弘扬禅坐静修的法门，从四方慕名而来的徒众相当多。虽然这些徒众得到名师的教导，但个人的资质有差异，对于佛法的学习，行为的熏染与改善程度也有所不同。于是就有一些轻浮、虚伪的徒众，趁机以狡猾诡诈的手段，伪装自己是个有修行的人。譬如有一个弟子，他的修持并不好，却在众人前公开说自己已得“阿那含果”（声闻圣人四果中的第三果，意为“不来”，已断欲界之欲，不再来欲界受生）。这件事觉贤没有实时发现，当然更无法于短时间内处理。又加上先前的“五艘船”事件，这些事让觉贤的形象大受影响，有些徒众对觉贤失去信心，有的隐名离去，有的在夜里翻墙而走。觉贤在当时遭到舆论的抨击，后来甚至被迫离开长安。

历久弥新说名句

“染”这个字，一般的常识大多以“染色”、“沾染”或“感染”为主。

在佛教的法义中，“染”是个颇为重要的观念，它通常是“污染”，意指人因受五欲六尘之影响，使清净自性蒙上尘垢。然而也可用在正面处，如“染香人”，指念佛者熏染佛之功德，因此功德充满身心，故称染香人。又如南朝梁萧统《讲解将毕赋三十韵诗依次用》：“慧义比琼瑶，薰染犹兰菊。”佛法的智慧好比美丽的玉石，又好像兰菊一样，让人们经由熏染而散发出芬芳。因此“染”这个字，在正反两面都可使用。

“染学有浅深，得法有浓淡。”这是句发人深省的话，它可以适用在许多地方。往内而言，它能用来检讨自己学习的进度，审视自己的格局与胸襟；相同的，往外看去，它也可以当作客观衡量他人优缺点的一把尺。

王以法故杀之，我以亲而葬之，并不违大义，何为见怒？

名句的诞生

谶[1]从兄善能调象[2]，骑杀王所乘白耳大象，王怒诛之。令曰："敢有视者，夷三族[3]！"亲属莫敢往者，谶哭而葬之。王怒，欲诛谶，谶曰："王以法故杀之，我以亲而葬之，并不违大义，何为见怒？"

——译经中·昙无谶

完全读懂名句

1. 谶：昙无谶。

2. 调象：指豢养、调驯大象。

3. 夷三族：古时的重罪刑罚，诛杀当事人及其"三族"（父族、母族、妻族）。

语译：昙无谶的堂兄擅长调驯大象，因为他弄死了国王所骑乘的一头白耳大象，国王十分生气而杀了他，又下令说："若有人敢来探视死者，就诛杀他的三族！"亲属们闻令都不敢前往，只有昙无谶哭着去埋葬堂兄。国王知道后大怒，想杀死昙无谶，这时昙无谶说："国王因为法令的缘故而杀掉我的堂兄，我因为亲戚的缘故而埋葬我的堂兄，这并不违反大义啊，您为何要发怒呢？"

僧人背景小常识

昙无谶（三八五至四三三年）又作昙摩谶、昙无忏，中印度人，为南北朝时期重要的译经家。昙无谶六岁丧父，其母让他随达摩耶舍出家。十岁时，已能读诵经典万余言。初学小乘，后遇白头禅师，得见树皮《涅槃经》而转学大乘。

昙无谶二十岁时已经能读诵经典二百万余言，其佛学涵养不仅深厚，又擅长咒术，每次施咒必定灵验，因此在西域有“大咒师”的称号。他有许多咒术的事迹，如施咒让石头出水、让人看见鬼等。昙无谶在义和三年（四三三年）向河西王蒙逊请求西行寻找《涅槃经》后分，蒙逊误以为昙无谶是借口离他而去，因此暗中谋划杀害他。昙无谶预知自己的死期，流泪告诉众人：“这是业报，众圣亦无法救。”昙无谶在西行途中被刺客所害，春秋四十九岁。

昙无谶一生与《涅槃经》关系密切，因此被视为涅槃宗的始祖。他翻译的经典有《大般涅槃经》（四十卷本）、《大方等大集经》、《菩萨地持经》、《金光明经》、《优婆塞戒经》、《悲华经》等，对佛教有重要的贡献及影响。

名句的故事

昙无谶二十岁时，他不仅是个学养深厚的青年，更是一个有胆识的性情中人。昙无谶的堂兄因失误而弄死了国王的白耳大象，堂兄被处死刑，国王又下令，探视死者的人就诛三族，此时所有的亲属都不敢前往。昙无谶以真切的兄弟之情，不顾性命的安危，带着悲伤的眼泪，亲手埋葬自己的堂兄。当国王得知竟然有人敢违反他的命令，而要将昙无谶处死时，昙无谶据理力争说：“国王因法令而杀我堂兄，我因为堂兄是亲戚而埋葬他，这没有违反大义，为何国王要发怒呢？”

昙无谶做出违反圣旨的行为，又对着国王说出晓以大义的言语，当时众人都十分替他担心，担心他即将成为刀下亡魂，然而，昙无谶却神色自若、英姿挺拔，一副理所当然的样子。最后，国王不仅没有因为生气而处死他，反而“奇其志气”，被昙无谶的凛然志气所惊撼。于是国王免去昙无谶的死刑，并将他留在宫中供养。

昙无谶以与众不同的胆识安葬堂兄，又以直截精当的辩才说服国王。虽然已是出家之身，更流露着亲人之间的手足之情，他正展现了一种高尚的人格，一种难得的正义典范。

历久弥新说名句

在本则故事中，昙无谶所强调的是“大义”。“义”是一种正当的行为，“义”是一种勇于承担应有责任的态度。

《孟子·离娄上》里说：“吾身不能居仁由义，谓之自弃也。仁，人之安宅也；义，人之正路也。旷安宅而弗居，舍正路而不由，哀哉！”孟子认为一个人若不能本着仁爱之心，若不能做出正当的行为，那他就等于自己放弃自己。仁爱之心是人心最适当的归宿，正义的行为是人们最正确的道路，倘若离开适当的归宿，舍弃正确的道路，那真是令人感到悲哀啊。

昙无谶在这个事件中，处处发挥着“仁义”的真谛。他不舍堂兄无人安葬、抛尸露骨，这样的心情就是“仁”。他怀着怜悯之心，勇敢地前往料理后事，这样的行为就是“义”。他明知探视堂兄、安葬尸骨会有杀身之祸，仍然冒死前往，这样的行为是“舍生取义”。当他面对国王的审问时，坚强不屈，态度严峻而不可侵犯，这就是“大义凛然”的气魄。当他对国王说明自己的行为实际上与国王一样都是“不违大义”时，他用正义的道理对一个操有生杀大权的国王晓以大义，这样的胆识更是慑服了原本满腔怒火的国王。

二十岁的昙无谶，虽然是一个年轻的佛教僧人，但他所展现的“大义”精神，不仅和儒家的“仁义”相通，更示现了佛教大乘菩萨精神应有的风范。

名句的诞生

后随王入山，王渴须水不能得，谶[1]乃密咒[2]石出水。因赞曰：“大王惠泽所感，遂使枯石生泉。”邻国闻者皆叹王德。

——译经中·昙无谶

完全读懂名句

1. 谶：昙无谶。

2. 密咒：暗中施展咒术。

语译：有一次昙无谶随着国王进入山中，这时国王口渴，想要喝水却无法如愿。于是昙无谶就在暗中施展咒术，结果真的从石岭中涌出水来。接着昙无谶赞叹说：“这是大王的惠泽所感，才能使枯石生出泉水啊。”邻近的国家有听说此事的人，都佩服国王的圣德。

名句的故事

昙无谶与国王一起出门，来到荒凉的山中，走着走着，国王感到口渴而想喝水，这时身旁的侍从们恰好都没有水。因在偏僻的山区，四处没有人家，又找不到水源。这时昙无谶就施展咒术要取水，当他口中不断地默诵真言时，从石岭中渐渐地涌出泉水来。

当石头涌出泉水的神迹发生时，昙

无谶并没有向众人说明这是自己施咒的法力，反而对着国王赞叹地说："这是大王的圣德浩荡，能感应天地鬼神，所以才能让干枯的山石涌出清凉的泉水啊。"这件事很快传到邻近的国家，凡是听说此事的人，都真的以为国王的圣德能感应天地鬼神而钦服赞叹。不仅如此，这个国家在当时"雨泽甚调，百姓称咏"，不单是风调雨顺，国泰民安，全国人民对国王更是拥戴歌颂。

"山中的石头能涌出泉水"，国王当然明白这事实的真相，而昙无谶能将这个神迹的殊荣归给国王，不仅将国王的形象包装得崇高完美，同时也安定了这个国家的人民。百姓们知道自己的国君是仁德的圣王，自然就安居乐业，国泰民安。从这件事之后，国王对昙无谶也就更加器重了。

历久弥新说名句

"谶乃密咒石出水"，这是昙无谶施展咒术极有名的故事。在他的传记中，记载了许多关于他施展咒术及感应鬼神的故事。

有一次昙无谶看到有疫鬼进入百姓的村落中，就赶紧告诉河西王蒙逊，希望蒙逊尽快斋戒净心，并由自己施法来驱逐疫鬼，否则村中将会发生大瘟疫。但蒙逊不相信，就对昙无谶说："除非你能让我亲眼见到疫鬼，否则我无法相信。"这时昙无谶就对蒙逊施展咒术，让蒙逊的眼睛能见到疫鬼。当蒙逊见到疫鬼时，惊吓得说不出话来。昙无谶就说："请您斋戒沐浴，让我来施法驱逐村中的疫鬼吧！"于是昙无谶施了三天的咒术，蒙逊也净心斋戒了三天。三天后，昙无谶对蒙逊说："可以放心了，疫鬼已经驱离村落了。”在村落边境有几个有阴阳眼能看见鬼神的人，都说在那三天看到数以百计的疫鬼仓皇地从村落里跑出来。

咒术是一种神通，但事实上，佛陀并不提倡以神通来解决问题。佛陀不否认神通，只是顾虑到神通所带来的后遗症及其负面影响。神通施展得宜，是可以完成许多事；然而对于心地不净的人，神通只是贪、嗔、痴的加速器，令人徒增烦恼。倘若被不肖之人用来为非作歹或是招摇撞骗，那后果将是不堪设想了。

名句的诞生

其母尝须野肉，令跋摩办之。跋摩启曰："有命之类莫不贪生，夭[1]彼之命非仁人矣。"

——译经下·求那跋摩

完全读懂名句

1. 夭：残害生命。

语译：跋摩的母亲想吃野生动物的肉，叫跋摩替她准备。跋摩禀告说："有生命之物，没有不贪惜生命的，损害它们的生命，就称不上有仁心的人。"

僧人背景小常识

求那跋摩，为印度刹帝利种姓，世代于罽宾国为王。跋摩十四岁时，已经看得出他见识超凡，心胸仁厚而致力于行善。二十岁出家受戒，能通晓群经，深入律藏，妙解禅定的奥义，时人称为"三藏法师"。三十岁时，拒绝继位为王，从此远走他乡，行迹周遍山林大泽。

跋摩在各地弘法示教，辗转来到中国，曾应南朝宋文帝的邀请，至京城说法，后来就在祇洹寺长住，前来请他说法译经的人络绎不绝。曾有一次，跋摩在定林下寺讲经，虔诚的信徒将鲜花铺满台席，其中，唯有跋摩座席附近的花朵鲜艳不凋，众人无不称奇。宋文帝元嘉八年，一日，跋摩未用完午膳就起身回房，稍后弟子视察时，发现他已气绝，享年六十五岁。跋摩圆寂后，相貌如同入定一般；参与送葬的人，都闻到空中有芬芳香气。后人就在其遗体火化处建了白塔作为纪念。

名句的故事

这是求那跋摩劝谏母亲戒杀的故事。跋摩的母亲要他去打些野味来吃，跋摩以仁人不害生灵之命为由婉拒了。母亲很生气地说："假使你因此而得到罪业，我会代你承受！"跋摩见难以劝阻母亲，就暂时默不作声。过几天，他生起了火，在热锅里煮油，一个不小心，把滚烫的油浇在手指上。烫伤的痛是很难忍受的，跋摩走到母亲面前，说："母亲，请代儿承受这苦痛吧。"母亲纳闷地说："痛是痛在你身上，我如何能代替你承受呢？"跋摩于是说："母亲啊，眼前这点皮肉之痛，您都无法代我承受了，更何况是三途的苦业呢？"

佛语里的"三途"，指的就是火途、血途、刀途，分别对应地狱道、畜生道和恶鬼道。为了口腹之欲而刻意杀生，这样的业报容易与三途互相感应；因此，跋摩才会借热油浇手，制造契机感化母亲。他母亲果然当下就懂了儿子的一番苦心，终生都不再犯杀戒。

清朝有鸟庵道人，曾作一诗："有命尽贪生，无分人与畜。鱼鳖无声类，见死瞪两目。挣命砧几间，张口不能哭。死犹护其子，鳝烹将身鞠。"自佛教东渐以来，汉人多少都有这种信念：杀生不祥，但放生会有大福报。

民间流传着一个故事。在明朝时，有户方姓人家想找块吉地迁祖坟，就委托了风水师协寻。没多久，风水师果然找到了一处能使子孙荣显的宝地，这一家子就兴冲冲地定了好日子，准备挖穴迁坟。就在这天，当家的晚上做了一个梦，他梦见一位红衣老叟来向他叩拜，哀求说："方先生，您选中的那块坟地，是我们一族居住了好几世代的处所。请您慢点动工，缓个三日，我好叫亲友们尽速搬离！"

方氏醒后，将这怪梦一笑置之，仍是照原定计划开工挖坟。工匠们挖呀挖，就在地下掘出一个大穴，穴里住了上百尾红蛇，好不吓人！方氏派人买来大量的磷磺撒在洞里，又点上了火，不出几个时辰，就把满坑的蛇都给烧死了。清理了蛇尸，整治了穴土，新坟很快地竣工了。到了晚上，方氏又梦见先前那位红衣老叟来哭诉："你杀了我八百族人，你记着，将来我也会杀你八百族人！"

过了几年，方氏得了一个孙子，取名方孝孺。方孝孺成人后，个性耿直，学问渊博，是理学家宋濂的得意门生。刚即位的明建文帝召他入京，国家的重大政令，都仰仗着方孝孺来擘画拟制。但好景不长，建文帝的削藩政策引发了诸王的强烈不满，给了燕王朱棣造反的借口。朱棣仗着兵强马壮，一下子就攻陷了京都，自立为帝，是为明成祖。明成祖听说方孝孺是大学问家，众望所归，就找他来替自己写即位诏书。不料方孝孺摔笔拒绝说："死即死耳，诏书不草！"明成祖怒斥："诏不草，灭汝九族！"方孝孺大声说："莫说九族，十族何妨！"说完，又在纸上写了"燕贼篡位"四字。明成祖大为光火，下令将方孝孺凌迟处死，又灭他十族。后来有好事的人算了算，被方孝孺牵连致死的人，多达八百余人，竟然差不多就是那红衣老叟誓言复仇灭杀的人数。

暴寇相攻，宜须御捍，但当起慈悲心，勿兴害念耳

名句的诞生

顷之，邻兵犯境，王谓跋摩曰："外贼恃力，欲见侵侮，若与斗战，伤杀必多，如其不拒，危亡将至。今唯归命[1]师尊，不知何计？"跋摩曰："暴寇相攻，宜须御捍；但当起慈悲心，勿兴害念耳。"王自领兵拟[2]之，旗鼓始交，贼便退散。

——译经下·求那跋摩

完全读懂名句

1. 归命：皈依于法师。

2. 拟：策划谋略，这里作带兵攻击之意。

语译：不久，邻国的大军侵扰边境，国王对跋摩说："外来的贼寇凭着强大的兵力，打算侵略我国，若是与之交战，伤亡必然不少，若是不抵抗，国家马上就面临灭亡。今天只能皈依顺从师父了，不知您有何计策？"跋摩说："残暴的贼寇来攻击了，应当防御捍卫；但也应该抱着慈悲的心，不要升起杀生的念头。"国王于是带领军队出击，双方刚交战，外来的贼兵就退散去了。

名句的故事

这是求那跋摩旅行至阇婆国时发生的故事。据说他抵达阇婆国的前一天，阇婆王的母亲梦见有个僧人乘着

大船飞驶入国，第二天，就听闻跋摩来到。于是她打从心里感到欢喜，用尊崇圣人的礼节招待跋摩，并且跟随他受了戒。当时，阇婆王尚未信仰佛法，王母便对阇婆王说："因为有前世的好因缘，你我今世才能成为母子。但你不信佛法，没有修好缘，我很担心这一世造的因，再也不能结成如今日般的善果啊！"阇婆王就顺从了母亲的意愿，接受了五戒，成为佛教徒。

一日，阇婆国遭遇到外敌侵袭，阇婆王想派兵回击，却又陷入即将触犯杀戒的苦恼中，在两难之下，他就向跋摩求助。跋摩建议他率军抵抗，但是要以"当起慈悲心，勿兴害念"为原则。当阇婆王遵照跋摩的指示来到战场时，这场仗却刚刚开打，敌军就自行退散。这真是出乎人意料之外的结果！在战场上，阇婆王被箭矢射伤了脚，跋摩用祝祷持咒过的水替国王清洗伤口，第二日，伤就痊愈了。阇婆国上下皆相信这是佛法的奇迹，于是对求那跋摩更加地敬重爱戴。

历久弥新说名句

唐玄奘取经时，也发生过一则使怨贼起慈心的故事。话说玄奘法师离开了长安，往西行走，在路经荒漠时，遇到一个胡人，名叫石槃陀。他见到玄奘信念坚定地要到印度取经，心中仰慕敬佩，便要求法师收他为弟子，还发誓要护送他到目的地。但是前往印度的路太遥远、太艰险，不出半个月，石槃陀开始感到懊悔，萌生了杀师叛逃的念头。

一夜，玄奘正打坐休息，石槃陀拔出大刀朝他走去。玄奘察觉石氏的杀机后，既没逃离，也没开口斥责，他依旧闭目打坐，专心持诵佛号。石槃陀见此光景，一时不敢下手，就在法师周围徘徊，过了良久，他还是把刀收回鞘里。这时，玄奘才睁开眼睛，对他说："你走吧，回家和妻儿团聚吧。"石槃陀大感惭愧，拜别师父后就离去了。有种说法认为，这石槃陀就是后来《西游记》里孙悟空的原型。但无论是石槃陀也好，孙悟空也好，在小说里外，玄奘法师面对恶徒弟时那种镇定如常的态度，都很值得人深思。

夫道在心不在事，法由己非由人

名句的诞生

文帝引见，劳问殷勤，因又言曰："弟子常欲持斋不杀，迫以身徇物[1]，不获从志。法师既不远万里来化此国，将何以教之？"跋摩曰："夫道在心不在事，法由己非由人，且帝王与匹夫[2]所修各异……"

——译经下·求那跋摩

完全读懂名句

1. 徇物：屈从于俗事俗物。

2. 匹夫：平凡的老百姓。

语译：文帝召见求那跋摩，殷勤有礼地慰劳他，还问了这样的话："弟子经常想持斋戒不杀生，但迫于必须屈从俗事俗物，往往不能如愿。法师既然不辞万里来到我国渡化传教，您会如何教导我呢？"跋摩说："道存在于心，不存在于事物上，法是由自己做主遵行，不须由别人来决定，况且君王与老百姓修持的方式是不一样的……"

名句的故事

在求那跋摩未到中国前，南朝宋文帝和当时一些有名望的高僧，都曾派遣使者向跋摩表达盼他来东土弘法的愿望。一次，跋摩搭便船时，海上忽然吹起了大风，将整艘船送到了广州。跋摩后来说，这就是业的力量，是业力差使了风将他吹到宋境。既知跋摩到了中国，宋文帝便恳切地邀请他到京城来说法。这故事就是发生在跋摩初到建业（今南京），觐见文帝之时。

文帝问，皇帝要如何才能排除万难奉守斋戒，跋摩回答说："夫道在心不在事，法由己非由人。"又说，帝王守斋戒的方式不应该与凡夫同一而论。为什么呢？因为一般人没有处在社会位阶的高处，说话难起大作用，这时他只好"克己苦躬"，以身作则。然而，君王说一句嘉言，四海之内都会传诵；施行一道善政，就能使民心安乐祥和。君王的影响力是如此的广大！若能废除残忍的刑法，不残害生灵，若能不兴徭役、不过于劳民，百姓就能专务于民生事业，使得物产隆盛、五谷丰收。天下有哪种吃斋、守不杀戒的力量比这还大呢？君王与其在意是否在一餐中残害了畜生的性命，还不如多想想如何在善言善政上长养、保全成千上万的老百姓的性命。如此的持斋，才是最伟大的持斋！

历久弥新说名句

"道在心不在事，法由己非由人"讲的是修行的本末问题。修行之本在于心，只要心在道中，则所为之事没有不合乎道的；既然举止无不合乎道，则必然合乎佛法，也就不需要借由别人的眼光来检视自我了。孔子也有类似的见解。子曰："为仁由己，而由人乎哉？"（《论语·颜渊》）这是说仁的实践是个人所自发自动的行为，根本不需要由他人来强迫。若是"为仁由人"，那这仁就是"假仁"了，因为它是被动的、被迫的，不是发自真心自觉的。这种“仁”多少就有虚应故事、“缘事而生”的性质。

“道在心不在事，法由己非由人”还指涉了一种常人容易犯的毛病，这毛病就是以为真理要到远方去求，有了一个高明的老师还不够，非得要不断寻访名师，才感觉到自己有实质的进步。禅宗公案中就有则这样的故事。有个僧人觉得自己跟着师父够久了，也把师父说的那套佛法弄得精通烂熟了，就打算到别的宗门去寻找更精深的佛法。于是，僧人来到师父面前说：“谢谢师父长期以来的教导，我要离开这儿了。”师父问：“你要上哪儿去？”僧人说：“我还不知道要去哪儿，但我想四处参访，学习更深奥的佛法。”师父打量了这徒儿一下，然后说：“既然你要去找佛法，那我给你看一样东西，说不定看了之后，你就晓得该上哪儿去了。”师父说完，就从怀里拿出一根羽毛，在徒儿眼前晃了几下。僧人心里有点纳闷，就问：“这羽毛跟佛法有什么关系？它不过就是一根羽毛！”师父摇了摇头说：“万物都包藏着佛法，端看你怎么去解了。真理不在这世界上的任何地方，它只存在于你的心中。”

是以“道在心”“法由己”，舍本逐末而能有所得的人，未之有也！

抱一以逍遥，唯寂以致诚

名句的诞生

抱一[1]以逍遥，唯寂以致诚。剪发毁容，改服变形，彼谓我辱，我弃彼荣。故无心于贵而愈贵，无心于足而愈足矣。

——义解一·支孝龙

完全读懂名句

1. 一：指道。

语译：执守于道，才能逍遥自在；寂灭外欲，才能诚而明之。剪掉头发，毁伤容貌，改换服装，变易外表，别人认为我这样是受辱，我却放弃他们所谓的荣华。所以无心于富贵的人更加富贵，无心于满足的人更加满足。

僧人背景小常识

支孝龙，淮阳人，少年时就以风度仪态美好，神采出众，谈论合乎时宜，为时人所看重。他玩味索解《小品般若经》，认为是佛法的精要心法。当时无罗叉、竺叔兰新译出《放光般若经》(又称《放光经》，即《大品般若经》)，支孝龙本来就醉心般若之学，就到竺叔兰处抄录，并加以校订。他得到《放光般若经》之后，阅览十余天，即对众开讲。

名句的故事

支孝龙跟阮瞻、庾凯等名士交好，时人称他们为“八达”。有人见支孝龙老是跟俗家人厮混，就嘲弄他：“现在大晋已一统天下，天下都是一家人，沙门何不保全发肤，脱掉袈裟，穿绫罗做的衣服呢？”

支孝龙精研般若之学，般若的要义在于“空”，断绝执念，求得无上智慧，与当时的玄学有若干观念相通。而支孝龙的回答就充满玄学的意味，“抱一”“逍遥”都是道家观念，“致诚”则与儒家思想有关联。

“抱一”出于《老子》：“载营魄抱一，能无离乎？”魂和魄合而为一，就能合于道了。老子的“道”是“无”，支孝龙的“道”当为佛教的“空”，两者似而不同。老子认为，“无”是宇宙的本源，人们要体悟这个“无”，顺任自然。佛教的“空”认为所有事物都是种种条件凑合而形成，只要条件改变了，事物就不存在，因而外在现象都是假有，是空的。“致诚”中的“诚”出于《中庸》：“诚者，天之道也；诚之者，人之道也。”“诚”有纯粹、诚实无妄的意思，是天的本体意念，而人要做的就是体悟上天诚实无妄的意念，将这意念反映在做人处事之中。相同的，支孝龙的“致诚”应是“致空”。

支孝龙的回答只有“寂”字稍有佛理的意味，保持心境的寂灭，符合“空”断念黜欲的精神。这只是我们现在依佛理对支孝龙的回答强作解释，事实上魏晋的佛学与玄学处于交混蒙昧的状态，支孝龙多大程度上体悟佛理不得而知，把支孝龙的言论归于清谈的范围应该是比较适当的。

历久弥新说名句

佛教能在魏晋时期兴盛，有其背景因素推波助澜，除了动荡的社会使人寻求宗教的慰藉之外，佛学与玄学搭上关系，成为谈玄思辨的内容之一，从而获得知识分子的青睐，进而供奉支持，也是原因之一。

佛教毕竟是外来文化，其原有的思想与概念与本土文化格格不入，甚至难以理解，《高僧传・竺法雅》就提出一个传法时便利的手段："以经中事数，拟配外书，为生解之例，谓之'格义'。""经"指的是佛经，"外书"指的是佛经之外的中国典籍。将佛经的概念，用中国典籍加以阐释，这样的方法叫作"格义"。魏晋玄学的中心是《易》《老》《庄》三书，因而佛经格义的对象就是以玄学来阐释佛理。这样果然吸引知识分子加入。《世说新语・文学》记载：殷浩读《小品经》，密密麻麻做满了注记。魏晋名僧之一的支遁，最有名的功业不是在佛教方面的贡献，而是注解《庄子・逍遥游》。支孝龙既然与当时名士交好，其言论充满玄学色彩也就不足为奇了。

廉者不求，贪者不与，故得常在也

名句的诞生

庾元规[1]谓畅曰："此麈尾何以常在？"畅曰："廉者不求，贪者不与，故得常在也。"

——义解一·康僧渊

完全读懂名句

1. 庾元规：庾亮，字元规，东晋成帝时辅政大臣。

语译：庾亮对康法畅说："这麈尾为何可以长久留在你的手边？"康法畅回答："廉洁的人不会来跟我要，贪婪的人跟我要我也不给，所以就一直留在我的手边了。"

僧人背景小常识

康僧渊，西域人，生于长安。他有着西域人的样貌，却能说中国话，举止安详端正。东晋成帝时和康法畅、支愍度等人渡江来到南方传法。康僧渊因为五官轮廓特别明显，所以常招来嘲笑，但他却丝毫不在意地留下一句妙答："鼻者面之山，眼者面之渊，山不高则不灵，渊不深则不清。"原来，容貌的高鼻深目不重要，明境、悟道才是重要的。

名句的故事

康僧渊和康法畅过江之后，跟东晋名士往来清谈，常随身携带着一柄麈尾，有一次让庾亮看到了，便询问道："你这柄麈尾这么好，为何得以留着？"康法畅便做了以上的回答。

《太平御览》记载：王导的床帐上常悬挂一柄麈尾，殷浩来拜访他，他亲手解下麈尾，送给殷浩，说："等到今天才得以送你。"又《世说新语·伤逝》：王濛死后，刘惔送殡时，把一柄犀柄麈尾放进棺柩中陪葬。这些记载无不表明，魏晋时朋友之间有赠送麈尾表示交情的风气。于是庾亮问何以麈尾长留在手边这问题就不显得突兀，因为可能早就被一些交情好的朋友索取去了。

在这则问答中，名僧们展现了高度的言语机锋，与魏晋名士的风流，故亦被记载进《世说新语·言语》篇中，也呼应了本篇文章后头"每值名宾，辄清谈尽日"的形象描述。

历久弥新说名句

麈尾，麈之尾巴能生风，又能避蚊蚋，故取以制扇。但在魏晋名士手中，恐怕装饰的意味大于实际作用——用以表示名士的翩然风度，与后世士子持折扇并无二致。

魏晋名士参加清谈，麈尾几乎是必备的道具。《世说新语·文学》记载：有一次，孙盛到殷浩处清谈，起初还和乐融融，往来辩难，越谈火气越大。摆在几案上的食物，冷了又拿去温热好几次；双方谈得起劲，奋力挥动麈尾，毛掉得满桌餐食上都是；从早论辩到晚，忘了进食。从这里可以稍微窥见魏晋清谈的面貌，而麈尾实是谈兴之助。

佛教僧人讲法亦会用到麈尾。竺法济《高逸沙门传》提到：王濛常到祇洹寺中拜访支遁，见到他坐在讲坛上说法，举起麈尾，缓缓道出数百句话，精妙异常，在坛下听法的众僧，个个张口结舌，专注倾听，不能发出一句问难。据说群鹿在奔跑时，会看麈的尾巴转动的方向，作为行进的依据，故讲僧执麈尾，表示指引迷惑的众生。

到底是名士清谈模仿僧师讲法执麈尾，抑或僧师效法名士清谈，这个问题没有定论。总之，执麈尾是当时的一种风尚。

德音未远而拱木已繁，冀神理绵绵，不与气运俱尽耳

名句的诞生

后高士[1]戴逵[2]行经遁墓，乃叹曰："德音[3]未远而拱木[4]已繁，冀[5]神理[6]绵绵，不与气运[7]俱尽耳。"

——义解一·支遁

完全读懂名句

1. 高士：品行高尚之士。
2. 戴逵：字安道，是东晋时有名的隐士。
3. 德音：恭维别人说的话深含道理。
4. 拱木：墓旁的树木。
5. 冀：希望。
6. 神理：灵魂。
7. 气运：命运。

语译：后来有一个品行高尚的人戴逵经过支遁的坟墓，叹息着说："您的清音令言仍在我耳畔回绕，您坟墓旁的树木却已长得十分茂盛了。希望您的灵魂绵绵常在，不会随着您的命运一起消散。"

僧人背景小常识

支遁，字道林，从小聪明颖悟，家庭世代信佛，因此他早就对佛理深有体悟，直到二十五岁才出家。他曾在白马寺和刘系之等人谈论《庄子·逍

遥游》，其他人说："各自依自己的本性生活，就是逍遥。"支遁反驳道："这么说来，桀、纣依残暴本性行无道之事，也是逍遥啰？"他不满时人的见解，因而注解《逍遥游》。时人盛赞支遁，王羲之不甚服气，有一次拜访，他对支遁说道："可以听听您对《逍遥游》的见解吗？"支遁立即作了数千言，标举新义，皆所未闻，王羲之从此心服。

支遁最有名的事迹，一是注解《庄子·逍遥游》，一是作《即色游玄论》，立魏晋佛学"六家七宗"之"即色宗"。支遁一生皆在南方传法，与名士交游，享有盛名于世。

名句的故事

戴逵经过支遁的坟墓，发出了哲人其萎的慨叹。其中值得注意的是"神理绵绵"的观念。"神"有精神、神魂两种意思，二者互为表里，神魂强大者精神亦显得健旺，反之亦然。"神理"于是也有两种意思：一指精神思想，如《高僧传·支遁》"幼有神理"，是说支遁从小精神思想就颖悟特出；一指灵魂，如本则所用。

魏晋时期，流行中国的佛教思想是般若之学。所谓"般若"，即是求得解脱的无上智能，其中有一些很深奥的思辨，与玄学清谈的方向吻合，故深受知识分子欢迎。但佛教教义不单只有深奥的哲理，亦包含"轮回""业报""地狱"等成分。本来这些观念是要证成人生之苦世世流转，永无止境，若不能求得解脱，就要沉沦轮回中反复造业、受报。中国自古就有灵魂不灭、鬼神等观念，佛教思想将中国的鬼神观弥补得更为完整，在一般民众观念中，就变成灵魂轮回、善恶有报等。

戴逵对支遁的悼词必须放在灵魂轮回的观念中，才能显出其意涵，除了表达对好友的哀思，亦冀盼他真如佛教所言，灵魂常存于世，多少慰藉活着的人对死亡的恐惧与对逝去的人的伤痛。

历久弥新说名句

中国文学向来讳言“死”一字，多用与死有关的典故代替，本则名句“神理绵绵”后来亦成为死的代称之一。如南北朝庾信《伤王司徒褒》一诗：“茂陵忽多病，淮阳实未痊。侍医逾默默，神理遂绵绵。”

“茂陵”指司马相如，司马相如卒于茂陵，“茂陵忽多病”是说王褒忽然生起病来。“淮阳”指西汉汲黯，汲黯任东海太守时就已生病，但仍然勉力将东海治好，武帝又调他去治理淮阳，汲黯以身体不堪负荷辞谢，希望能留在中央，武帝说：“淮阳的官吏和人民相处不融洽，我只能倚靠你了，希望你躺在床上边养病边治理。”“淮阳实未痊”指王褒病重未愈。“侍医”用西汉张禹的典故，张禹病重，成帝派遣御医来看病，“侍医逾默默”指医生看完病后，默默无言，暗示王褒的病势沉重，无可救治。“神理遂绵绵”指王褒遂一病不起。

名句的诞生

于时学者多守闻见，安乃叹曰："宗匠[1]虽邈[2]，玄旨[3]可寻。应穷究幽远，探微奥，令无生之理[4]宣扬季末[5]，使流遁之徒归向有本。"

——义解二·释道安

完全读懂名句

1. 宗匠：即宗师，学问才德众所推服的人。

2. 邈：远也。

3. 玄旨：深奥的义理。

4. 无生之理：谓外在现象无由自生，即是"空"，为佛教基本的教义。

5. 季末：即末世，指乱世。

语译：当时的僧人多半固守自己的闻见，不多方求证，释道安叹息着说："虽然中国没有大师，但佛经当中深奥的义理应该可以寻得。我们应该努力探究其中精微奥妙的经义，让佛理在这乱世之中发扬光大，使所有流离失所的人民都有正确的法门可以依循。"

僧人背景小常识

释道安，十二岁时出家，自幼就非常聪明，老师无法教他太多，在授予他具足戒之后，就任他外出求学。他来到邺，拜佛图澄为师。佛图澄对他非常倚重，每次讲经完毕，就由释道安复述。四十五岁时，后赵君主石虎去世，北方大乱，他率领僧众南下襄阳。释道安在襄阳传教十五年，前秦苻坚平定北方，对他非常仰慕，南取襄阳，对人说道："这次攻克襄阳只得到一个半人。""一人"即是指释道安，"半人"指习凿齿。苻坚将释道安迎接到长安主持佛寺，凡有疑惑，必加以咨询，如要平定东晋这等大事也先征求释道安的意见。只可惜他不听劝，最终淝水大败。释道安也在长安终老一生。

释道安对佛教的贡献大约有三件：一，统一僧尼以"释"为姓；二，整理传译进中国的佛典，并为之编订目录；三，订定僧尼行为的准则规范。

名句的故事

"宗匠虽邈"，"邈"是"远"的意思。佛教的发源地在印度，魏晋时期对佛理有精深研究的宗师几乎全都在印度。中国佛教乃是靠偶然游方至此的域外僧人和零星传译进来的佛典在传布，既无宗师可以咨询，传译进来的佛典也良莠不齐，是不是正确传达了经义也未可知。

释道安认为当时佛教的传法虽有上述不利的条件，却也不是没有办法克服。他提出两个方法：一是多向其他僧人请教，汇集众说，弥补自己见识上的缺陷；一是搜罗传译进来的佛典，阅览的典籍越多，越能使幽微的经义明朗。

释道安离开佛图澄之后，竺法济、支昙开讲《阴持入经》，释道安即跟随他们学习。后来又和竺法汰等人在飞龙山互相切磋琢磨。当他避难襄阳时，把搜罗的《道行经》等多部佛典所有新旧翻译互相比对，找出最恰当的译文，并为之作注，使文理畅通，经义明白；又把汉至此时传译进来的佛典做一番整理，编纂《综理众经目录》。释道安被苻坚掳到北方后，主持长安佛寺，当时长安是中国佛经翻译的中心，经一译出，必经释道安的校订。当时鸠摩罗什在西域声名卓著，释道安多次建议苻坚邀请鸠摩罗什来长安一起讲研佛理；可惜鸠摩罗什在释道安死后十六年才来到长安，两位大师终究无缘得见。

综观释道安一生的行迹，他都在为“玄旨可寻”的事业孜孜不怠。

历久弥新说名句

佛教如何传进中国，众说纷纭，大体而言，是由印度传到西域，再播散到中国。在释道安统一僧尼姓氏为“释”之前，早期僧人从本师为姓，多有姓“支”“康”“安”“竺”者，“支”是月支（即月氏），“康”是康居，“安”是安息，“竺”是天竺（即印度），从这些僧人的姓氏很可以反映中国佛教的传播来源。

在唐朝玄奘大师到天竺取经之前，第一个西行取经的是三国魏朱士行，他当时在洛阳讲授《道行经》，即《小品般若经》，一来译本不尽理想，二来《小品般若》经义不周全，于是涉险到于阗求得《大品般若》梵文正本，派遣弟子送归中土，而他自己却被扣留在于阗，终老异乡。译者的理解不同，使得译文有极大的差异，从这件事可以了解释道安为何要广求译经，汇集众人的见解，弥补译经的缺失，这也是在“宗匠虽邈”的年代没有办法中的办法了。

四海习凿齿，弥天释道安

名句的诞生

及闻安至止，即往修造[1]。既坐，称言：“四海[2]习凿齿。”安曰：“弥天[3]释道安。”时人以为名答。

——义解二·释道安

完全读懂名句

1. 造：拜访。

2. 四海：这里有自夸四海闻名之意。

3. 弥天：弥漫整个天空。这里有普度众生之意。

语译：习凿齿听说释道安在襄阳驻锡之后，立即前往拜访。落座之后，自我介绍道：“我是四海闻名的习凿齿。”释道安回答：“我是普度众生的释道安。”当时人认为是非常巧妙的对答。

名句的故事

习凿齿是襄阳人士，能言善道，博学有文才。当时释道安为逃避北方连年战乱，率领弟子僧众南下，来到襄阳，建立檀溪寺，于此驻锡讲法。习凿齿对释道安慕名已久，还写过好几封信致意，知道释道安停留在此之后，就前去拜访他，于是有此对答。

魏晋是个流行清谈的时代，也是

个重视门第的社会，言语有机锋辩才，就能得到时人的重视与肯定，即使布衣贫士也能翻身成为世族豪门的座上嘉宾。魏晋高僧多是寒微出身，他们能与公卿士绅交往，得到他们的倾慕与支持，使弘法顺利普及，与他们往往也是谈玄说理的能手有密不可分的关系。

习凿齿自言“四海习凿齿”，可见其自负夸逞之意。释道安想要使习凿齿折服，必然要在言语上不落下风，于是他答道：“弥天释道安。”“弥天”的典故出于习凿齿写给释道安的信：“天不终朝而雨六合者，弥天之云也。”弥覆天际的云不用一整天下雨就能泽布天下，比喻释道安虽无心济世，但他一言一行自能普度众生。释道安于此引用，既表示对习凿齿的重视，有仔细拜读他的信件，亦表达了自己宏大的志向，无怪乎传扬一时，成为美谈。后人亦常以“弥天释道安”作为对释道安的美称。

历久弥新说名句

魏晋的社会盛行清谈、品评的风气，言语得到高度的重视，一方面，要求言谈要有理致，另一方面，言语有趣味，表现出机锋，同样受到人们肯定。随口而答，对称妥帖，不但考校双方的才学，更需过人的机智。

这里再介绍另一则同样千古传诵的佳对。《世说新语·排调》：西晋陆云与荀隐素不相识，偶然在张华家的聚会碰头，张华请他们对谈，而且因为他们都有极高的才华，限制他们不可说平常话。陆云先说道：“云间陆士龙。”荀隐即对道：“日下荀鸣鹤。”

陆云，字士龙，吴郡华亭人。由于这个妙对，人们遂以“云间”作为“华亭”的雅称。“云间”即后来明代陈子龙“云间诗派”之“云间”。陆云这句话不但自道姓字，并隐含龙腾九霄之意，可谓巧妙至极。

荀隐，字鸣鹤，颍川人。古人素以日作为皇帝的象征，皇帝所在的京城即为日之所在。颍川在西晋京城洛阳附近，故谓之“日下”。《诗经·小雅·鹤鸣》：“鹤鸣于九皋，声闻于天。”白鹤在幽深的沼泽鸣叫，声音却高亢嘹亮，上达天际。这也是荀隐名和字的由来。鹤鸣于下，声闻于日，自言其名满京城。荀隐之对面面俱到，不让陆云专美于前，谓之古今绝对，亦不为过誉。

捐米千斛弥觉有待之为烦

名句的诞生

高平郗超遣使遗[1]米千斛，修书[2]累纸，深致殷勤[3]。安答书云："捐米千斛弥[4]觉有待[5]之为烦。"

——义解二·释道安

完全读懂名句

1. 遗：赠送。

2. 修书：写信。

3. 殷勤：情意恳切。

4. 弥：更加。

5. 有待：有所依赖。

语译：高平人郗超派人送了千斛米粮给释道安，并写了好几张纸的信，向释道安恳切表示景仰之情。释道安回信道："你布施了千斛米粮，更让我觉得生命须依赖各种物质供养，使生命充满了烦恼。"

名句的故事

郗超，高平是他的籍贯。其父笃信道教，他却信奉佛教。郗超生性旷达慷慨，他的父亲曾开钱库一天任他取用，没想到他一日就将库内金钱全部分赠亲友完毕，他的父亲知道后，惊讶得说不出话来；他只要听到有人想辞官栖隐，就会不吝钱财资助对方办置隐居的屋舍与生活用度之需，戴安道即是受他惠赠的人之一。故他听说释道安来到襄阳之后，即遣人馈赠千斛米粮，并洋洋洒洒写了数张信纸向释道安殷勤致意。

释道安的回复，则牵涉到了佛教“缘起性空”的基本观念。佛教认为万事万物皆是“待缘而后有”，事物不可能凭空孤立存在，一定是靠着种种条件支持才得成立，这种种的条件即是“缘”。譬如一把斧头，要有木头、铁，还要有匠人将之做成，这些即是斧头成立的条件，也就是斧头的“缘”；只要条件不具全，或者条件变了，斧头就不成立。因此万物可说是没有自性，是虚假的，这即是“性空”。

人的生命充满了苦难就是因为人也是“待缘而后有”。生命的存在需要太多条件的支持，要阳光，要空气，要水……米粮充饥只是条件之一，但有许多人就因为条件不足而死去，更别提为了争夺生存条件而衍生的种种残暴行为。郗超供养千斛米粮固然极多，但这恰恰让释道安更觉得人生的艰辛，故回信以此点醒他。

历久弥新说名句

“有待”一词出于《庄子·逍遥游》：列子可以御风而行，好像非常轻妙的样子。他淡泊名利，不会刻意追求福分。即便如此，御风而行也仅是让他免于走路的劳累而已，他仍然是“有所待”（待风才能行，暗喻列子的心境仍然不够洒脱超然）。

对庄子而言，怎样才是“无待”呢？庄子说道：“若夫乘天地之正，而御六气之辩，以游无穷者，彼且恶乎待哉！”如果能顺应自然的本性，把握六气的变化而驾御之，就能遨游于广漠无穷的境域，又怎么需要依赖外物呢？

释道安使用“有待”一词不能说无意，事实上“格义”正是魏晋佛教传教时常使用的手段之一，佛教原有的教义解释困难，于是借用中国典籍已有的观念与词汇来比附。只是释道安的答复分别用佛教和道家的观点来看，却会产生截然不同的意涵。道家要求挣脱束缚，以逍遥自适，佛教悲悯人生不能自立，烦恼苦多，他们的立足点从一开始就是不一样的。

不疾而速，杼轴何为？

名句的诞生

远[1]曰："不疾而速，杼轴[2]何为？"座者皆笑。

——义解二·竺法汰

完全读懂名句

1. 远：慧远。

2. 杼轴：织布机上用来持理纬线，使经线能穿入的器具，称为"杼"，持经线的器具，称为"轴"。这里比喻构思、思考。

语译：慧远说："心思不用运转，就自然快捷迅速，何必在那里苦苦思索呢？"在座的众僧听到这话，都不禁笑了出来。

僧人背景小常识

竺法汰少年时跟释道安是同学，他的才辩虽然不及释道安，可是仪态神俊却远远超过后者。北方大乱，释道安率领僧徒南下，在新野分派部众，他指派竺法汰率领一部分僧徒到东晋京城建康传法，自己则到襄阳。竺法汰到京城后停留在瓦官寺，晋简文帝对他非常敬重，请他开讲《放光经》，不但王侯公卿都来听讲，简文帝亦亲自到场，使得竺法汰声名大噪，吴地负笈前来向他请教的人有千人之多。

武陵王世子司马综的宅第邻近寺庙，扩建时侵毁寺门，但竺法汰一点也不介意。司马综幡然悔悟，亲临向竺法汰致歉，竺法汰卧在床上（可以坐可以卧的家具）接见，旁若无人的样子，这说明竺法汰亦颇有魏晋名士的风度。后竺法汰逝于瓦官寺，年六十八。

名句的故事

这件事发生在竺法汰率领僧众前往京城的路上。当时竺法汰因疾而在荆州停留，释道安这时在襄阳，听到竺法汰生病的消息，派遣弟子慧远来探病。这时荆州有一个僧人道恒颇有口才，在荆州讲授“心无”的义理。竺法汰认为“心无”不是佛教正理，于是派遣弟子昙壹去问难，没想到不能驳倒道恒，这时天色已晚，就先暂时打住。刚好慧远已到荆州，竺法汰把这事跟他一说，隔日换派慧远上场，双方辩论到一半，道恒已觉自己的思路走岔，理论站不住脚，神色微微一变，用麈尾敲着桌子，沉吟思考。慧远见状，立刻补上最后一击，说道：“如果‘心无’是体悟般若的正理，照您所言，心神空旷虚无，自能快捷迅速知晓万事万物，怎么会苦苦思索而说不出话呢？”惹得众人哄堂大笑，道恒这才俯首认输，不再传播“心无”之义。

慧远的回答可说是“以子之矛，攻子之盾”，难怪窘得道恒无法作答，只能甘拜下风。

历久弥新说名句

《续高僧传·释宝琼》记载一则故事：南朝梁释宝琼与当

时掌管京城僧侣事务的僧正慧令辩论成实学的命题。成实论以析论的方法谈论法空，一切事物都可以拆分至极细微，终归于无，需要对外界的种种现象做出析辨。故慧令拿慧远“不疾而速，杼轴何为”旧事责难他，以“杼轴”形容成实论的析论方法。释宝琼从容不迫地回答：“不思造业，安得精固？”如果不一直反思自己造就的业报，怎能在佛理上精进巩固呢？这番问答，与其说像是辩论，更像是文人士子间的联句游戏。这反映了当时南朝的骈偶风气不只表现在文学上，连日常口语对答也骈偶化。

名句的诞生

心无之义，于此而息[1]。

——义解二·竺法汰

完全读懂名句

1. 息：停止。

语译："心无"的说法，就此而停止。

名句的故事

本则名句承袭上则的故事，道恒被慧远的诘难驳得哑口无言，就此认输，不再宣讲"心无"的说法。

魏晋佛教思想流行的是般若之学，根据典籍是大小品《般若经》，源于佛教大乘教派空宗，其中最能阐释般若思想的当推中观派。在这里我们要先稍微了解中观派的"空"观，才能知道"心无"思想在哪里偏离了般若学，以致引起竺法汰、慧远等群起而攻之。

中观派认为万事万物没有自性，都是因缘凑合而成。所谓自性，即是事物独立存在的本质。譬如一张椅子，要木头、钉子、锯子、铁锤等才能做成，木头等就是形成椅子的缘，只要缘缺乏或改变了，椅子就不复存在，这就是所谓“无自性”，所以万事万物都是虚假的，所以名为“空”。万事万物虽然虚假，但仍实际存在于现实中，在现实中生成、变化、毁坏，就这点来说，万事万物是“不空”的；但万事万物又皆无自性，也不能说它是真实存在，就这点来说，又是“不有”。“不空不有”，即是中观派所持对事物本质的看法。

心无宗说事物的本质则异于中观派。心无宗认为必须对外界事物断情绝欲，但不认为外界事物是空无、虚假的。南北朝时僧肇的《不真空论》总结魏晋六家七宗的般若思想，对心无宗的评语是：“此得在于神静，失在于物虚。”意思是说，心无宗要人摒除外欲、宁静心神这点是对的，但没体认到万物无自性这点就错了。这也就是竺法汰、慧远等人要攻讦道恒的原因，避免他传播错误的佛教教义，诱导众生误入歧途。

历久弥新说名句

魏晋时的佛教般若思想有“六家七宗”之分，其中最为盛行的是本无宗、即色宗、心无宗三家。他们的代表人物分别如下：

本无宗：释道安。

即色宗：支遁。

心无宗：支愍度。

《世说新语 · 假谲》有一则故事记载了心无宗的由来：当初支愍度和另一僧人欲渡江南来发展，两人商议道，如果还用旧有教义，恐怕连吃饭都成问题，就一起创出“心无”义。另一僧人无法成渡，只有支愍度过得江来，果然用“心无”义在江东混得风生水起。后来那僧人托人传话给支愍度："'心无'义是不对的，只是糊口的权宜之计罢了，但也不能为了顾肚腹而辜负如来！"

这则故事的真假无可考论，但有一点可以确定，"心无"义要人持养心神，在心上做工夫，与魏晋玄学超然物外的思想吻合，刚好投时人之所好，故得流行。佛教与道家在阐述修行时的种种呈现，或有相似相通之处，但两者思想最大的区别就在于"性空"之说，也就是是否体认万物没有自性，不能体认性空，就不能说真的了悟佛教真谛。

既为三宝须用，特相随喜，但莫令余人妄有所伐

名句的诞生

梦见神人告翼[1]曰："法师既为三宝[2]须用，特相随喜，但莫令余人妄有所伐。"

——义解二·释昙翼

完全读懂名句

1. 翼：释昙翼。
2. 三宝：系指佛宝、法宝、僧宝。佛宝指一切之佛，法宝指佛所说之法，僧宝指奉行佛所说之法的人。佛、法、僧三宝亦可泛指佛教最基本的信仰及教义。

语译：释昙翼梦到山神对他说："既是法师为了佛法僧三宝所用，吾等必随顺法师的欢喜善心，但请法师莫让他人任意砍伐。"

僧人背景小常识

释昙翼十六岁时出家，拜释道安为师。年轻时便以律行闻名，通晓经、律、论三藏，深受门人推崇。释昙翼曾游历至蜀郡，当时的刺史毛璩非常敬重他。有一次，毛璩见到释昙翼把饭里一颗混杂的谷米先挑出来吃掉，心知释昙翼不会辜负布施者的心意，而后毛璩送给释昙翼千斛白米，释昙翼果然一毫不取，全部布施与人。

长沙太守滕含捐出在江陵的宅邸建寺，请释道安推荐僧人前去管理。释道安对释昙翼说：“南方的士子与庶民才要开始认识、追随本宗，能加以助成教化者，除了你还有谁呢？”释昙翼因此南下建造长沙寺。释昙翼终其一生致力于长沙寺的发展，曾请来舍利与阿育王像，经营颇具规模。享年八十二岁而终。

名句的故事

汉南、江陵一地遭逢战乱，释昙翼避难至上明，战事消弭后返回长沙寺，为重建寺院，释昙翼率众至巴陵君山伐木。君山是《山海经》中所说的洞庭山，传有各种灵异之事，一般人都怀有恐惧之心。释昙翼一行人入山时，路上有数十条白蛇横卧路中阻挡去路。释昙翼返回住处诚心祈请山神：“吾等为建寺入山伐木，望能促成此建寺功德。”当晚释昙翼便梦到山神对他说：“既是法师为了佛法僧三宝所用，吾等亦随顺法师的欢喜善心，但请法师莫让他人任意砍伐。”隔日释昙翼再度入山，道路通畅，所伐木材均顺河水漂流而下再运至寺中。运输期间不免有人趁隙偷取木材，释昙翼抵寺后清点所需材料，完整无误，而其他遭私藏或窃取的木材全数遭官府征收。

释昙翼常常慨叹寺庙建立后，僧人众多但佛像较少。阿育王所造佛像庄严肃穆，分布在各方，所以释昙翼虔心祈祷，请求赐予佛像。晋太元十九年甲午之岁二月八日，忽然有一佛像于城北出现，所发光芒直冲云霄。当时的白马寺僧众先往迎接，却无法移动半寸。释昙翼亲自前往拜之以礼，并对众人说：“阿育王像将降在我长沙寺。”他仅让弟子三人前往捧接，佛像竟飘然而起。后来，从罽宾来的禅师僧伽难陀来到长沙寺，礼拜佛像，看到佛像上的梵文便问众人："这是阿育王像，是怎么到这里来的？"时人听说这件事，才知道释昙翼以前所说的话果然是真的。

历久弥新说名句

"三宝"的明确定义系指佛、法、僧，这三者包含佛教的信仰中心、教义规范及信仰的担纲者，因此经常用以泛指佛教整体。在佛教经典或是日常实践中，"三宝"一词亦经常使用，诸如"三宝加持"意指受三宝所加护；"三宝物"意指佛物、法物及僧物等与佛教相关的各种物品；"三宝藏"可指佛、法、僧，有时也指经、律、论三藏。至民国初年，有了"三宝歌"的出现。

一九三〇年前后，在厦门闽南佛学院，大醒法师与芝峰法师等人在讨论中发现国家有国歌，学校有校歌，但是佛教却没有一首可代表佛教义理和精神的歌曲，相当可惜。在一连串的联络与奔走下，请到精通美术、音乐的弘一法师谱曲，太虚大师依曲谱填词，采用具有佛教代表性的"三宝"为歌题，融通佛、法、僧三项要义写出二百七十字的歌词。这首结合了两位当代名僧佛学及艺术造诣的佛教歌曲，相当具有代表性，至今仍传唱不歇，且有各种人声合唱及乐器演奏的版本。

每法轮一转，则黑白奔波

名句的诞生

乃东下荆州，止上明寺。每法轮[1]一转，则黑白[2]奔波。

——义解二·释昙徽

完全读懂名句

1. 法轮：佛教常用语，指佛所说之法。
2. 黑白：指僧人与俗民。在佛典中，黑白经常用来指称善恶相对，如黑白业（不善业与善业）、黑白法（不善法与善法）等。旧时“缁”是指染成黑色的布，僧人多穿黑布做的衣服，故称缁衣，又因僧徒穿黑衣，常人着素衣，故僧俗并称为“缁素”，此处“黑白”作“缁素”的用法，而非指善恶。

语译：释昙徽因避战祸离开襄阳，东往荆州方向而去，最后落脚在上明寺。每次他公开宣说佛法，不论僧俗都会蜂拥前来听讲。

僧人背景小常识

释昙徽，河内人，十二岁时跟随释道安出家，释道安相当欣赏他并让他研读儒家经典，在几年的时间内他就通达经史，至十六岁时正式剃发出家，从此潜心佛学，专务佛理，不到三十岁就能讲经说法。释昙徽虽然自少年时期便以才智闻名，但性格谦恭含蓄，释道安因此特别看重他。后来符丕攻打襄阳，释道安借此机会遣徒至各地，释昙徽便到了荆州的上明寺，继续宣扬佛教。释昙徽卒于晋太元二十年，临终当日身体并无病痛，甚至如日常一般至堂上同僧众用餐，返回僧房后安然逝世，享年七十三岁。

名句的故事

释昙徽拜别释道安到了荆州的上明寺继续宣扬佛教，每次公开宣讲佛法，不论僧俗都会蜂拥前来听讲，使得江陵一地的佛教大为风行。释昙徽虽通达儒、佛两家学说，但他相当尊重释道安这位老师，对于自己的见解或是说法，都希望能依循释道安的教诲，他甚至描绘了释道安的图像，时时怀想释道安，并加以礼拜。

释昙徽对释道安的礼敬引发江陵一地的士女纷起效从，据说释道安左手臂上有一块皮可以上下移动，因此时人尊称他为印手菩萨，而当时释道安“印手菩萨”的称号便风行于江陵。有人曾经问释昙徽：“法师您的修行，和释道安法师比起来怎么样？”释昙徽非常谦敬地说：“释道安法师的修行深不可测，就好比江海一样，而我却只是小水滴而已。”

历久弥新说名句

“法轮”的“轮”是譬喻，有两种解释：一是指佛所说之法能够碾碎众生的一切烦恼，如同巨轮碾碎一切岩石和沙砾一样；二是指佛所说之法辗转传人，如同车轮的旋转，无远弗届。

“转法轮”则是指佛陀说法，而后常用来指称“讲经说法”这个行为。

历史上，佛陀第一次的讲经说法，被称为“初转法轮”。佛陀在证道之后，到了波罗奈城找到当时离他而去继续苦行的五位大臣，他们约定不出来见佛陀，然而成佛后的释迦牟尼一抵达鹿野苑时，五人就不由自主地前来迎接，佛陀告知他们自己已经觉悟成佛，并为五人说法。后来他又在王舍城附近的灵鹫山第二度说法，称为“再转法轮”。

乘佛理以御心

名句的诞生

谧[1]修书曰："年始四十，而衰同耳顺[2]。"远答曰："古人不爱尺璧，而重寸阴，观其所存，似不在长年[3]耳。檀越[4]既履顺而游性[5]，乘佛理以御心，因此而推，复何羡于遐龄[6]耶？"

——义解三·释慧远

完全读懂名句

1. 谧：王谧，晋代名臣王导的孙子。
2. 耳顺：即"耳顺之年"，为六十岁的代称。
3. 长年：指长寿或极长的一段时间。
4. 檀越：佛教语，指施主。"檀越"为梵语音译，本指以财物、饮食供养出家人或寺院的俗家信徒，而出家人也会用这个词来称呼信奉佛教的一般民众。
5. 履顺而游性："履顺"是行动顺畅，"游性"是悠游、惬意的样子。这句话是形容王谧生活无忧、人生适意。
6. 遐龄：高龄，高寿。

语译：王谧写信给慧远："我才刚满四十岁，就已经衰老得如同六十岁的人了。"慧远回信说："古人不爱尺璧而重寸阴，如果观察古人的目的，可以发现他们所追求的似乎不是长寿啊！施主既然行动便利、生活悠闲任性而无不适意，而且能以佛理来涵养心性，由这些道理就能推知古人的意思了，又何必去羡慕'高寿’这样的情况呢？”

僧人背景小常识

释慧远（三三四至四一六年），俗姓贾，雁门楼烦县（今山西宁武附近）人，原本出身儒学世家，是东晋时代的一位高僧，也是中观般若学派的大师。因为他精通儒家的经典与老庄之学，所以经常可以糅合儒、释、道三家的思想，让佛教思想更容易被当时的中国人所接受。慧远和东晋时期的鸠摩罗什、道安，都是同一时期的著名僧人，尤其他曾在庐山组织莲社，弘扬净土，成为净土宗在中国的开端，所以不仅被视为庐山“白莲社”的创始者，更被后世尊为中国净土宗的初祖。

慧远对于修行方面的自我要求很高，因此许多严守戒律的僧人，都慕名前来依附他，还有不少在家居士，也纷纷上山向他请教，并在庐山形成一个阵容庞大的僧人团体，与北方鸠摩罗什领导的僧团遥相呼应，所以东晋时期中国最大的两个佛教重地，就是庐山与长安。

名句的故事

王谧是喜欢钻研佛教义理的贵族子弟，《高僧传》记载：“司徒王谧、护军王默等，并钦慕风德，遥致师敬。”叙述担任司徒（掌管教化的周朝古官演变而来的高级官位，晋代“三公”之一）的王谧和担任护军（掌握中央军权）的王默，是一对笃信佛教的兄弟。王谧和王默都很钦佩、仰慕慧远的学问与人品，把他视为师长，因此王谧才会特别写了这封询问信，希望慧远能解答自己内心的疑惑。

文中可见，王谧担心自己的身体或心理状况与实际年龄不能相符，慧远则是从回信的只言片语中，彻底泯除了这个疑惑。他不去谈论王谧之所以会力不从心的原因，也不去劝诫懊恼的王谧如何改善身体或心理状态，因为追根究底后发现，原来王谧在乎的只是寿命长短的问题，所以慧远运用佛家与道家共通的观点直接点拨王谧：寿命的长短并不是我们最值得忧虑的人生问题，把握当下才是首要之务。

慧远强调，像王谧这样笃信佛教的人，如果真的对佛教义理有深刻的体悟，更应该利用这些佛理来涵养自己的心性，更应该多注重精神方面的充实，让生死这种肉体上的表象，成为最不需要担忧与畏惧的问题，如此一来，高寿与否又何必太计较呢？这就是说，慧远已充分表明人类生存的目的：最值得欣羡的并不是长寿，而是充实地过完属于自己的人生。

历久弥新说名句

这则故事中与慧远交谈的王谧，在写完这封信的几年之后就死去了，这或许是慧远之所以会劝他“观其所存，似不在长年耳”的最主要原因。因为慧远重视的，不是能否长寿，而是如何在有限的人生旅途中“乘佛理以御心”。这和当时另一部被翻译出来的佛教经典《达摩多罗禅经》所说的“齐彼我以宅心”观点相同，都是说明要利用佛理来涵养心性，进而悟出佛法真义，让佛法带领自己，使精神充满比物质更加丰盈的财富。

涵养心性是中国自孔、孟以来就一直备受重视的课题，即便到了明代，思想家王阳明仍十分强调“种树者必培其根，种德者必养其心”——借由树木与树根的关系作为比喻，说明涵养心性对品德的重要性。而慧远的这种观念，也一样对后来佛教的发展，甚至是中国传统学者，有极大的影响。如慧远之后盛行一时的禅宗，基本教义就是“明心见性，见性成佛”，意思是说洞察自己心性的本原，体悟一切现象的空性，就能成佛，进入解脱、没有烦恼的境界。这种境界的前提就是自己的心灵能与“佛”紧密契合，让佛法“直指心性”。到了明代，这种思想已经与传统儒家学说互相辉映，并列为一般人修养身心的重要法门，所以明代的宋濂等人才会在《元史·仁宗本纪》中记录元仁宗所说的话作为其一生代表性的警句：“明心见性，佛教为深；修身治国，儒道为切。”

我佛法中情无取舍，岂不为识者所察？

名句的诞生

卢循[1]初下据[2]江州城，入山诣[3]远。远少与循父嘏[4]同为书生[5]。及见循，欢然道旧，因朝夕音问[6]。僧有谏远者曰："循为国寇，与之交厚，得不疑乎？"远曰："我佛法中情无取舍，岂不为识者所察？此不足惧。"

——义解三·释慧远

完全读懂名句

1. 卢循：东晋士族，是卢谌的曾孙，也是在晋代以宗教为名起兵叛变的孙恩的妹夫。
2. 据：占据，占领。
3. 诣：进见长辈或上级称"诣"，这里可以解释成拜访。
4. 嘏：卢循的父亲卢嘏。
5. 书生：儒生，这里指一起读书的同学。
6. 音问：请安、问候或互相通信。这里的"朝夕音问"是形容卢循早晚都要派人向慧远问候，彼此的关系非常亲密。

语译：卢循初次占领江州城时，曾上山来拜访慧远。慧远年轻时曾和卢循的父亲卢嘏一起读书，当他见到卢循来拜望，便很高兴地与他叙旧，而卢循也因此每天早晚都会派人来问候慧远。有一位僧人规劝慧远："卢循是国家的叛贼，与他交往过深，难道不会让人起疑心吗？"慧远回答："佛法平等，一视同仁，无所取舍，难道有见识的人会不懂得这一点？不用担心。”

名句的故事

孙恩是晋代以“五斗米道”为名而起兵叛变的一个人物，而卢循作为他的妹夫，也跟着他一起叛晋，史称“孙恩卢循之乱”。“卢循初下据江州城”，就是指卢循、孙恩等人聚众叛变的时候，也正因为如此，才会被这段故事中的僧人视作“国寇”，并紧张地跑去规劝慧远千万不要与危害国家的叛贼过从甚密，以免无端惹祸上身。

为了免于被人怀疑、误会或让自己惹上麻烦，许多“瓜田李下”的场合或情况，本来就应该尽量避免。然而，慧远论辈分算是卢循的父执辈了！他不避嫌隙地、欣然地与卢循畅谈旧情，并频繁地互相往来，是因为他秉持着“佛法中情无取舍”，对世间事物一律平等看待，完全没有分别心，更何况是人类心底的爱恨情仇，世俗的好恶、彼此、尊卑、贵贱之分，对慧远来说，当然也没什么分别了。

所以在这段故事后接着记载：“及宋武追讨卢循，设帐桑尾，左右曰：‘远公素王庐山，与循交厚。’宋武曰：‘远公世表之人，必无彼此。’”大意是说，当后来成为宋武帝的刘裕在讨伐卢循时，刘裕的部下也曾对慧远起疑，刘裕便对他们说：“远公是方外之人，他对世俗的人，肯定是不分彼此、一视同仁的，你们不必怀疑。”由此可见，就连与卢循为敌的刘裕，也深知慧远已达到“情无取舍”境界。

历久弥新说名句

慧远在中国佛教史上，是一个非常特别的人物，他结交的达官显贵、文人学士，可以说是历代高僧之冠。尤其慧远交游的对象，不分华夷南北、朝野顺逆，也不分贵贱士庶、儒释玄道，所以无论是叛将卢循，朝廷高官殷仲堪、桓玄、谢灵运，以至宋武帝刘裕、晋安帝司马德宗，与来自异族的统治者后秦皇帝姚兴等人，都与慧远有密切的往来。由此可见慧远所说的"我佛法中情无取舍"并非空泛的理论，早已被慧远彻底地落实在日常生活中。

既然出家为僧，就是"方外之宾"，平日除了随遇而安，不管世俗的是非顺逆外，对于人世间的各种情感，也必须不亲不疏、无所取舍，这是佛教各宗各派的共同信念。姚秦时代的鸠摩罗什所翻译的《思益梵天所问经》记载，文殊师利菩萨曾问等行菩萨什么是佛法的真义，等行菩萨回答："若于诸法无所分别，如是行者，能得圣道。"认为取消了"分别心"，并在生活中身体力行的人，就是在成就佛法。

"分别心"就是心灵对时空环境起了作用，当我们对眼前的事物产生是非、善恶、人我、大小、好坏、美丑等各种差别的观感，妄想、烦恼与爱恨等情绪自然随之而来。而无"分别心"就是"平等心"，与慧远说的"情无取舍"，观点完全相同。

佛教是如此，中国传统道家观点中，也不乏这种思想。《庄子》"天地与我并生，万物与我为一"的"齐物"思想、"与其誉尧而非桀也，不如两忘而化其道"的"相忘"境界，也是在试图消弭自己与其他个体之间的各种纷争，让万物齐等，没有高低贵贱之分，这么一来，人世间的各种坚持、独断与执着，世俗价值标准中的权势、功名、利禄、位阶等，也因此失去原本的意义了。

本端竟何从，起灭有无际

名句的诞生

并报偈[1]一章曰："本端[2]竟何从，起灭有无际。一微涉动境[3]，成此颓山势。惑相更相乘[4]，触理[5]自生滞。因缘虽无主[6]，开途非一世。时无悟宗匠，谁将握玄契？来问尚悠悠，相与期暮岁。"

——义解三·释慧远

完全读懂名句

1. 报偈："报"是回报、答复，"偈"是佛教文学中无韵的诗歌。许多中国僧侣常在偈诗、偈颂中蕴含玄妙的佛法。
2. 本端：指心灵或生命的根本。
3. 动境：身心迷惑、欲念妄想横流的状态，与"静境"相对。
4. 惑相更相乘："惑相"或作"惑想"，指被声色迷惑了四觉六识，也就是心灵被世间的假相所迷惑。
5. 理："理"是理体、理性的意思，这里是指佛教教义中万有且永恒不变的真性实体。
6. 因缘虽无主：或作"因缘虽无生"，不论是"无生"还是"无主"，都是指因缘不生不灭、不受其他外在因素所控制。

语译：同时奉上偈颂诗歌一章："心灵的根本，究竟是在哪里呢？是在有无、起灭之际却不受外界影响的地方。所以心灵如果发生一点微小的变化，就会涉及动境，那就会难以把持住，就像倾颓倒塌的山势。再加上人世间的各种迷惑与相状乘机而来，只会让有心研究佛法真理的人内心更加阻滞。因缘的产生并没有任何决定性因素，开辟佛法的这条道路也不是一个世代就能完成。如果此时没有能够参悟佛法的大师，又有谁可以掌握佛法的真谛？你之前寄给我的那篇偈诗，还有很多问题我还没有参透，但愿年终岁暮之时，能再与你相聚。”

名句的故事

这是一首兼具佛法意蕴与真切情感的偈诗。庐山的慧远与关河的鸠摩罗什，在东晋时期本来就堪称南北两大高僧。如今彼此又借由书信的往返，展开了数次法义讨论，当两位德高望重、引领时代思潮的第一流宗教领袖，通过这样的交流方式互相讨教，实已将中国佛学的发展往前推进了一大步。

正是因为慧远有感于彼此的书信往来才正要开始，却听闻鸠摩罗什要返回西域了，遗憾之余，赶紧写这封信与偈诗回复鸠摩罗什，借以表达自己的惺惺相惜，以及急欲挽留的心境。

除了表达心境，这首偈诗也蕴含了颇为玄妙、深奥的佛理。偈诗所说的“本端”，是指人类心灵最初的状态，慧远认为身心本来是有一个寂灭静谧、不被外界物质世界诱惑的“本端”，但是人类往往碰到一些细微的变化，内心就会开始不平静，也因此进入动乱之境（这正是慧远所说的“动境”），如此一来，忖动不安的心境，就会像倾倒的山势，一发不可收拾了！

慧远论述了自己对佛理的体悟，当然也不忘要积极地挽留鸠摩罗什，希望他能继续留在中土，共为宣扬正法而努力。如今当我们读到慧远在诗末所说的“时无悟宗匠，谁将握玄契？

来问尚悠悠，相与期暮岁”寥寥数语，大概也能深刻体会慧远的相知之情与敬重之意了。

历久弥新说名句

慧远之所以会说“本端竟何从，起灭有无际”，是因为人类心灵本来是纯净而不染任何尘垢的，这种若有似无、无终无始的最原始状态，当然也是最贴近“佛”的境界。换句话说，慧远认为人类肉体或世间一切的现象，其实都是空，都是无，只有心灵意志，以及佛或佛法，才是真实而且永恒的存在。

这可以说是佛教最基本的内涵，整个佛教教义的建立，正是依靠这种理论基础来支撑。唐末五代至宋的僧人释延寿，编纂了一部《宗镜录》，讲述禅宗祖师的言论以及天台、华严、唯识诸宗重要经纶。《宗镜录》里头记载的慧远的《法性论》“凡在起灭，皆非性也”，也是在说明，会在生生灭灭中流转的，就不是真正的心灵与佛性了。所以《宗镜录》才会说：“性空即是佛，不可得思量。”“若有生心，生心是妄，故说不生。”认为佛性是不可思量的，一旦需要思量，就是心灵出现妄想等杂念，由此推论“性”原本应是“不生”的。而南北朝时期净土宗的开宗祖师昙鸾，也在批注《无量寿经优婆提舍愿生偈》时说：“若有生，可有灭；既无生，何得有灭？是故无生无灭，是众生义。”这里点出“无生无灭”是一切有生命之物的生存真谛，当然也是指众生的佛性而言。

另外，心灵佛性的“起灭有无际”，经过长时间的思想融合后，也被后世的儒家学者所援用，如明末著名的学者刘宗周，就把这种想法运用在自己的哲学思想上。《明儒学案》记载刘宗周说："念有起灭，而心即与之为起灭，心本无起灭也。故圣人化念还心，要于主静。"认为心性原本没有起灭可言，是人的意念随外界的事物、自己的情绪而有各种起伏，使心性跟着意念随之波动，所以圣贤人士懂得化解意念，还原本来的心性，而这种化解、还原的工夫，就是一种追求身心清静的工夫。由此可见，刘宗周把佛教义理糅合之后，已把"本端竟何从，起灭有无际"的道理，不留痕迹地纳入自己的学说理论之中了。

至极以不变为性，得性以体极为宗

名句的诞生

先是，中土未有泥洹常住[1]之说，但言寿命长远而已。远乃叹曰："佛是至极，则无变[2]，无变之理，岂有穷[3]耶！"因著《法性论》曰："至极以不变为性，得性以体极[4]为宗。"

——义解三·释慧远

完全读懂名句

1. 泥洹常住：有些学者认为，"泥洹"是"涅槃"的音译，指佛教修行的最高境界；也有些学者把"泥洹"解释成熄灭、吹灭或单指"灭"一字，是指佛陀或得道高僧如烛灯光芒一般，因为已超脱一切生死因果而熄灭。"常住"也是佛教用语，指的是一种永存不灭的解脱境界。所以"泥洹常住"四字，实指大乘佛教中无生无死、永恒存在，以及灭尽烦恼、超脱生死轮回之后所获得的精神境界。
2. 至极，则无变："至极"是指达到终极、至善至美的境界，也就是佛教理论中永恒存在的终极实相；"无变"本义是没有变化，这里是指无终始、无生灭的状态。
3. 穷：穷尽，尽头。
4. 体极：体悟终极、至善至美的境界，也就是体悟佛法中的终极实相。

语译：起初，中国并没有"泥洹常住"的学说，只有讨论如何长寿或长生不老而已。慧远因此感叹：“佛是至善至美的最高境界，因为是终极实相，所以永恒不变；永恒不变的道理，哪里会有穷尽的时候呢？”所以他撰写了《法性论》，里面说道：“最终极的境界是以不变为本性，而要获得不变的本性，则必须以体悟此种终极实相为宗旨。”

名句的故事

据说这句话出自慧远的《法性论》，可惜这篇文章已经亡佚了，我们只能从《高僧传》的记载，以及其他佛教经典的只言片语，勉强还原这篇文章的面貌。

本文记载，中国最初没有“泥洹常住”方面的学说，只有道家与道教的“寿命长远”之说在当时普遍流行。由此可见，当时中国人对于佛学理论，仍有许多懵懂未知的地方，所以连这种佛教最基本的理论，也无法深入了解。这是慧远感叹的最主要原因，也因此能让他顺势带出此语。

历久弥新说名句

慧远这句话的基本精神，其实就是在告诉我们：如果能体认佛教的本义——“空”这个最高的实体，也就认识了自己的本性。

仔细品味这句话，可以发现慧远所说的境界，其实与中国道家的“无”“道”意义相仿，毕竟慧远在年少时就已熟读《周易》《老子》《庄子》等经典，再加上慧远的生活年代是佛教刚传进中国的时候，如何利用中国既有的观点来解释佛教，让中国人更能接纳佛教，对慧远来说，似乎是轻而易举。《老子》

说："有物混成，先天地生。寂兮寥兮，独立而不改，周行而不殆，可以为天下母。吾不知其名，字之曰道。"认为"道"是先于天地而生的万物之母，虽看似寂寥不明，却拥有独立而无法更改的运行规律。《庄子》则认为"道"是"未有天地，自古以固存""在太极之先而不为高，在六极之下而不为深，先天地生而不为久，长于上古而不为老"，也是把"道"视作宇宙的本源，是一个永恒无限的概念。

戒如平地，众善由生

名句的诞生

临终遗命，务勖律仪[1]，谓弟子曰："经言'戒[2]如平地，众善由生'，汝行住坐卧[3]，宜其谨哉。"

——义解三·释慧持

完全读懂名句

1. 务勖律仪："勖"是鼓舞、勉励的意思，这里是指自勉。"律仪"是佛教的戒律和礼仪。
2. 戒：佛教戒律。
3. 汝行住坐卧：或作"汝等行住坐卧"。"行"是行动，"住"是静止，"坐"是盘腿而坐的打坐姿势，"卧"是睡觉，四者泛指僧人日常的一切行为举止。

语译：（慧持）临终前的遗言，是勉励弟子务必谨守佛教戒律。他对弟子们说："佛经上说：'戒律犹如平坦的大地，所以各种善行也像万物来自大地一样，都是由谨守戒律产生的。'你们平日的行、住、坐、卧等各种行为举止，都要谨慎地守住该有的戒律。"

僧人背景小常识

释慧持（三三七至四一二年）是释慧远的弟弟，他们一起拜道安为师，也一同进入庐山修行，两人都是东晋时期的佛教高僧。

释慧持是一位性情恬静淡泊，却拥有远大志向的僧人，而且身长八尺，风度翩翩，并精通各类佛典与文史经籍，所以同时期的高僧鸠摩罗什对慧远、慧持两兄弟十分钦敬，主动写信给他们，希望能结交为好友，并相互讨教佛法。

慧持在东晋隆安三年（三九九年）辞别慧远，前往四川，到成都一带宣扬佛法，并在当地的峨眉山上兴建了普贤寺，后来唐代的僧人慧通重建，更名为白水寺，到了宋代的茂真法师又再度扩建，称白水普贤寺，今日则改称为万年寺，是峨眉山历史最悠久、规模最宏伟的寺院，而慧持自然也被后人视为峨眉山佛教的开山祖师。

名句的故事

慧持说的“戒如平地，众善由生”一段话，可以说是他的临终遗命。圆寂之前，在龙渊寺的病榻上，慧持对着服侍在旁的弟子们说了这一段话。大意是说，佛教修行者最需要注意的是务必遵守戒律。因为佛陀订立下来的戒律之所以不会失传，一直流传到今日，自然有它的道理与必要性，所以慧持举佛经中利用万物之母“大地”作为比喻的故事，告诉弟子们佛教的戒律犹如大地，正如万物都从土地里生长出来一样，各种善行也都是由谨守戒律产生的。

这句话是慧持特别交代弟子的临终遗言，在自己油尽灯枯之际，仍勉强打起精神说出这一席话，并强调无论任何时候、任何行为，都不能松懈，足以让我们想见，重视戒律、谨守戒律，应该是他毕生最在乎的事啊！

慧持用大地生万物比喻各种善行来自谨守戒律，这是佛教经典中常用的方式。印度龙树菩萨所作、后秦鸠摩罗什翻译的《大智度论》说："若人求大善利，当坚持戒，如惜重宝，如护身命。何以故？譬如大地，一切万物有形之类，皆依地而住；戒亦如是，戒为一切善法住处。"说明若是要追求人世间最大的善，就应该"持戒"，因为戒律就像大地一般，一切善法都来自它。《萨婆多论》说："戒是佛法之平地，万善由之生。又戒一切佛弟子皆依而住。"认为来自遵守戒律的"万善"，就像万物来自大地一般，所以佛门弟子必须无时无刻地依循戒律。

慧持与其他历代高僧，都不约而同地把"持戒"当作修行的基本功，而中国儒家、道家等固有学派，其实也各自定义立了若干"戒"，而且常与佛家的观点相通。如《老子》说："五色令人目盲，五音令人耳聋，五味令人口爽，驰骋畋猎，令人心发狂……是以圣人为腹不为目，故去彼取此。"认为缤纷的色彩、嘈杂的声音、浓厚的滋味，都会使人心思放荡发狂，所以圣人不会耽乐于感官的享乐。这就是为什么老子会主张"清静无为""守柔""不争"等观点，而佛教强调"持戒"的目的，不正也是希望世人能抑制情欲，保持身心清净吗？

孔子说："君子有三戒：少之时，血气未定，戒之在色；及其壮也，血气方刚，戒之在斗；及其老也，血气既衰，戒之在得。"认为人能持守这"三戒"，才能成就君子般的品格，并在社会上循规蹈矩，不会与别人起争端。儒家学者常说的"五常"——仁、义、礼、智、信，与佛教修行者最根本的戒律——不杀生、不偷盗、不邪淫、不妄语、不饮酒的"五戒"，更是几乎完全相通，都是待人处世的最根本原则。

虽然儒、释、道三家各自有各自重视的戒律，但是导人向善、保持心灵平静的最终目的却是如出一辙。甚至到了唐代的柳宗元，也写下《三戒》一文，更是打破了“戒律”的呆板与僵化，利用麋、驴与鼠的三则寓言，分别讽刺那些倚仗人势、自曝其短和肆意妄为的人，“三戒”也就成为三件值得人们警戒的事情了。由此可见，我们不该把儒、释、道的戒律，当作束缚自己的东西，反而可以视作平日待人接物的一道护身符，如此一来，各种言行举止才能不至于太偏离，原本可能产生的一些争执或纠纷，相信也能相对减少了。

屋中常有一虎，人或畏者，辄驱出令上山，人去后，还复循伏

名句的诞生

永屋中常有一虎，人或畏者，辄驱出令上山[1]，人去后，还复循伏[2]。

——义解三·释慧永

完全读懂名句

1. 辄驱出令上山：或作“辄驱令上山”。“辄”是“每次”“总是”“就”的意思，“驱”是驱赶、逼使。
2. 还复循伏：“还”是返回、回来。“复”是又、再次的意思，也可以和“还”字一样，解释成返回。循：驯。

语译：慧永的屋子里时常有一只老虎，有人因此感到害怕，慧永于是把它驱赶出屋子，命令它先上山去，等到客人离开后，老虎又照常回来，重新伏在屋内。

僧人背景小常识

东晋时代的释慧永（三三二至四一四年），据说是一位能号令百兽、降妖伏魔的高僧，来自河内（今河南沁阳一带），十二岁就出家，俗姓潘（也有人认为他本来应该是姓“鄱”）。他在东晋太和元年（三六六年）上庐山，当时的刺史陶范愿意主动供养，便捐

出自己的住宅，在东晋孝武帝太和元年（三六六年）兴建成西林寺，迎请慧永入内居住。

西林寺（后更名为西琳寺）如今坐落在庐山北麓香炉峰下的赛阳镇，距离慧远所建立的东林寺不到一公里远。慧永与慧远原本就认识，两人甚至曾经约定，一同到罗浮山（今广东的东江北岸，博罗、增城二县境内）兴建寺庙。此外，慧永也时常去拜访慧远，并和慧远、慧持等人在东林寺结成白莲社，一起研究佛学，两人同被后世尊为“东林十八高贤”。

名句的故事

这则小故事是描述慧永具有与其他物种相互感应的能力。传说慧永的屋中常会出现一只老虎，而慧永不仅无所畏惧，反而看似自己豢养的一样，每次只要有客人来访，慧永就一如往常地命令老虎先离开屋子，到山上等待，直到客人离开，老虎又会乖乖地回来。

佛教经典记载这则故事，并非刻意危言耸听、吹嘘渲染，而是想借由这样的方式，表现慧永在领悟佛教义理之后与万物互相感通的特殊能力。尤其这种能力并非慧永所独有，本篇文章最后还特别提到一个人物——释僧融，并记载僧融“亦苦节通灵，能降伏鬼物云”。说明僧融也因为刻苦地持守戒律，所以能上通神灵，降伏鬼物。由此可见，慧永也是如同僧融一样，因为能持守佛教戒律，依循戒律来处世，终于有所领悟，因而获得这种非凡的能力。

清末的虚云和尚，是中国近代著名禅宗高僧，他写了一首禅诗《虎拜佛偈》:“众生颠倒十二名，有无色相各涵灵。南华颇与诸方别，虎伏庭前树听经。”虚云老和尚会写这首诗，是因为他在寺庙内解说戒律时，有一只老虎趁着深夜跑来入戒，它在台下伏跪点头，被附近的驻军撞见后，持枪追赶它，从此老虎不敢进来，却常在寺庙附近鸣吼。

虚云所说的“虎伏庭前”，灵感大概就是来自慧永的这则故事吧！虚云虽然没有慧永号令百兽的能力，不过仍然可以利用佛法来感动老虎。而且林森在《寿云老和尚百岁》一诗中也说:“皎日东升，黑山顿曙。举杖一喝，龙降虎伏。”同样也是在形容高僧具有“举杖一喝”就让猛兽顺服的能力。

自古以来，关于佛教高僧驯伏猛兽，与动物互动的记载，可以说是多不胜数。唐代著名的三藏法师玄奘，是中国佛教唯识宗的创始人，在他撰写的《大唐西域记》中曾经记载“醉象于此驯伏而前”的故事，大意是说，阿阇世王是印度释迦牟尼时代的大恶人，他谋杀父亲，夺取王位，甚至用酒灌醉巨象，让巨象在街道奔走踩踏，欲害释迦牟尼，但最后醉象反而被释迦牟尼手指化出的五头狮子慑服，伏跪在佛陀面前，不再莽撞乱窜了。(此故事后详见于《大方便佛报恩经》)

最有趣的是，这些高僧似乎总与老虎有不解之缘。中国唐代的佛教典籍《法苑珠林》记载:“晋始丰赤城山有昙猷，或云法猷……后移始丰赤城山石室坐禅，有猛虎数十蹲在猷前，猷诵经如故。一虎独睡，猷以如意扣虎头诃:‘何不听经！’”大意是说，晋代的高僧竺昙猷有一天到山上的石室坐禅，有数十只老虎蹲在他面前，昙猷不仅面不改色、继续诵经，甚至有一只老虎忍不住睡着了，昙猷竟然用如意拍打虎头，问它为什么不认真聆听佛经！

四大了无疾苦

名句的诞生

于是暂卧，因梦见自秉[1]一烛，乘虚而行，睹无量寿佛[2]，接置于掌，遍至十方[3]，不觉欻然[4]而觉，具为侍疾者说之。且悲且慰，自省四大[5]了无疾苦。

——义解三·释僧济

完全读懂名句

1. 秉：用手持握。
2. 无量寿佛：佛名。“无量寿”是“阿弥陀”的汉译，“无量寿佛”就是“阿弥陀佛”的别称。
3. 十方：佛教用语，佛教以东、西、南、北、东南、西南、东北、西北为“八方”，再加上天、下地为“十方”。通常用来泛指各处、各界，如常说的四面八方。
4. 欻然：欻，音“xū”，忽然，突然。
5. 四大：古代印度哲学认为，构成宇宙万物的基本元素是地、水、火、风，合称“四大”，世界的一切物质，都是“四大”所构成。佛教不但继承了这种看法，并将这四种元素的特性——地性坚、水性湿、火性暖、风性动，也合称“四大”。

语译：于是释僧济暂时躺下来，因而梦见自己拿着一支蜡烛，在虚空中游走，看见无量寿佛把自己接引过去，放在手掌心，带着他行遍世界各处。在不知不觉中僧济又忽然醒过来，并把刚才梦见的景象全部说给照料他的僧众听。他既悲伤又欣慰，自我省察之后，终于领悟了四大皆空的意义，原来是一种老死病苦都能舍离的境界。

僧人背景小常识

关于释僧济的出身，历史上并没有太多记载，只知道他是一位天资聪颖的僧人，曾经在东晋太元年间（东晋孝武帝时代，约三七六至三九六年）登上庐山，跟随释慧远学习佛法，且年纪才过三十岁，就能在大城市中开座讲经，并屡次担任首座和尚，教导普罗大众。即便僧济只活到四十五岁，却备受当时的百姓所景仰。慧远就曾说："将来能与我一起弘扬佛法的人，就是这个人啊！"由此可见慧远对这个弟子的赏识与器重。

名句的故事

这则故事发生在僧济即将圆寂的时候。当时僧济才刚住在庐山没多久，就染上很严重的疾病，因此他一心想要在死后能升入西方极乐世界。慧远知道后，就送给他一根蜡烛，告诉他："汝可以运心安养，竞诸漏刻。"意思是说，你要用心休养，把握时间。因为慧远深知，僧济即将过世，是否能得到佛祖的"接引"（指佛祖垂手迎接众生往生，前往佛国净土）去往极乐世界也迫在眉睫了，所以希望僧济能凭借着烛火，停止一切念头，抓紧时间，心怀不乱的平静休养。

僧济明白师父的深意，于是拿着蜡烛，靠在桌旁停止妄念、平静心绪，并请众僧为他诵读《无量寿经》，到五更天的时候，又把蜡烛递给众僧，让他们轮流传接，自己则暂时躺下，因而“睹无量寿佛，接置于掌，遍至十方”，这表示僧济即将成佛了，所以在梦中看到无量寿佛（阿弥陀佛）来接引自己的景象。不知不觉间，僧济又忽然从梦中醒来，悟性灵敏的他，此时此刻已完全省悟，原来四大皆空的境界，就是根本没有生老病死的苦痛，所以才会说“自省四大了无疾苦”。

历久弥新说名句

禅宗六祖惠能的禅诗：“菩提本无树，明镜亦非台，本来无一物，何处惹尘埃。”大意是说，如果能放空一切，视一切为无物，就已经体悟佛法心境澄明、四大皆空的真谛，是一位真正看破的智者了，因为连自身都忘记了，世间的任何事情，根本不需要放在心上，心灵又怎会染上尘埃，又有什么东西能够当成是诱惑呢？这种的意境，可以说是本文“四大了无疾苦”的具体表现，日后当然也成为许多修行者的入门功课。

此外，“四大皆空”“四大了无疾苦”并非死板沉闷的道理，明代莲池大师《缁门崇行录》的序言写道：“予曰：‘五蕴纷纭，四大丛沓，何谓无尘？’僧云：‘四大本空，五蕴非有。’”这个典故来自宋代苏东坡与佛印禅师的对话。有一天，苏东坡去听佛印禅师说法，到达时已经没有空位了，苏东坡对禅师开了个玩笑：“既然没有座位，我就以禅师的四大五蕴之身为座。”禅师回答：“四大本空，五蕴非有，请问学士要坐哪里呢？”苏东坡为之语塞。这个故事的主旨是说，在佛教观念里，一切万物都不真实存在，都只是“四大”构成的虚无假象，苏东坡想要坐在禅师身上，而禅师的形相本身也是人世间的虚空幻现，所以实际上根本没得坐啊！另外，“四大皆空，坐片时何分尔我。两头是路，吃一盅各分东西”，则据说是清代河南洛阳古道上某茶亭的对联，相传为一位和尚与一名商人在茶亭中相饮时所题，意思是说，一旦领悟四大皆空、缘起缘灭的道理，自然能明白世间根本没有任何情缘是长久的，不妨稍坐片刻，不分你我，好好吃下一盏茶后，潇洒道别，各奔东西。佛印禅师的机智、佚名对联的潇洒，都是“四大皆空”的有趣运用。

法轮摧轴

名句的诞生

什谓融曰："此外道[1]聪明殊人，捔言[2]必胜，使无上大道[3]在吾徒而屈，良可悲矣。若使外道得志，则法轮摧轴[4]，岂可然乎？如吾所睹，在君一人。"

——义解三·释道融

完全读懂名句

1. 外道：佛教称呼佛教以外的宗派或思想为"外道"。把其他宗派、教团的教徒称为"外道"，其实暗指这些教派或学说是较不正派、会妨害正道的邪说。
2. 捔言：捔，音"jué"，本义是角斗、竞争，"捔言"是指辩论。
3. 无上大道：即无上的大道，指佛教的思想和义理。
4. 法轮摧轴："法轮"是佛教用语，指佛法。佛教认为佛陀在说法时能摧破众生的烦恼，犹如轮王的轮宝能碾摧山岳岩石一般，加上佛法又不会停滞在一人或一处，如同车轮一样，辗转不停地传授到众人心中，故称为"法轮"。"法轮摧轴"是说法轮的轴受到摧毁折断，比喻佛法的传播受到挫折，不能再流行。

语译：鸠摩罗什对释道融说："这个外道聪明过人，若是进行辩论，必定会获胜，导致无上的佛法断送在我们手里，这真是令人痛心悲哀啊！如果真的让这个外道得势，那么佛法就会像车轮被打断了轴，使法轮不转，这难道是可以允许的事吗？依我看来，这件事的成败就取决于你一个人了。”

僧人背景小常识

晋代的释道融（约生活于三五六至四〇四年，另一说为四〇六至四五五年）是汲郡林虑（今日河南卫辉市、林州市一带）人，十二岁就出家了。他的师父欣赏他的风度与神采，所以让他先去学习一些儒家典籍等世俗的学问。三十岁时，他听说鸠摩罗什来到关中地区，就自愿投学、求教于鸠摩罗什，并著有《法华经义疏》《大品般若经义疏》《金光明经义疏》《十地经义疏》《维摩诘经义疏》等作品，后来世人就把道融以及鸠摩罗什门下的道生、僧叡、僧肇四位僧人，合称为“关中四圣”，意思是指后秦鸠摩罗什门下最优秀的四人。

名句的故事

这是一则描述师子国（今日的斯里兰卡）的婆罗门教僧人来到东方之后，向长安佛教僧团挑战的故事，这则故事是在鸠摩罗什收了道融这个徒弟以后发生的。

当时身为后秦国师的鸠摩罗什无论知识与辩才都是所向披靡的，不过婆罗门僧人明确要求“与秦僧捔其辩力”，所以来自西域的鸠摩罗什也无能为力，只能派出自己的中国弟子——反应敏捷、博学强记的道融，来面对这次挑战。而本文这句话便说明了中土佛教正面临生死存亡的关头，因为这意味着长安僧团一旦失败，就不得不把“后秦国教”的地位，拱手让给婆罗门教。

故事的结局，是道融有惊无险地化解了这场危机，在辩论比赛中得到最终的胜利，佛法也因此得以在中土继续传播、弘扬与兴盛。可见鸠摩罗什选择道融出席这场辩论赛，确实是一项明智之举啊！

历久弥新说名句

藏传佛教把法轮、法螺、宝伞、华盖、莲花、双鱼、宝瓶与“盘长”（没有开端和结尾的结饰图案）视为吉祥清净的“八宝”，是八件吉祥宝物，所以又称“八大吉祥”，常会供在佛像前，或者绘成图案来装饰殿堂。其中，法轮据说有八个轴，代表佛法的“八正道”，因此佛教人士常说“常转法轮”，如《华严经》说：“菩萨转法轮，如佛之所转。”这也是《华严经》所谓：“得转法轮，成熟众生方便解脱门。”意思是说，让“法轮”常转，会帮助我们成佛，也可以让我们在“转凡成圣”之后，达到解脱一切的圆满完美境界。

在鸠摩罗什之前，中国文学中几乎找不到“法轮摧轴”的说法，不过当鸠摩罗什说出这句话之后，“摧轴”似乎马上成为一种流行话语，也常成为情况惨烈、危急的代名词。如东晋的孙绰在《答许询诗》之二中，有“前辀摧轴”一句，“辀”是古代马车上驾驶座下从车轴伸出的一根弯起的木头，这句话是说这根弯起的木头因颠簸的道路而倾斜，弄断了车轴。而南朝梁的文学家江淹，在《萧相国让进爵为王表》用“九黎乱政，当摧轴之辰”描述从远古时代起居住在长江流域的九个氏族部落，他们扰乱中原的政治，让百姓过着如车轮被打断轴的悲惨日子。此种譬喻方式，与鸠摩罗什这句话相仿。

到了唐末五代的永明延寿禅师，也在《宗镜录》中说："人之无道，犹车之无轴，车无轴不可驾，人无道不可行。"用没有轮轴的车无法驾驶，来比喻人的心里假如不存在"道"，则无法在社会上立足。此外，《宗镜录》还曾经以"犹莲遭雹而摧残，似车折轴而无用"来比喻人间的各种劳烦困苦，这些也都和鸠摩罗什的譬喻方法相似。

忘筌取鱼，始可与言道

名句的诞生

生既潜思[1]日久，彻悟言外[2]，乃喟然[3]叹曰："夫象以尽意[4]，得意则象忘；言以诠理，入理则言息。自经典东流，译人重阻[5]，多守滞文[6]，鲜见圆义[7]。若忘筌[8]取鱼，始可与言道矣。"

——义解四·竺道生

完全读懂名句

1. 潜思：沉潜并深入地思考。
2. 彻悟言外：对言外之意能通彻领悟，不拘泥于文字。
3. 喟然：喟然，叹息貌。
4. 象以尽意：典出《易传·系辞上》，意谓圣人画卦象表达意义、传递道理。
5. 重阻：重重阻碍。
6. 滞文：窒碍难解的文辞。
7. 圆义：圆融无碍的义理。
8. 筌：捕鱼的竹器。

语译：竺道生经过长时间的思索、领会，终于洞悉、晓悟经典的深刻义理及其言外之意，由此叹道："圣人画卦象，是为传达心意，明白意义后便不需拘泥于卦象；语言文字是用来诠解道理，了悟道理后，语言文字的作用也随之完成。自从佛经东传来此，翻译的人受到语言文字等重重的限制，多固守窒碍难解的文辞，很少看到能将义理说明得圆融无碍的译文。如果可以在捕到鱼的时候，不再拘泥于捕鱼的竹器（意即不执着于章句文辞，而能契合佛理），这样的人才能与之共谈佛法、真理。”

僧人背景小常识

竺道生（三五五至四三四年），俗姓魏，后从竺法汰出家，故改姓竺，为东晋、南朝时著名高僧。鸠摩罗什入华后，竺道生曾受学于罗什，与道融、僧叡、僧肇等并称为“关中四圣”。道生学有所成后，著有《二谛论》《佛性当有论》《法身无色论》《佛无净土论》《应有缘论》等文，又大加阐发“善不受报”、“顿悟成佛”和“阐提悉有佛性”等义理。“阐提悉有佛性”之说原与六卷本《泥洹经》相违，之后大本《涅槃经》译出，才印证道生不误。

名句的故事

这世间有诸多的经文，传递着真理与修行法门，可供我们理解、学习，进而体悟，然而在学习乃至体悟真理之后，便不应执着于语言文字。举例而言，医生开药是为了治病，但若疾病已痊愈，那么这帖药便无须再继续服用。同理，经典中的语言文字，便是圣人、仙佛留下的处方，用以治疗世间诸多人心的问题，倘若依循此经修行，真正证悟真理，那么便可以不再拘泥于经文的字句。有些事理，即便经典并无记载，我们也可以通过自身的智慧加以体会。

历久弥新说名句

“忘筌取鱼”事实上是运用了《庄子》的典故。在《庄子》一书中有说道：“筌者所以在鱼，得鱼而忘筌；蹄者所以在兔，得兔而忘蹄；言者所以在意，得意而忘言。吾安得夫忘言之人而与之言哉！”意思是指捕鱼者得了鱼便可以忘却捉鱼的器具，猎户捕捉到了兔子，也可以忘记猎兔的工具。从这里衍生出的道理，便和竺道生所谓“忘筌取鱼”是相近的意思。

名句的诞生

于是校阅真俗[1]，研思因果。乃言“善不受报”[2]“顿悟成佛”[3]。又著《二谛论》《佛性当有论》[4]《法身无色论》[5]《佛无净土论》[6]《应有缘论》[7]等。笼罩旧说，妙有渊旨。

——义解四·竺道生

完全读懂名句

1. 真俗：即真谛与俗谛。真谛指佛法、出世间法，俗谛则为世间法。
2. 善不受报：指证悟者已经摆脱因果轮回，其所为属无为法，故纵为善亦不受报，而证悟者当然不可能为恶。
3. 顿悟成佛：真正的觉悟只在一刹那间，转瞬间将所有的烦恼习气断尽，洞彻实相而成佛。
4. 佛性当有：众生本来具足佛性，皆有成佛可能。
5. 法身无色：法身：又作“法性身”“自性身”，即佛所证悟的法性，以法为体，故为法身。法身无色，指法身无一定的色相，故也无法从色相求得法身。
6. 佛无净土：佛不会以某一处固定的空间作为净土，心净则处处是净土，心不净则永无净土。
7. 应有缘：佛乃随缘感应、示现，同样众生若有缘则能与佛相应。

语译：竺道生于是阅读、校对真谛、俗谛等各家说法，研究思索因果道理。由此乃提出“善不受报”“顿悟成佛”等主张。又撰写《二谛论》《佛性当有论》《法身无色论》《佛无净土论》《应有缘论》等论著。他的论著既可涵括过去的说法，以众人所熟知的义理为根据，又能提出更深刻、微妙的思想。

名句的故事

所谓的“佛性当有”，是竺道生在《大般涅槃经》尚未传入中土之前，便已经体会、悟得的道理。佛性究竟是否是人人皆有，即便是断绝善根、作恶多端、心存邪念之人（佛教称此类人为“一阐提”）？倘若凡人皆拥有佛性，则人人都有成佛的可能。也因此，在佛教思想中，若问及“一阐提是否能成佛”，便会涉及“佛性有无”的问题，两个问题事实上是一体两面。在竺道生之前，佛教世界并不认为佛性人人皆有，也不认为一阐提有成佛的可能。

然而，竺道生却提出“佛性当有”论，且认为一阐提亦可成佛。这样的体会，在他的时代里，事实上是孤明先发，所以得到不少的批判。然而，《大般涅槃经》传入后，却证实了竺道生的说法。《大般涅槃经》指出，“一阐提”不是一个固定的名称，当一个人在泯灭天良、断绝善根时，的确是“一阐提”；然而，一旦“一阐提”得以忏悔、觉悟、改过迁善，那么依然可以听闻佛法、重获善根。

历久弥新说名句

人是否具有佛性？人是否皆可成佛？

这样的问题，其实并不只是佛家如此思考，中国儒家与道家，都曾经对于“人是否可以成圣”以及“是否人人皆具有与圣人一般的本性”提出疑问。而在古代中原之人的思维中，人性有等差，凡人之性与圣人之性，天生便有所差异，这个现象，到了中唐便开始有了变化。

中唐时期的学者李翱，是韩愈的弟子，他所著的《复性书》，便很清楚地说明了圣人与俗人之别，他说：圣人与百姓一般，都拥有“天命之性”，但圣人是“人之先觉者”，之所以成为圣人，在于他不会被喜怒哀乐等“情”所困惑而陷溺，可以回归生命最原初的本性。这种回归本性的圣人境界，其实和佛家所讲的证悟境界十分类似。至于凡夫俗子，却容易受到“情”的影响、遮蔽，因此终其一生都很难找到心中最初的、承接天命的本性。

那么，是不是凡人就无法成为圣人呢？既然李翱认为圣人与百姓都拥有“天命之性”，那么凡人自然亦可借由后天修为达到圣人的境界，只是修为的路径有所不同，所达到的状态是一样的。

阐提得佛

名句的诞生

又六卷《泥洹》[1]先至京都，生剖析经理，洞入幽微，乃说一阐提人[2]皆得成佛。于时大本[3]未传，孤明先发，独见忤众。于是旧学以为邪说，讥愤滋甚，遂显大众[4]，摈而遣之。生于大众中正容誓曰："若我所说反于经义者，请于现身即表厉疾；若与实相[5]不相违背者，愿舍寿[6]之时据师子座[7]。"言竟拂衣而游。

——义解四·竺道生

完全读懂名句

1.《泥洹》：即法显所译六卷本《大般泥洹经》，经中已提到众生皆有佛性，但排除一阐提可以成佛。

2. 一阐提人：佛教指不信佛法，且已经断了善根而无法成佛之人。

3. 大本：即北凉昙无谶所译四十卷本《大般涅槃经》，经中指出一阐提人皆有佛性。

4. 显大众：犯戒的僧人依律得在僧团居处忏悔、受罚。

5. 实相：佛家指称真相、真理。

6. 舍寿：去世。

7. 师子座：又称"狮子座""猊座"，原指释迦牟尼佛的座席，后泛指说法者的座席。

语译：当时法显所翻译的六卷本《大般泥洹

经》先传到京师，竺道生分剖解析经文义理，深入经文的微言大义，并宣说一阐提人皆有可能成佛。其时四十卷本《大般涅槃经》尚未传来，道生宣扬他独自发现的道理，但他的特殊见解违背当时大多人的说法。所以那些信奉旧说的人认为道生所倡乃属邪说，讥刺、愤恨道生的人越来越多，怨忿愈演愈烈，道生由此被当作犯戒者，需在大众面前忏悔、受罚，且还要将他贬斥出京师。道生此时面对大众，端正言容并发誓说："如果我所说的道理违反佛法的话，那么请让我现在就得恶疾；若与佛法真理不相违背，愿在去世的时候坐在说法台上。"说罢便立即拂衣远游。

名句的故事

四十卷本的《大般涅槃经》尚未传入中土前，僧徒中并不认为人人皆可成佛，因此竺道生所说"阐提得佛"之说，等于告诉众人，即便是已经断了善根、不信佛法之一阐提人，皆有成佛的可能。这样的说法对当时的佛教，实在掀起一番震撼。

然而究竟众生是否具有佛性，亦即任何人是否皆可能成佛？这样的问题，事实上《大般涅槃经》中即有所说明：经文中固然提及一阐提是"最极恶者""必死之人""不信因果，无有惭愧，不信业报，不见现在及未来世，不亲善友，不随诸佛所说教诫，如是之人名一阐提，诸佛世尊所不能治"；但另一方面也提及若一阐提在受苦时产生悔改之心，则菩萨即为他们说法，助其生善根。经中甚至说到若一阐提随佛陀、菩萨闻法，则能发正等正觉心。也因此，一阐提的属性不是固定的，即便他们断灭善根，却不是无佛性，在一切众生悉有佛性的前提下，即使是罪孽深重的人，只要心生悔改，泯除恶心恶习，消弭恶业，亦可成佛。

早在《大般涅槃经》传入中国之前，竺道生便已然体会出"阐提得佛"的道理，后来四十卷本《大般涅槃经》传入后，果然证明了竺道生的体会贴切于真理，也因此，他面对质疑的声音毫无畏惧。据说，就在道生获得《大般涅槃经》后，有次于庐山精舍登狮子座讲经，当时他神色开朗，说理精辟透彻，在座听众无不欢喜妙悟。就在他讲经即将结束时，麈尾忽然轻轻掉落，听众惊讶地趋前探视，只见道生正容端坐，已然逝世，而其神色仍静定安详，仿佛是入定一般。正应验了他之前的誓言：若所说无违佛法，去世时当据狮子座。

历久弥新说名句

据说道生有次讲解《涅槃经》，说到“阐提悉有佛性”时，问众多石头：“如我所说，契佛心否？”群石感动而尽皆点头，于是有“生公说法，顽石点头”一事流传。

一阐提是梵文“icchantika”（或 eccantika）之音译，这个词汇在大乘佛教中期才出现于经论中。在佛经中指出，一阐提之人，不仅包含着杀父弑母等五罪十恶之罪孽，也包含着具有偏执抽象邪念之人。“一阐提是否可以成佛？一阐提是否具有佛性？”的问题，在佛教中也受到广泛的讨论。《大般涅槃经·梵行品》中便记载着一个故事：王舍城有一位阿阇世王，性格相当凶残，喜好征伐杀戮，甚至残忍地杀害自己的父亲（如此行径便可谓一阐提），然而，阿阇世王最后竟然生发忏悔心，于是佛陀便为其说法讲道。由此可知，即便是一阐提，佛陀亦肯定其具有成佛的可能，并以大慈悲、大智慧，在一阐提生悔悟时，为其说法，种下善因。有的一阐提在此生便可以种下善根，有的即便现世无法得善根，也会因听闻佛法而得“后世因”，在来生拥有善根。

名句的诞生

初关中僧肇始注《维摩》，世咸翫味[1]。生乃更发深旨，显畅新典及诸经义疏，世皆宝焉。王微[2]以生比郭林宗[3]，乃为之立传，旌其遗德。时人以生推“阐提得佛”，此语有据；“顿悟不受报”[4]等，时亦宪章[5]。宋太祖[6]尝述生顿悟义，沙门僧弼[7]等皆设巨难[8]。帝曰：“若使逝者可兴，岂为诸君所屈！”

——义解四·竺道生

完全读懂名句

1. 翫味：翫，通“玩”。翫味，反复体会其中的意义与趣味。
2. 王微：字景玄，琅琊临沂人，为南朝著名文学家，兼擅书画医卜。《隋书·经籍志》载《王微集》十卷，今仅存文九篇、诗五首。
3. 郭林宗：郭泰，字林宗，东汉太原郡人。东汉桓帝时宦官专权，郭泰与李膺等太学生批判宦官，后被诬为讪谤朝政，引发史上著名的“党锢之祸”。“党人”之一的范滂形容郭泰是：“隐不违亲，贞不绝俗，天子不得臣，诸侯不得友。”
4. 顿悟不受报：烦恼习气完全断除而证悟者，不再堕入因果报应中。
5. 宪章：典章制度，引申为遵从效法。
6. 宋太祖：南北朝时宋朝的第三位皇帝，名刘义隆，年号元嘉。

7. 僧弼：本为吴人，鸠摩罗什的门徒之一，后主要在江南宣扬佛法。

8. 设巨难：严厉地质疑、责难。

语译：当初在关中的僧肇刚批注完《维摩诘经》后，世人皆反复体会其中的意义与趣味。竺道生进一步阐发出经文深刻的意涵，也批注许多新的佛经和其他的经典，对道生的这些著作，世人均颇为珍重尊崇。王微将道生比喻为东汉士人领袖郭林宗，且为他撰写传记，表彰、记录道生的品德、风范。当时的人后来也接受道生从《泥洹经》推断出的“阐提得佛”之说法，认为此说于佛经可得印证；“顿悟不受报”等主张，也受时人遵从效法。宋太祖刘义隆曾申述道生所谓的“顿悟”，其他出家人如僧弼等却严厉地批判。宋太祖说：“若让竺道生死而复生，岂会屈服于你们的批驳！”

名句的故事

众生以至诸界万法，均在因果报应中，种善因得善果，种恶因受恶果，善有善报，恶有恶报，这是佛教基本教义之一。那么，为何竺道生会说“顿悟不受报”呢？因为一个已经证悟之人，其实便是看破世俗间诸多假象，认清因果循环、善恶因缘，便是这世间诸多相对的、虚幻的表象随着时间轮回流转而已。因此一个证悟之人，事实上便已经超越因果轮回，超越了相对、虚浮的善恶，因此“不受报”，也就是说不继续轮回于因果、善恶的报应中。此处竺道生所说的“顿悟不受报”，便是指那些已经超越轮回的证悟者而言，至于尚未觉悟者，则依然在轮回之中，因果相生，报应不爽。

历久弥新说名句

四大菩萨之一的观世音菩萨，向来以大慈大悲救苦救难著称。在《法华经》(鸠摩罗什译《妙法莲华经》)第二十五品的《观世音菩萨普门品》中记载:"若有无量百千万亿众生,受诸苦恼,闻是观世音菩萨,一心称名,观世音菩萨即时观其音声,皆得解脱。"观世音菩萨时常会随着因缘,幻化成不同的样态,用不同的方式渡化众生。也因此,《普门品》中,便有提到观世音菩萨所变化的三十三身。

其中一身,便是施药观音。据《观音菩萨传奇》记载,山东地区瘟疫流行,四处民不聊生,哀鸿遍野。这时,有位老人出现在智林寺外头,开始替民众治病,不收医药费,也不用任何的报答。有一天,老人来到寺中,找优昙师父,说道:"这里的百姓正气消耗,因此被外邪侵袭,才导致现在的局面。"接着,老人便提点优昙师父,只有藿香可治。这时,优昙师父才知老人便是观世音菩萨的化身,老人所说的正气耗损,便是提醒此地百姓,需要积善积德,多做好事,才不至于被瘟疫等邪气所侵袭。当地居民感激菩萨的恩德,集资盖了观音庵,那时所塑造的菩萨像,便是施药观音。

救苦救难的观世音菩萨,在渡化众生时,是否便会因此累积功德呢?其实不然,因为观世音菩萨已是证悟之人,诚如前面所说,证悟之人已经超脱因果轮回,也超脱世俗相对的善恶,所以对观世音菩萨而言,心无所求,便可随缘地幻化、救度众生,故而不会因此产生因果报应。

应以声闻得度者，故现声闻

名句的诞生

固[1]曰："何为声闻[2]耶？"钟曰："应以声闻得度[3]者，故现声闻。"时人以为名答。

——义解五·释僧钟

完全读懂名句

1. 固：即李道固，是在北朝时颇受北魏孝文帝重用的使臣。
2. 声闻：指借着听闻佛法、听从他人开示，或者听到佛陀讲授的声音之后，进而修行悟道的人，与无师自悟、自行修道成佛的"独觉"方式相对。
3. 得度：得到超度，脱离苦海。

语译：李道固问释僧钟："什么叫作声闻？"僧钟回答："因为世界上有利用声闻而得度的人，所以佛祖就会以声闻的方式呈现出来。"当时的人都认为僧钟这一席话，是一个著名的回答。

僧人背景小常识

关于高僧释僧钟的生平，历史上并没有太详细的记载，只能知道僧钟十六岁出家，是山东的曲阜、滕州与泗水一带的人，大约生活在北朝时代，生卒年是公元四三〇至四八九年。

名句的故事

公元四八三年左右的南朝齐永明初年，北魏使者李道固想聘请僧钟，所以与他在寺内相会。这个两人一问一答的历史场景，就是在这段时间发生的。

佛教认为，佛祖、菩萨为了要度化众人，会利用各种不同的方式或形象，以应合于需要度化的人。当李道固问僧钟“什么叫作声闻”，其实言下之意，是想问僧钟：“为什么需要有‘声闻’这种度化人的方式？”而僧钟的回答已充分说明了佛祖与菩萨慈悲的心肠与广大的神通。

如今，有些人需要听闻佛法，或者听到神佛的声音才能悟道，那么佛陀、菩萨当然也会以声音的形式呈现出来。这就是说，佛陀、菩萨对于需要济度的众生，是充满慈悲的，佛陀、菩萨总是有办法显现不同形貌，或者利用各种方法，让有心接受度化、有心成佛者如愿以偿。另一方面，更足以说明成佛之路不是仅止于一条，在佛陀、菩萨的各种示现下，每个诚心向佛的人，都能在不同的，或者说是适合于自己的机会、因缘中得到佛祖的指引。难怪当僧钟说出这句话时，会被世人视为一种出众的言论。

历久弥新说名句

鸠摩罗什翻译的《法华经》中提道：“若应以声闻形得度者，现声闻形而为说法；应以辟支佛形得度者，现辟支佛形而为说法；应以菩萨形得度者，现菩萨形而为说法；应以佛形得度者，即现佛形而为说法。如是种种，随所应度而为现形……”意思是说，如果世间有人需要“声闻”才能获得度化，佛祖就会化身作声音的形式，来教授这些人佛法；如果有人需要靠自己的力量独自领悟佛法，那么佛祖也会想办法化身成相关的形式来帮助他们；如果有人需要看到菩萨、佛祖才能得到度化，那么菩萨、佛祖当然就会示现自己的身形来帮助他们。总之，神佛总是能随着需要度化者的情况，变化自己的形貌。

《法华经》所说的道理，其实与僧钟的回答完全一样，甚至在《法华经》的其他篇章中也曾提道："应以长者身得度者，即现长者身而为说法；应以居士身得度者，即现居士身而为说法；应以宰官身得度者，即现宰官身而为说法；应以婆罗门身得度者，即现婆罗门身而为说法；应以比丘、比丘尼、优婆塞、优婆夷身得度者，即现比丘、比丘尼、优婆塞、优婆夷身而为说法；应以长者、居士、宰官、婆罗门妇女身得度者，即现妇女身而为说法；应以童男、童女身得度者，即现童男、童女身而为说法……”意思是说菩萨、佛祖也常幻化成我们生活周遭的旁人，如年长者、一般的佛教徒、在朝为官的人（宰官）、和尚、女尼、孩童，甚至是其他宗教门派的僧人等不同角色与身份，来帮助诚心向佛的人。

这就是为什么一尊佛像会出现“汉传”“藏传”或其他各式不同的相貌与造型。而观世音菩萨则是最常以女子的样貌来度众生，其中的道理也是在于，具有无边本领的神佛会依照各种不同的情况与需要来变换自己的形象，所以据说菩萨也曾经变成畜生、恶鬼的模样来度化别人呢！

僧钟利用这句话，说明佛祖会以声闻的方式示现，借此展现佛祖的慈悲心肠，其实这与孔子“因材施教”的教学方式十分类似。孔子只是个凡人，无法像佛祖一样神通广大，不过他主张依据受教者的不同资材、不同性格，给予不同的教导或意见："求也退，故进之；由也兼人，故退之。"因为冉求的个性比较怯懦，所以孔子会用激励的方式引导他立即行动；子路的个性过于刚猛好争，所以孔子总严词厉声地劝他三思而后行。只要仔细体察一下，相信大家都会发现，确实颇有异曲同工之妙！

人神道殊，无容相屈

名句的诞生

度曰："人神道殊，无容相屈[1]。且檀越[2]血食[3]世祀，此最五戒[4]所禁。"

——义解五·释法度

完全读懂名句

1. 相屈："屈"是强迫、勉强的意思，"相屈"是指互相强迫对方。

2. 檀越：佛教语，指施主。

3. 血食：鬼神享用人类所准备的祭祀牲礼。

4. 五戒：佛教戒律之一，是佛教徒应持守的五项戒律：不杀生、不偷盗、不邪淫、不妄语、不饮酒。也可以用来泛指出家人。

语译：法度说："人神殊途，请不要强迫我答应您。而且施主您把世俗的肉食当作祭祀的牲礼，这是最被'五戒'所严禁的。"

僧人背景小常识

释法度是"黄龙"（今辽宁朝阳一带）人，年少时就出家，在北方游学。他遍览了众多的经典，并以谨守戒律与刻苦磨炼心志为首要之务。

名句的故事

这则故事是在描述中国的山神与佛教高僧打交道，最后被高僧驯化的经过。故事中其实也反映了南北朝时期的佛教人士对中国传统山神祭祀信仰的态度，本文虽然利用说故事的方式记载，实际上却有很重要的历史意义。

法度在南朝宋的末期来到京师建康，当时一位隐士名叫明僧绍，因为仰慕法度纯明真诚的风度，所以在临死之前，把自己居住的山地捐出来，建造了栖霞精舍，请法度过去居住。然而，之前也有一些道士想要在明僧绍的土地上兴建道观，但总是在住进去之后死去。可是，当栖霞精舍建好，法度住进这间寺庙之后，众妖群鬼就从此平息，不再作怪了。

有一天来了一个自称“靳尚”的人，他向法度行礼致敬后说，之前想要住进这里的人，可能都不是真正的神佛，所以都相继病死了，但是法度集道、德于一身，所以想把这座山林送给法度，并且自愿受五戒，和法度永结缘分。

战国时期楚怀王身边有一个进谗言毁谤屈原，导致屈原被放逐汉北的奸臣，据说名字也叫靳尚，但是南北朝时期的这位自称靳尚的人究竟是谁，历史上并没有记载。有趣的是，从战国时期到南北朝，大约经过七百多年，而这位向法度示好的靳尚说：“弟子王有此山七百余年。”意思是说他在这里占山为王，已经七百多年了。所以后代很多学者认为，这位化名“靳尚”的人，应该是当地的山神。山神想皈依佛教，追随法度，却被法度推辞了，因为法度认为山神享用世人供奉的肉食，已经犯了五戒，不能皈依佛门，因此利用“人神道殊，无容相屈”一语，很客气地拒绝山神。

法度这句话，一方面具有“不杀生”的劝世意味，另一方面，也说明了当时佛教与中国本土祠祀信仰的互动关系。利用牲畜作为祭飨，源自中国的古礼，在以往中国的祠祀活动中，杀牲祭祀是一种流传已久、极为平常的习俗，每逢水、旱等自然天灾，祭祀会更频繁，屠杀的牲口必然更多。另外，佛教自东汉时代传入中国后，就不断与中国的当地信仰交流，不过佛教的“佛寺”与中国固有的“祠”，常被人混淆，而本篇中记载法度的事迹，就是为了辨明佛教的“寺”与祭拜山神、水神的“祠”的差异，并且描述二者在当时的互动。

历久弥新说名句

“人鬼殊途”出自《太平广记》引《北梦琐言》讲述李茵的故事，是今日大家众所皆知的成语，意指生者与死者阴阳两隔，再也没有任何的关联。而在这则故事中，法度用“人神道殊，无容相屈”来试练山神，希望山神做出承诺，不再让祭祀它的人民从事杀生的习俗。因为法度认为，人神殊途，而且佛教主张“不杀生”，牲口却是山神庙中极为常见的祭祀物品，彼此对祭祀的方法不能有共识，又有人神之间不同位阶的区隔，因此才会请山神不要再苦苦相逼了。

法度的口气虽然委婉，态度却十分坚定，而且心境其实非常类似孔子所说的“道不同，不相为谋”。既然思想志趣不相同，立场、观点也可能因此产生过大的差异，那就很难有相互商量、讨论的空间了。荀子也曾在《大略》一文中提道：“道不同，何以相友也？”认为观点不一致，就很难共处，不好往来。正所谓“话不投机半句多”，彼此并非同道中人，车走车道，马走马路，本来就是人之常情。由此可见，法度与孔子、荀子等儒家学者的想法一样，认为人各有志，其实不需要相互勉强。后人也从唐代王维《送刘司直赴安西》“绝域阳关道，胡沙与塞尘”引申出“你走你的阳关道，我过我的独木桥”。这句话自然也成为我们在面对不同立场的其他人时，很常用的婉拒之辞。

名句的诞生

虎[1]常问澄[2]:“佛法云何？”澄曰:“佛法不杀[3]。”

——神异上·竺佛图澄

完全读懂名句

1. 虎：即后赵武帝石虎。石虎是五胡十六国时代后赵的第三位皇帝。

2. 澄：即竺佛图澄，又称佛图澄、佛图橙、佛图磴、浮图澄等。

3. 不杀：不杀生。

语译：石虎常问竺佛图澄:“佛法究竟是什么？”竺佛图澄说:“佛法就是不杀生。”

僧人背景小常识

来自西域的竺佛图澄（二三二至三四八年），又称佛图澄，本姓帛（以姓氏而言，应该是龟兹人），是活跃在中国魏晋时期的高僧。他在九岁的时候就出家了，能背诵经文数百万言，又善于解释经文中的奥义。佛图澄七十九岁时，来到内乱频频的洛阳，利用佛法、方术与咒语，感化并取得石勒以及其侄儿石虎的信任，也因为这两任国君的相继倡导，佛教在中原地区大为盛行。在这段时间，洛阳一带总共建造了八百九十三座佛寺，追随他的门徒前前后后加起来，更有近万人，稍后同样影响中国佛教发展极为深远的释道安、竺法汰等人，也都是他的学生。

佛图澄拥有一百一十七岁的高寿，在当时就已经是佛学的一代宗师了，尤其他不惧暴君，在乱世之中争取统治阶级的信任，再利用宗教力量来安定人民，推展佛教。时至今日，每当世人谈论早期中国佛教发展的情况时，一定会提及这位极为重要的人物。

名句的故事

石虎是中国历史上有名的暴君，在位期间，不仅生活奢侈，残暴的个性也表露无遗，甚至还上演了与儿子骨肉相残的戏码。不过他与石勒一样，愿意尊重、厚待来自西域的佛教僧侣佛图澄，并时常向他咨询国事，勉强说来，石虎对于当时佛教的传播，还是有一定的贡献。

这里记述的故事，就是发生在石虎当皇帝的时候。石虎常问佛图澄："佛法究竟是什么？"佛图澄并没有长篇大论地细数佛法的义理，而是很简略地回答："佛法不杀。"可见佛图澄教诲石虎，也类似孔子一般因材施教，希望能对症下药，导正石虎残暴的个性，所以直截了当地告诉石虎，能够不随便杀生，就算是体悟佛法了。

这则故事并没有在佛图澄回答"佛法不杀"之后就随即结束，因为石虎对这个答复并没有很满意，所以继续问："我是天下的共主，如果不用刑罚杀戮，就无法肃清海内乱事，整饬纲纪，我既然已违背了佛教戒律而杀生，现在即使侍奉佛，还有办法获得好处吗？”佛图澄回答：“侍奉佛，最重要是心诚，并打从心里敬重佛。当遇到穷凶极恶的无赖，该惩罚还是要惩罚，但是要适可而止，责罚应该责罚的罪人，如果残暴肆虐、任意妄为，那么即使用全部的财产来奉佛，也避免不了灾祸恶报。”其实，佛图澄这里所说的，并非极为高深的佛理，而是最基本的做人或治理国家的道理，而且劝诫石虎的意味极大。

历久弥新说名句

佛教的“五戒”中，第一戒就是“不杀生”，也就是不能杀害人、畜等一切有情的生命，因为佛教认为，杀害生命是一种罪过，会受到惩罚，从而不能获得最终的解脱。

中国儒家思想中的“仁术”，其实也包含了佛教“不杀”、“戒杀”、尊重生命的优良信念。孟子从“恻隐之心”引导出来的“君子远庖厨”，更类似佛图澄的这句话。孟子说：“君子之于禽兽也，见其生，不忍见其死；闻其声，不忍食其肉。是以君子远庖厨也。”意思是说，君子与禽兽的分别，在于君子总是乐见生命能不断延续，不忍心看到任何一个生命体无端死亡；仁人君子进了厨房，听到牲畜临死的惨叫声，更是有所不忍，不敢吃它们的肉，所以君子总是远离厨房。因为厨房多杀鸡宰牛之事，鸟兽有其生命，自己也拥有生命，当自己的仁心已普及到禽兽身上时，如何忍心残害一个无辜性命？但又不可能人人都吃素，于是君子只好远离厨房，以免失去恻隐仁心。

其实这也类似佛教讲的“三净肉”——不见杀、不闻杀、不为我杀。因为早年印度的佛教僧人是以“托钵”的方式过生活，人家施舍什么，当天就吃什么，完全没有分别，也不能执着或选择，这也是大慈大悲、一切随缘而不攀缘的一种展现，所以才有“三净肉”的称呼。时至今日，诸如泰国、斯里兰卡等信奉小乘佛教的国家仍是如此，而且虽然有“三净肉”可吃，不杀、戒杀、尊重生命等观点，则是不分宗派，是每个佛教徒的基本共同信念。

事佛在于清靖无欲，慈矜为心

名句的诞生

虎[1]尚书张良、张离[2]等家富事佛，各起大塔。澄谓曰："事佛在于清靖[3]无欲，慈矜为心。檀越[4]虽仪奉大法，而贪吝[5]未已，游猎无度，积聚不穷，方受现世之罪，何福报之可悕[6]耶？"离等后并被戮灭。

——神异上·竺佛图澄

完全读懂名句

1. 虎：即后赵武帝石虎。
2. 张良、张离：二人皆是石虎当政时的尚书，既是高官也是巨富。
3. 清靖："靖"可以解释作清静，所以"清靖"就是指内心清静。
4. 檀越：佛教语，指施主。
5. 贪吝：内心贪恋不舍的样子。
6. 悕：想念，期望，也作"希"字。

语译：石虎的尚书张良、张离等人，家里都很富有，也都信奉佛教，并各自建造了高大的佛塔。佛图澄对他们说："事奉佛祖在于清静无欲，内心要慈悲为怀。施主虽然在仪式上符合信奉佛法的要求，但是贪心的念头却并未断绝，出游打猎不知节制，到处搜括敛财以积聚财富，这种行为在今生今世就一定会得到报应，又何必去寻求来世的善业福报呢？"张离等人后来果然都遭到杀害。

名句的故事

正所谓“上梁不正下梁歪”，后赵皇帝石虎的属下张良、张离等人，虽然身为高官，是当时极度富有的大地主，却也是以奢靡、贪吝，以及四处搜刮财物闻名。因为身为统治者的石虎信奉佛法，礼遇佛图澄等高僧，所以张良、张离等大臣也跟着笃信佛教，跟着一起敬重佛图澄。

在这则故事中，张良、张离等人都是担任尚书的职位，尚书是重要的中央行政官员，在隋唐时尚书省长官常出任宰相，位高权重。张良、张离等人富可敌国，又官位显赫，纷纷建造高大的佛塔，以显示自己对佛教的礼遇和尊重，但实际上，这样的做法互相较劲、夸耀财富的意味更浓。此时，佛图澄则趁着与这些大臣有密切来往的机会，试着劝化他们，希望他们能诚心修佛，而不是仅做表面功夫，私底下却仍是四处敛财，荒淫无道。

佛图澄开示他们，信奉佛法在于清心无欲，并要慈悲为怀，而张良、张离等人只在表面上信奉佛法，私底下的各种行为，如玩乐无度、极尽奢华、想尽办法搜刮民脂民膏等，其实都违背了佛教的基本教义。如此一来，在这一世就会得到报应了，何必去奢求来世的福报呢？

历久弥新说名句

“心诚则灵”是自古以来各种宗教的信仰基础，不能诚心诚意，只会履行宗教的表面仪式，即使再努力修行，仍然于事无补，所以佛图澄也曾对君王石虎说：“暴虐恣意，杀害非罪，虽复倾财事法，无解殃祸。”意思也是在说，一个人伤天害理的事做尽了，即使倾家荡产地虔诚供奉佛法，还是无法躲掉祸害。而在这则故事中，佛图澄的这句话，则是更进一步告诉我们如何做才算是佛教的“心诚”，他说：“事佛在于清靖无欲，慈矜为心。”认为清静无欲并慈悲为怀，是我们供奉佛法该有的心境。

菩萨般的慈悲心肠，是每个佛教宗派的共同特色，这类似孔子说的“仁”，更贴近孟子所谓的“恻隐之心”：“人皆有不忍人之心。”“今人乍见孺子将入于井，皆有怵惕恻隐之心。”认为每个人都有不忍伤害别人的善良心地，所以看到孩童掉进井里，都会发自内心地露出惊恐同情的表情。佛图澄说的“慈矜为心”，也是希望我们能拥有这样的态度。

“清靖无欲”除了是佛教的基本信念，更与中国历史上许多学者的处世哲学相同。孔子说：“不义而富且贵，于我如浮云。”虽然孔子这句话是在说明用不当的手段求得富贵，对他而言就像天上浮云一般，不值得看重，但其实也是在暗示，一些人为了谋求更多利益、更多权势，千方百计、处心积虑地去四处钻营，这是孔子不屑一顾的。所以孔子才会如此称赞弟子颜回的安贫乐道：“贤哉，回也！一箪食，一瓢饮，在陋巷，人不堪其忧，回也不改其乐。”意思是说，颜回的生活虽然清苦，不过他却十分知足，没有太多的欲望，因此能乐在其中。

这种清心寡欲的主张，在中国道家学说里更是被发挥得淋漓尽致。老子说：“见素抱朴，少私寡欲。”认为不论是外在行为还是内在心境，都要保持纯真朴实，减少私心，减低欲望。而陶渊明在《归去来兮辞》中“富贵非吾愿，帝乡不可期”的心境，以及《归去来兮辞序》中所说的“质性自然”表露出自己想回归最天然的本性，也都是类似的观点。尤其像老子这样生活在春秋乱世，陶渊明处在晋、刘宋改朝换代的混乱局势，以及佛图澄处于暴君当政时期，他们所主张的清静无欲，其实也成为一种明哲保身之道。

死生命也，其可请乎？

名句的诞生

调曰："死生命也[1]，其可请乎？"调乃[2]还房端坐，以衣蒙头，奄然而卒[3]。

——神异上·竺佛调

完全读懂名句

1. 死生命也："命"是指既定的命运，"死生命也"就是生死命中注定。
2. 乃：于是。
3. 奄然而卒："奄然"是忽然的意思，"奄然而卒"指忽然逝世。

语译：竺佛调说："人的生死是命中注定的，岂能因为大家的请求就可以改变？"于是竺佛调回到房里，端正坐好，用衣服蒙住头，忽然之间就去世了。

僧人背景小常识

历史上并没有竺佛调的详细姓氏、宗族资料，籍贯、生卒年均不详，只听说他是天竺（印度的旧称）人，是佛图澄的徒弟，并在常山寺住了好几年。

竺佛调从天竺远道而来，特地到中国拜佛图澄为师，据说他道法纯朴，言语精简，从来不以华美的言辞作修饰，却也因此而备受时人所重视。在中国佛教早期的僧人中，他与佛图澄一样，被归类为拥有神奇法力的高僧，一生颇多神异的事迹，除了《高僧传》之外，连史书都曾经记载竺佛调和他的师父佛图澄在中国境内利用方术来行医救人，借此弘扬佛法的故事。

名句的故事

这则故事是在说明竺佛调“了尽生死”，明白生死寿夭冥冥之中早有定数，并非自己或是任何外力可以改变的。原文前一段描述，竺佛调知道自己过世的日期之后，无论远近亲疏的人都赶来参拜和问讯，竺佛调对大家说：“天地这么长久，也有崩坏的时候，更何况是一般的人、事、物，又如何祈求永生不灭？只要能洗涤自己内心的贪、嗔、痴三垢，并专心保持纯真清净的思绪，外在形体虽然有生死的变化，但是精神却是永存不灭，永远与佛法相合的。”

众人一听，更是痛哭流涕，一再恳请他继续活下去，于是竺佛调才会说出这样的至理名言：“死生命也，其可请乎？”这句话足以表现竺佛调已经彻底解脱生死。毕竟死亡是凡人最难跳脱的烦恼，许多人因此畏惧死亡，避谈死亡，而竺佛调却是深深明白，寿命的年限决定权是在上苍，而不是各种人为因素。这是一种极大智慧的人生体悟，所以竺佛调才能如此欣然地接受自己肉体的陨灭。

历久弥新说名句

不论古今中外，“死亡”一直是人类担心与害怕的事物，也正因为畏惧死亡，所以才会对生前、死后的世界，进行各种想象性的描绘。不过当我们能像竺佛调一样，深刻体认“死生命也，其可请乎”的生命哲学后，“死亡”自然成为一件极为单纯的事：只是生命到达既定的终点，到此结束而已。

换句话说，这并非消极、悲观的态度，反而是在强调，既然每个人的寿命都是天注定，那么倒不如赶紧把握时间与机会，认真扮演好自己在生命过程中的角色。如孔子的学生子夏说：“死生有命，富贵在天。”认为生死由命运主宰，富贵也全在于天意，这些先天注定的生死与富贵，不会有太多的变量，而后天可以经由努力改变的学问、知识等事物，我们却可以认真地去把握。孔子也曾说：“不知命，无以为君子也。”孔子认为“命”是切实存在而无法违逆的，正如他“五十学易”“五十知天命”，都是对“命运”通达而积极的应对。

这一类豁达的人生观，很早就深植在许多中国学者心中，除了孔子及其弟子等儒家人物，如魏晋时期的道家人物葛洪，也在《抱朴子》提道：“生死有命，修短素定，非彼药物，所能损益。”他认为每个人寿命的长短早已有定数，不是随便利用一些药物，就可以延年益寿。不仅如此，许多小说、故事等文学作品中，也常会看到这种观点。例如：明代罗贯中《三国演义》第三十四回中，有人劝刘备放弃自己的坐骑，因为那是一匹“的卢”（凶马），刘备回答：“但凡人死生有命，岂马所能妨哉？”充分表达刘备乐观以及不拘的个性。另外，在第五十三回中：“忽报公子刘琦病亡。玄德闻之，痛哭不已。孔明劝曰：‘生死分定，主公勿忧……’”描述刘琦因病逝世，刘备悲痛不已，所以孔明劝他，生死存殁早就由上天注定了，不需为这种事情哀伤。

我们无法决定生命的长度，但是却能决定它的宽度与厚度，珍惜在世的每一刻，认真对待人生的每件事物，让自己的生活过得精彩，这是大多数学术思想、宗教门派皆有志一同的观点。

八岁虽诵，百岁不行，诵之何益？人皆知敬得道者，不知行之自得道

名句的诞生

域笑曰："八岁虽诵[1]，百岁不行[2]，诵之何益？人皆知敬得道者[3]，不知行之自得道。悲夫！吾言虽少，行者益多也。"

——神异上·耆域

完全读懂名句

1. 诵：背诵，熟记，这里指背诵佛教的偈诗。

2. 不行：此处的"行"和下面"行者益多"的"行"都是履行、实践的意思。

3. 敬得道者：尊敬悟得佛法而得道的人。

语译：耆域笑着说："虽然八岁就会背诵，但是到了一百岁还不能履行，那么即使会背诵又有什么益处呢？人人都知道要尊敬成佛、得道的人，却不知自己去履行实践，并从中悟得佛法。真是可悲啊！我的话虽然很少，但是如果照我的话去实行，就会发现我已经说得很多很多了。"

僧人背景小常识

耆域是天竺（印度的旧称）人，时常在中原和西域之间四处游历，没有固定的住所。为人倜傥，行事神奇，顺任性情，不在乎世俗，加上行踪飘忽不定，当时的人根本无法揣测，对

他也不甚了解。

据说耆域和佛图澄、竺佛调等高僧一样，具有神异的能力，所以也常借此帮助与感化世人，后来他认为自己在中国传播佛教的使命完成了，洛阳又时常发生兵乱，就向洛阳的僧人辞行，打算回到天竺。当时有数百人分别请耆域吃中饭，耆域都一一答应，第二天耆域竟同时出现在五百人的家里吃饭，后来众人相互谈论起来，才知道是耆域使用了分身术。耆域回到西域后，从此不知所终，是一个充满传奇色彩的人物。

名句的故事

洛阳发生战乱，耆域打算离开洛阳，返回印度。洛阳城中还有一位高僧，名叫竺法行，竺法行希望耆域能在离开之前留下一句话，作为众人永远的训诫。于是耆域登上讲坛，说了四句偈语："守口摄身意，慎莫犯众恶。修行一切善，如是得度世。"所谓"摄身"是指约束自身，这首偈的意思是说，说话要谨慎，要约束自己的意念，千万不要做众人所恶之事，要修行一切善事，这样才能得到超度，不堕轮回之苦。

耆域说完之后，便沉默不语，所以竺法行又再度请求，希望耆域能告诉大家一些前所未闻的话，因为刚才说的这个偈子，连八岁小孩子也能背诵，这并非耆域对竺法行等得道之人的期望。言下之意，就是认为这首偈太一般、太平常了。正因为如此，耆域不禁大笑，也因此留下了这句名言。由此可见，耆域希望众人能够努力修身行善，而且强调这些作为必须靠自己去躬行实践，并不是只靠嘴巴口头说说而已。

耆域的临别赠言，并不是深奥难懂的佛教哲理，而是大家耳熟能详的一种生活态度。他强调，修习佛法不是只在“能知”，更重要的是要“能行”。佛理自然要通，不过让佛理在现实生活中获得实践，却更为重要。这就像西方俗谚所谓：“坐而言，不如起而行。”换句话说，如果只是认真背诵一些学问或哲理，却无法将它们落实在自己的人生之中，这些学问与哲理，仍然一点用处也没有。

荀子在《儒效》一文中提道：“见之不若知之，知之不若行之。学至于行之而止矣。”意思是说，看见了不如确切知道，知道了不如实际履行，一种学问到了能实行的地步，就可以真正终止了。又说：“知之而不行，虽敦必困。”意思是说，熟知一种学问之后，却不懂得将它运用于实际，那么即使习得丰厚的知识与学问，为人处世一定仍然艰难不顺利。这和耆域的“八岁虽诵，百岁不行，诵之何益？”的说法，简直如出一辙。

汉代的班固在《汉书》的《董仲舒传》说：“临渊羡鱼，不如退而结网。”意思是说，站在水边看鱼，不如赶紧编制抓鱼的网。班固这个生动活泼的例子，无非也是想奉劝世人，当自己的内心萌发了一些良好愿望或志向时，与其站在原地空思妄想，不如赶紧采取行动去努力争取。

由此可见，中国自古以来的诸多学者，总是异口同声地强调“实践”“力行”的重要性，而举世闻名的科学家爱因斯坦，也曾留有“一个意念在未付诸实行前，往往被视为空想”这样一句名言。时至今日，我们常说的俗谚“山高自有客行路，水深自有渡船人”，以及“说得一尺，不如行得一寸”等，也都同样在说明，实际行动的效益，远大于言语、文字和内心的空想。

从古至今，前人留下来的知识与学问，早已多不胜数了，如果我们只是反复钻研这些以文字记载的智能宝藏，在这些学问的表面意义上斤斤计较，却不能到生活中亲身体验，那么再珍贵的至理真言，也不过是糟粕，只是书面上的死文字罢了！佛家有句老生常谈“如人饮水，冷暖自知”，正是这个道理。

此得道之人，入火光三昧

名句的诞生

济[1]后至陟屺寺，诣[2]隐士南阳刘虬[3]，具言其事。虬即起遥礼[4]之，谓济曰："此得道之人，入火光三昧[5]也。"

——神异下·释慧安

完全读懂名句

1. 济：指同时代的另一位高僧释慧济。慧济与慧安两人曾经在江陵的琵琶寺一起出家，所以这则故事中称他们为"同学"。
2. 诣：拜访、进见上级或长辈称"诣"。
3. 刘虬：南朝宋、齐间的著名隐士，精于佛理，布衣素食，长期隐居在荆州一带。他原本是东晋士族，曾在刘宋的泰始年间出任当阳令，后来辞官回家，隐居在江陵偏僻的西沙洲内辟谷修道。后来朝廷多次征召礼聘，他都予以谢绝。
4. 遥礼：对着远方向某地或某人行拜礼。
5. 火光三昧："三昧"译自中国北方和西北方的胡语，又译为"三摩地""三摩帝""三摩提"等，原义为"等持"，在这里仅指其中的"入定"的意思。"火光三昧"是指佛学中的一种禅定境界，是为"第四禅定"，这种禅定工夫又称"火光定"。

语译：释慧济之后来到了陟屺寺，拜访来自

南阳的隐士刘虬，把释慧安的事迹全部都告诉他。刘虬立即起身，对着远方向慧安去世的方向致礼，他对慧济说：“这是得道之人，修行已经进入火光三昧了。”

僧人背景小常识

慧安在年少时曾遭掳掠，沦为一个荆州人的奴隶，不过他做事勤快，所以深受主人喜爱。而在十八岁那一年，他的主人放了他，让他出家为僧，并住在江陵的琵琶寺。然而，慧安长相平庸，其他人都很轻视他，加上他只是个小沙弥，所以每次众僧人聚会时，就命令他去端茶递水。

虽然出身卑微，但是据说慧安在很早的时候，就已经身怀神奇特异的通天本领。据《高僧传》记载，慧安可以手握空瓶朝杯子里倒水，而且水似乎永远倒不完。慧安还曾经挽着同学释慧济的手，穿墙进入房间。所以在当时，他也和耆域、佛图澄、竺佛调一样，是一个充满传奇色彩的人物。

名句的故事

在这则故事中，隐士刘虬说的这句话，也正是叙述慧安向慧济告别，在前往湖南、四川的途中逝世之后，所发生的一些奇特景象。

文中记载，慧安临终的那天晚上，竟然“火炎从身而出”，也就是无端从身体冒出火光，让负责照料他的行船商人觉得又奇怪，又害怕，毕竟这并非一般人过世之前会发生的现象！不过当慧济知道这件事以后，告诉隐士刘虬，深谙佛理的刘虬大吃一惊，赶紧向远方遥拜，并对慧济说："此得道之人，入火光三昧也。"

佛教所谓"入定"，是指修行者将心神集中在一处，并保持在沉谧静止的状态。而慧安已经进入第四禅定——"火光定"。据说这种功夫能从身体冒出熊熊烈火，所以当刘虬得知有商人看见慧安"火炎从身而出"，就按照这个观点，直说慧安已经"入火光三昧"。言下之意，就是慧安表面上看似过世，实际上是修成正果，进入佛家"入定"的极高境界了！

历久弥新说名句

这则故事纵然充满奇异、神通的色彩，但是最终目的，仍在劝人心神专一，努力修行，并以这种传奇故事勉励修行者，若能证得佛法，将有无法言喻、意想不到的结果。这正是另一部佛典《本行集经》所说的"如来尔时亦入如是火光三昧，身出大火"，以及清末学者丁福保《佛学大辞典》中所谓"断三界之烦恼后，入火光三昧，烧身灭心，归入空寂无为之涅槃界也"。因此"火光三昧"的能力，就常常成为佛教故事叙述佛祖或者得道高僧法力无边的方式之一。

例如《佛说阿弥陀经要解亲闻记》记载："至夜半，即有火龙出，欲以邪火伤世尊。世尊入火光三昧，降火龙于钵中。"这个故事是在说明，某天半夜里，有一条火龙从火龙窟中跑出来，它想要伤害释迦牟尼佛，释迦牟尼佛捧着一只钵盂，安然不动地在原地入定，之后进入"火光三昧"的境界，并发出火焰，那火焰的热量很大，烧得火龙苦不堪言，无处躲藏，只好祈求佛救渡，于是火龙躲进钵盂内藏身，龙头紧靠在佛祖的手上，表示愿意皈依佛门。这则佛祖降龙的故事结局，是火龙改恶从善，后来成了护法天龙之一。今日各处的佛教寺庙与大殿中，我们常会看见佛像后面的圆镜上，塑有一个龙头，或者是九条龙，用以代表天龙护佛的意涵，据说就是这条被降伏的火龙。

佛教有佛教“得道”的描述方式，而中国古代学者也有自己的一套“得道”模式，如庄子在《逍遥游》中提到列子可以“御风而行”，描述所谓的“神人”可以“不食五谷，吸风饮露；乘云气，御飞龙，而游乎四海之外”，在《齐物论》描述“至人”能够“乘云气，骑日月，而游乎四海之外。死生无变于己”。这些神通特异的种种言论，都是庄子心目中的“得道”境界，而目的其实与佛教故事相同，无非是塑造一个让人憧憬的美好境地，提供给有心修行者一个可以追寻的目标。

续高僧传

命由业也，岂是防护之所加乎

勿妄褒赏，斯乃术法

名句的诞生

流支曰："勿妄褒赏[1]，斯乃术法。外国[2]共行，此方不习，谓为圣耳。"

——译经篇初·菩提流支

完全读懂名句

1. 褒赏：奖赏，夸赞。

2. 外国：指中国以外的国家，这里是指当时的西域各国。

语译：菩提流支说："不要妄加夸赞，这是一种法术，外国很盛行，只是此地不流行，因此都误以为我是圣人。"

僧人背景小常识

菩提流支是来自北印度的佛教高僧，也是北魏著名的佛经翻译家。

流支精通佛教经典，善于解释佛教义理，具有弘扬佛法的志向，于是在某天晚上悄悄离开家乡，越过葱岭，来到中国北魏的首都洛阳。北魏宣武帝对他礼遇有加，下了诏书，请他住进永宁寺。流支到达中国洛阳的时间，是在北魏永平元年，他携带了大量梵本佛经，并在中国居住的二十多年中，翻译了《金刚般若波罗蜜经》《入楞伽经》《妙法莲华经优波提舍》《十地经论》等三十多部，尤其当中的《无量寿经优波提舍》，对于中国净土宗的确立，有重要的影响。

名句的故事

这则故事是发生在菩提流支留居中国的时候。有一次流支坐在井边准备洗澡，但澡罐内没有水，而弟子又还没来，没人可以帮他去提水，于是他手拿着柳枝去搅弄井底，并持诵咒语，才念了几遍，泉水就从井里出来，一直涌到井口，流支就拿出钵来舀水洗澡。其他的僧人看到这种情景，都说他的神力高深莫测，并赞叹他是大圣人。不过流支却请大家不要任意夸赞他，因为这种法术在外国十分盛行，是一件稀松平常的事，只是中国不流行，所以才会让大家惊呼连连。

意思是说，我们的眼界与心胸必须开阔，本国境内或者自己认知范围里没有的事物，并不代表真的没有，真的不存在。故事中的中国僧人，虽然不曾看过流支的这般法术，但是也不该因此直说这是圣人才有办法施展的行为。尤其流支为了向众人澄清这是一般得道修行者都具有的能力，所以赶紧指正说“勿妄褒赏”，如此一来，反而让这些僧人相形见绌了！

历久弥新说名句

清末的梁启超在《中国佛法兴衰沿革说略》说明，佛教最初传入中国时，借助了一些类似巫术的“咒法神通”等佛祖神力的故事，以证明佛法的灵验，如菩提流支能够咒水往上涌，就是一个著名的例子。不过佛教高明之处，在于它除了用这种方式吸引信仰者之外，又往往在这些故事中隐含许多实用的人生哲理。

众僧人认为流支的法术是只有称得上是“圣人”者才会具备的异能，这种想法让流支赶紧纠正：“勿妄褒赏，斯乃术法。”仔细咀嚼这句话，会发现流支实际上已带着些许责备的口气，他除了告诫世人必须实事求是，不可妄加猜测或加油添醋之外，更重要的是要提醒人们，要学着把自己的视野打开，否则只会沦为井底之蛙，见识偏狭、浅薄却还不自知！

一般人往往犯了“以不见为不有”的缺失而浑然不知，总以为自己未曾见过、未曾听闻的事物，就不可能存在，对于这种孤陋寡闻、目光如豆的人，流支以“勿妄褒赏”轻轻地责难，但早在先秦时代，荀子就忍不住批评：“坎井之蛙不可与语东海之乐。”认为已经画地自限、眼界不足的人，如何与他谈论广阔浩瀚的大道理？而汉代桓宽的《盐铁论》说“宇宙之内，燕雀不知天地之高也；坎井之蛙，不知江海之大”，也是相同的道理。至于宋代的苏轼，更是深怕自己堕入这种缺失，所以在《辨道歌》中以“吾恨尔见有所遮，海波或至惊井蛙”自我警惕。

另外，由于学识不足，见闻不广，格局不大，常会造成自己的视野被局限，再加上对于自己不了解的事物还强作完全明白的样子，那就真像故事中的众僧人只知道一味夸赞流支为“圣人”的情况一样了。所以孔子说：“知之为知之，不知为不知，是知也。”认为知道的就说知道，不懂的事物就不需佯装知道，这才叫作“知”。这句话所强调的是一种坦率的态度，不仅追求学问、探寻知识是如此，一般待人处世的态度也该是如此。

近代的著名思想家吴稚晖有句座右铭："实事求是，莫作调人。"意思是说，在充分掌握事实的根据以后，才能从中求得正确、可靠的结论，绝对不要以含糊、得过且过的心态处世，就像周旋于两边、容易妥协的居中协调者一样，不明就里，还自以为很有能力，误以为自己行事圆满。

名句的诞生

行化雪山之北，至于峻顶，见有人鬼二路，人道[1]荒险，鬼道利通[2]，行客心迷，多寻[3]鬼道。渐入其境，便遭杀害。

——译经篇二·那连提黎耶舍

完全读懂名句

1. 道：道路。

2. 利通：平坦通达，容易行走。

3. 寻：同"循"，向，往。

语译：那连提黎耶舍行化雪山的北方，到达山顶时，看见有人、鬼两条不同的路，人走的路看起来荒凉险阻，不易行走，鬼走的路看起来平坦通达，容易行走。行人无法辨别，多数都向鬼道走去。当渐渐进入鬼道，不久就被杀害了。

僧人背景小常识

那连提黎耶舍（五一六至五八九年，一说四九〇至五八九年）又作那连耶舍、那连提耶舍，北印度人，隋朝著名译经家。耶舍十七岁出家，二十一岁受具足戒，因听耆宿说印度各地有佛陀留下的舍利及衣物，相当殊胜，于是四方游历，广行诸国，亲自顶礼瞻奉。

北齐天保年间耶舍来到北齐都城邺，文宣皇帝见他谈吐非凡，法义精深，便礼聘他到天平寺供养。寺中三藏殿内有梵本千有余夹，就恭请耶舍翻译，并修建道场，别立厨库供养佳肴，以表示尊崇。文宣皇帝对耶舍供养非常丰厚，但他都用来救济人民。耶舍也经常在宣译空暇诵读神咒，帮助冥界的众生。“周武法难”之时，诸多佛寺被殄灭，耶舍也四处流浪，但他外披俗服，内着僧袍，并时时帮助落难的人民。隋朝开皇年间，受聘入京城，住大兴善寺、广济寺翻译经典。此时耶舍已渐老迈，但仍然每日行持精进，毫不松懈。

那连提黎耶舍翻译的经典有很多，如《菩萨见实三昧经》《大悲经》《大乘大方等日藏经》《大方等大集月藏经》《佛说百佛名经》《月灯三昧经》等。

名句的故事

那连提黎耶舍在四方游历之时，有一次来到雪山的北方。那里是地势较为险峻的山区，尤其山顶的路更是陡峭难走。当耶舍来到山顶时，发现了一个奇怪的岔路。有两条不同的路，一条是荒凉险阻的小径，一条是宽阔通达的平路，但荒凉的小径是正常的山路，宽阔的平路却是恶鬼所变的幻象。当行人走到这个岔路时，多数的人都会被恶鬼所变的平路所迷惑，不自觉地往鬼道走去。然而行人慢慢地走进鬼道，不久之后就会为恶鬼所加害。

此时耶舍发现，在岔路口有一座毗沙门天王石像，往前一看，才知道这石像是从前有圣德的君王所建。君王为了避免行人误入鬼路，特意在岔路前建造毗沙门天王石像，并且以石像的手标指着人路，提示行人应该走荒僻的小径。当耶舍在观看毗沙门天王石像之时，有一名与耶舍同行的僧人走在前面，突然间他已走向宽阔的平路，误入鬼道了。耶舍发觉后，立刻口诵观音神咒，加快脚步追赶。然而跑了几百步，发现同伴时，他已被恶鬼杀害身亡了。耶舍因为口诵观音神咒，有咒力的保护，恶鬼才无法加害于他。

耶舍走出鬼道后，继续往荒僻的山径前行，隔了不久，前面来了一群山贼，这时耶舍又赶紧持诵观音神咒，希望神咒能保卫他。果然神咒发挥功效，当山贼从耶舍面前经过时，眼睛竟然完全看不见耶舍，于是耶舍就顺利地往前走了。

历久弥新说名句

雪山，又名雪岭，大约为印度西北方之山脉。确切的地点，现今学者有不同的看法，有人以为是喜马拉雅山，有人判断应是兴都库什山脉。不论是哪一种，都是海拔几千米的高山。在高山上，因为人迹罕至，会有许多恶鬼来恼害行人。

佛经中所描述的鬼类，有些有能力但心地不好的夜叉、罗刹，会伤害人类，如《大吉义神咒经》:“有诸夜叉、罗刹鬼等作种种形，师子、象、虎、鹿、马、牛、驴、驼、羊等形，或作大头其身瘦小，或作青形或时腹赤，一头两面，或有三面，或时四面，粗毛竖发如师子毛，或复二头或复剪头，或时一目，锯齿长出粗唇下垂，或复嵼鼻，或复耽耳，或复耸项，以此异形为世作畏。或持矛戟并三奇叉，或时捉剑，或捉铁椎，或捉刀杖……能令见者生大惊惧，普皆怖畏。又复能使见者错乱，迷醉失守。猖狂放逸，饮人精气。”这些恶鬼变化可怕的样貌，就是要令人惊怖，在人精神错乱的情况下，吸食人类的精气。

耶舍在岔路口所见的毗沙门天王石像，这石像安立于此是有原因的。在《大吉义神咒经》里，毗沙门天王曾说：“是鬼神等是我眷属，皆礼瞿昙。”瞿昙就是释尊，毗沙门天王向佛陀说：“这些鬼神都是我的眷属，我希望它们归敬佛陀。”因此毗沙门天王就宣说神咒，用来制服夜叉、罗刹，让它们不能为非作歹。

其实“鬼道”也可以有不同的诠释，在现实生活中，它象征着不正当的行径。所谓“鬼道利通，行客心迷，多寻鬼道。渐入其境，便遭杀害”，不正意谓不当的手段虽然容易达到目的，诱惑着人心，但走入歧路后，很快便将自食其果，自害其身！仔细看来，这些言语实在是令人深思啊。

佛法难逢，宜勤修学；人身难获，慎勿空过

名句的诞生

忽一旦[1]告弟子曰："吾年老力微，不久去世[2]，及今[3]明了诫尔[4]门徒：佛法难逢，宜勤修学；人身难获，慎勿空过。"言讫[5]就枕[6]，奄尔[7]而化[8]。

——译经篇二·那连提黎耶舍

完全读懂名句

1. 忽一旦：忽然有一天。
2. 去世：逝世，离开人间。
3. 及今：趁着现在。
4. 尔：你，你们。
5. 言讫：说话结束。
6. 就枕：上床睡觉。
7. 奄尔：忽然间，指快速的样子。
8. 化：圆寂，指离开人间。

语译：忽然有一天，那连提黎耶舍告诉弟子们说："我已经年纪老迈、气力微薄，很快就要离开人间了，趁现在清楚地告诫你们这些徒众：佛法是很难遇到的，应该勤加努力修学；人身是很难得到的，要谨慎利用时间，不要空过时光。"话说完后就上床休息，忽然间就圆寂了。

名句的故事

那连提黎耶舍晚年在广济寺译经讲学，有一天，耶舍忽然对弟子们说："我已经年纪老迈了，精神、体力都大不如前，我很清楚自己在这一世的缘分将要告一个段落了，很快就要离开人间了，趁着现在，我必须明白地告诫你们，在有如火宅的三界中，能够遇到佛法是很困难的，大家应该好好努力，深入经藏，勤加修学。在六道轮回里，想要得到人身是相当困难的，你们一定要谨慎地利用有限的时间，千万不要白白地浪费光阴。"

耶舍对弟子们说完最后的告诫后，很快就离开人间了。耶舍圆寂时，他的貌相庄严，凡是见到他的人，都油然生起崇敬之心。据传记上说："然其面首形伟特异常伦，顶起肉髻，耸若云峰。目正处中，上下量等。耳高且长，轮埵成具。见人荣相，未比于斯。"耶舍的面貌和常人不同，头顶生出肉髻，眉目周正适中，耳朵高长，耳垂厚实如轮，这些"德相"正符合佛菩萨的八十种好相。凡是见过耶舍"德相"的人，都赞叹如此庄严之相貌是"传法之硕德"。正是翻译经典、讲授佛法的功德力，让耶舍出现如同佛菩萨的好相。

耶舍圆寂时的"德相"，代表着这是一个德行崇高、修证有得的高僧。耶舍坚苦卓绝的一生，总是精进勤修，不让时光空过。在圆寂前，他语重心长地说："佛法难逢，宜勤修学；人身难获，慎勿空过。"虽然是告诫弟子，应也是耶舍一生中用来警诫自己的座右铭。

历久弥新说名句

在《杂阿含经》里有一个“盲龟浮木”的譬喻，它常用来警诫我们“人身难得”。佛陀说：“譬如大地悉成大海，有一盲龟，寿无量劫，百年一出其头，海中有浮木，止有一孔，漂流海浪，随风东西。盲龟百年一出其头，当得遇此孔不？”大海中有一只盲龟，又有一块有孔洞的浮木，盲龟每一百年才浮出海面一次，其头却要恰好穿过浮木的孔洞，这是多么小的概率啊！

佛陀又说：“盲龟浮木，虽复差违，或复相得。愚痴凡夫漂流五趣，暂复人身，甚难于彼。所以者何？彼诸众生不行其义，不行法，不行善，不行真实，展转杀害，强者陵弱，造无量恶故。”盲龟要穿过浮木，概率虽小，还是有机会，但在六道轮回中，倘若失去人身，想再得到人身，那就比盲龟穿浮木还困难了。因为人们多行不义之法，造无量恶业，这些业力将牵引着他到恶趣去受苦。

得了人身，要能听闻佛法也很困难。在《佛说八无暇有暇经》中提到有八种状况无法听闻佛法：地狱道、饿鬼道、畜生道、长寿天、边地（没有佛法的地方）、外道、暗劫（没有正法的时候）、残缺（不能分善恶、眼盲、失聪）。在这八种中，边地、外道、暗劫、残缺，这四种是已为人身还会有的缺憾。

“佛法难逢”“人身难获”，这都是在告诫我们，只有佛法才能带领我们离开轮回的苦难。古德常说：“莫待老来方学道，新坟多是少年人。”生命是无常的，任谁都料不到自己此生的尽头将在何处。如今我们已得人身，是否也该趁着有限的时光，对自己的生命做一些有意义的事呢？

执本自传，不劳度语

名句的诞生

法智[1]妙善方言[2]，执本自传[3]，不劳度语[4]。

——译经二·法智（附见）

完全读懂名句

1. 法智：人名，即达摩般若的汉译名。

2. 妙善方言：能善巧通达汉、梵两种语言。见费长房《历代三宝纪》："智既妙善隋、梵二言，执本自翻，无劳传译。"

3. 执本自传：依据梵本，自行翻译。

4. 不劳度语：无须经过他人传译。

语译：法智能善巧通达汉、梵两种语言，因此在翻译经典时，能够自己依据梵本直接翻译，无须经过他人传译。

僧人背景小常识

法智又作达摩阇那、达摩般若，中印度人，为隋朝译经家。法智的生平资料并不多，依据《续高僧传》《历代三宝纪》《开元释教录》里的记载，仅有简短的叙述。

法智是婆罗门瞿昙般若流支的长子，由于家传翻译事业，因此法智自幼便已通晓梵、汉两种语言。法智曾在中土居住，习惯中土的生活方式，对于中土的风俗、文化也颇为熟悉。

在北齐时，法智担任昭玄都的职务。北齐灭亡之际，因“周武法难”的灭佛事件，法智便从僧职转任俗官，册授洋州洋川郡守。到了隋代，法智受到朝廷敕召，请他重掌译经事业。此时法智重新恢复僧人的身份，并在大兴善寺参与译经工作。法智翻译的经典有《佛为首迦长者说业报差别经》，又曾与那连提黎耶舍合译《大悲经》《大乘大集经须弥藏分》。

名句的故事

在南北朝时期，有一对姓瞿昙氏的父子，两人都是有名的佛经翻译家。父亲名为般若流支，他是中天竺的婆罗门。般若流支是一个很优秀的婆罗门，他的学养相当丰富，曾在东土居住，翻译了很多重要的经典，如《正法念处经》《第一义法胜经》《顺中论》《回诤论》。

在印度四个种姓中，婆罗门是最上位的僧侣及学者阶级，具有崇高的社会地位。婆罗门一生可分梵行、家住、林栖、遁世四阶段，在第二阶段的“家住”期，婆罗门为了延续后代，通常要返家结婚生子，因此般若流支也曾结婚生子。

般若流支的儿子达摩般若，汉名为法智。法智自幼在父亲的教导下，精通佛学，不但懂得梵、汉两种语言，又熟悉各种翻译技巧。法智在北齐担任昭玄都时，就曾与当时著名的译师那连提黎耶舍合译经典。在隋代开国之际，法智受到朝廷敕召，请他参与译经工作。法智在翻译经典时，有一项突出的本领，他能“执本自传，不劳度语”，自己能够依据梵本直接翻译，不需依靠他人的传译。由于法智深厚的学养背景，在翻译经典时，他总是能比其他译师更为畅达无碍。

历久弥新说名句

关于佛经翻译，鸠摩罗什曾提出一个值得思考的问题："改梵为秦，失其藻蔚。虽得大意，殊隔文体。有似嚼饭与人，非徒失味，乃令呕哕也。"从梵文翻为汉文，不仅失去文采，如果翻译不得当，虽然了解大意，但就好像是先把饭嚼烂后再给他人吃，不但失去食物的美味，更令人作呕。因此翻译是一件不容易的事。

"执本自传，不劳度语"是指一个人能毫无障碍地读通原典，不需透过第三者的解释或其他人的传译，就能精准地用另一种语言表达出来。这种语言专长，应该是每个翻译工作者所渴望拥有的能力。法智在翻译佛经时，就具备了这种专长。为何他能有这种能力呢？从《续高僧传》的记载中，似乎可以观察到三个重要的背景因素。其一，"流滞东川，遂向华俗"：法智曾在中土居住，适应中土的生活习惯，因此他能熟悉中土的风俗民情。其二，"门世相传，祖习传译"：法智的家族是婆罗门瞿昙氏，世代都从事翻译事业，因此家学渊源让他通晓汉、梵语言，善熟翻译技巧。其三，"为昭玄都"、任郡守：担任昭玄都、郡守等官职，让他在实际的行政经历中去感受汉、梵两种不同的文化。

佛经翻译虽然需靠深厚的佛学素养，但从客观的因素看来，生活习惯、家学渊源、行政经验，这些学养背景都是法智从事翻译工作时最佳的辅助条件。这些辅助条件的意义，就是翻译者得以从各种角度不断地去熟悉两种语言之间的关系，进而达到“信、达、雅”的翻译水平。

其实不仅是佛经翻译，现代人在学习外语时，倘若能善用客观的辅助条件，不也是一种最佳的学习路径吗？

慈恕立身，柔和成性，心非道外，行在言前。

戒地夷而静，智水幽而洁

名句的诞生

慈恕立身，柔和成性，心非道外[1]，行在言前[2]。戒地[3]夷[4]而静，智水[5]幽[6]而洁。

——译经篇二·达摩笈多

完全读懂名句

1. 心非道外：心念没有离开大道。
2. 行在言前：行为总是在言说之前。指不说空话，确切实践。
3. 戒地：持戒清净，如大地般坚固。
4. 夷：平坦的。
5. 智水：智慧通达，如清水般净澈。
6. 幽：深远的。

语译：用慈悲宽恕的态度作为待人处世的基础，养成了柔和的习惯，心念没有离开大道，行为总是在言说之前。戒行坚固如大地般平坦和静，智慧通达如清水般深远净澈。

僧人背景小常识

达摩笈多汉名法密，南印度人，隋朝著名译经家。笈多自小笃爱佛法，发大深愿想离俗出家。但身为长子，父母留恋，不肯让他出家。直到二十三岁时，笈多到中印度鞬拏究拨阇城究牟地僧伽啰摩落发出家，礼敬普照为师，改名法密。普照通达大小乘经论，笈多勤苦修学，数年之间，已尽得师之真传。

笈多学成之后，四出游方，增广见闻。曾历游沙勒、龟兹、乌耆、高昌、伊吾、瓜州等地。开皇十年奉敕住于大兴善寺翻译经典。笈多不但精通大小乘经论，其生性慈悲，面容安详，举止端庄柔和，又能简居寡欲，因此在译场中深得群僧敬重。

笈多翻译很多有名的经典，如《金刚能断般若波罗蜜经》《佛说药师如来本愿经》《起世因本经》《大宝积经善住意天子会》《金刚般若论》《摄大乘论释》《菩提资粮论》等。

名句的故事

达摩笈多不仅通达大小乘经论，还曾历游沙勒、龟兹、乌耆、高昌、伊吾、瓜州许多地方，“读万卷书，行万里路”，使得笈多的修持工夫由内而外自然流露，从实证的心地境界，展现在日常生活及待人接物上。

开皇十年，笈多奉敕到大兴善寺参与译经事业。在翻译经典时，笈多总是能依照大小乘经论的梵本原典，读诵出重点，并辨明解析。此时往往有些不同学派的学僧对笈多的解说产生疑义，但笈多精修实证所展现出的人格特质，正是令人心服之处。所谓“慈恕立身，柔和成性，心非道外，行在言前”，笈多总是用慈悲、柔和、宽恕的态度待人，平日的行持必定让心念保任在大道之中，更不说空话，是个确切实践的行动派。因此“戒地夷而静，智水幽而洁”——笈多持戒的工夫，坚固得像大地般平坦和静；笈多禅修的智慧，通达得像清水般深远净澈。不仅如此，笈多在翻译经典时非常详细，“经洞字源，论穷声意”，对于经论的解释，不只是重点提要，更针对经文中字词的用法、含义、声调等翔实解析，并用端正高昂的声音读诵，话语声响彻译场，振荡人心。

笈多不仅拥有慈悲柔和的好气质，平日端居简处，绝离情务，寡薄嗜欲，在译经工作之余，笈多更是诲人无倦，化育许多学子，因此在当时颇有名望，深得众人爱敬。

历久弥新说名句

从字面上看来，本名句是在描述一个人“修证一如”的境界——佛学的修持，具体地表现在平时的行为之中；从根本上观察，其实它主要在说明笈多的身教、言教令人钦服，都能够“以德服人”。

《孟子·公孙丑上》曾说：“以力服人者，非心服也，力不赡也；以德服人者，中心悦而诚服也，如七十子之服孔子也。”孟子说：“靠蛮力征服他人，他人并非真心顺从，只是因为他自身力量不足而表面服从。要用德行才能让人顺服，而且是心悦诚服，就像七十个弟子归服孔子。”孟子所说的原本是政治问题，讲的是政府与人民的关系，但最后举孔子“以德服人”的例子，似乎又回到了教育的师生关系。所以东汉的赵岐注解：“以己德不如彼，而往服从之，诚心服者也。如颜渊、子贡等之服于仲尼，心服者也。”赵岐说：“因为自己的德行不如他，所以前往归服于他，这是真心诚意的服从啊！就像颜渊、子贡服从孔子的教化，这也是真心诚意的服从啊！”

达摩笈多在大兴善寺译经，当时译经事业是国家大事，像是一个庞大的学术集团，参与译经工作的僧人非常多，各来自其不同的传承或学养背景，各有其不同派系。因此笈多在翻译经典时，势必经常遇到不同学派僧人的诘难。但笈多能以具体的身教、言教感化他人，这正是“以德服人”“修证一如”的崇高境界。

俗有可反之致，忽然已反；
梵有可学之理，何因不学？

名句的诞生

割遗体[1]之爱，入道要门；舍天性之亲，出家恒务。俗有可反之致[2]，忽然已反；梵有可学之理[3]，何因不学？

——译经篇二·释彦琮

完全读懂名句

1. 遗体：父母所留下的骨肉，即是指人的身体。
2. 俗有可反之致："反"为翻转，尘世有值得翻转的理由，指出家修行。
3. 梵有可学之理："梵"指梵文，梵文有值得学习的理由。

语译：割舍对于身体的爱执，是进入修道境界主要的门径；舍弃天性赋予的亲情，是出家修行必要的功课。尘世有值得翻转的道理，立刻就可以出家；梵文有值得学习的理由，为何不学习呢？

僧人背景小常识

释彦琮（五五七至六一〇年）俗姓李，赵郡（河北邢台）人，隋朝著名高僧。彦琮自小聪颖，幼时礼敬僧边法师为师，其师令诵《太子须大拏经》，彦琮一日便能背诵。又令诵《大方等经》，几天后也能背诵，僧边甚感惊异。十岁出家，法名为“道江”，僧边法师以慧声洋溢如江河来期许他。少有佳名，十二岁即开讲《无量寿经》，十四岁讲《大智度论》，又被延入宣德殿讲《仁王经》。当时听徒二百余人，都是一时的明贤高士，北齐帝王、皇太后、六宫后妃、文武百官也同升法会。彦琮说法析理令世人惊嗟，神气坚朗，令人景仰。

北周平齐之后，彦琮被诏敕为通道观的学士，以《易》《老》《庄》陪侍讲论，被迫还俗，改名彦琮。彦琮“外假俗衣，内持法服”，虽在朝廷为官，但无亏于戒行。宣帝时，授礼部官职，彦琮推辞不就。隋文帝时，彦琮重返僧人身份，后蒙召入京师执掌翻译工作，并为朝廷诸贤讲经。

彦琮提倡梵文的学习，甚至认为僧人一定要懂梵文，曾对佛经翻译问题提出专论，著有《辩正论》《众经目录》。

名句的故事

彦琮长期参与佛经翻译的工作，对于佛经翻译的相关现象，曾有仔细的研究，著有《辩正论》。文中不仅论述了前人对于翻译的看法，彦琮更提出自己独特的意见。

彦琮先举东晋道安大师所说的“五失本”“三不易”。道安认为翻译佛经时，有五种情形将失去经典原本的面貌，称作“五失本”：一者“胡言尽倒而使从秦”，二者“胡经尚质，秦人好文传可众心，非文不合”，三者“胡经委悉至于叹咏，丁宁反覆，或三或四，不嫌其繁，而今裁斥”，四者“胡有义说，正似乱词，寻检向语，文无以异，或一千或五百，今并刈而不存”，五者“事以合成将更旁及，反腾前词已乃后说而悉除此”。一是指经文语法的转换，二是指文体风格的改变，三、四、五是指经文内容的删节取舍。佛经由梵文翻成汉文，经文的形式、内容、文体风格必将更改，这五种更改都将造成经文的失真。又有三件事是很不容易的，“删雅古以适今时”“愚智天隔”“彼阿罗汉乃兢兢若此，此生死人平平若是”，名为“三不易”。一是指古今时俗的差距，二、三指的都是翻译者的能力问题。首先，翻译者本身有“愚智”的不同。其次，佛陀涅槃后，圣弟子们结集佛经时，且须证得大阿罗汉果才可参与，反观今日许多翻译之人，尚是生死凡夫，如何辨别佛陀正法呢？

彦琮深感于佛经翻译的困难，因此感慨地说：“俗有可反之致，忽然已反；梵有可学之理，何因不学？”尘世有值得翻转的理由，立刻就可以出家；梵文有值得学习的理由，为何不尽早学习呢？因此彦琮提倡梵文的学习，希望每个僧人都懂梵文，能阅读“第一手资料”，如此才能精确地学习佛法，不致让佛法失真。

历久弥新说名句

彦琮强调直接阅读梵文佛经的能力，希望每一个僧人都能尽早学会梵文。从字里行间，我们似乎可以看到另一个道理，那就是“时机”。

把握适当的时机，当机立断，做应该做的事。“俗有可反之致，忽然已反。”当发现尘世的生活是苦的，是必须出离的，就毅然决然地割舍亲情、爱情，放弃名利、欲望。要放下世俗的一切，能出家修行，这是需要多大的勇气呢？“梵有可学之理，何因不学？”既然已经出家了，将个人全部的身、口、意都奉献给众生，当发现梵文是值得学习的，梵文是修学佛法、弘扬佛法的重要条件，为什么还不尽早学习呢？

佛法总宣说着“人生无常”的道理。何谓“无常”？《别译杂阿含经》中，佛告诸比丘：“诸行无常，迅速不停，无可恃怙，是败坏法，应当速离，趣解脱道。”生活中的一切都是无常的，迅速变化的，无法依靠的，当因缘改变时，就会败坏。我们应当认清这种现象，远离世俗的迷执，迈向解脱的道路。虽然出家修行，人生依旧是无常的。在“无常”的体会中，必须开展出“精进”的动力。《敕修百丈清规》说：“是日已过，命亦随减，如少水鱼，斯有何乐？众等当勤精进，如救头然，但念无常，慎勿放逸。”每当到了傍晚，就要想到自己的生命又少了一天，就像少水的鱼，因此应当好好地“精进”，把握有限的时光，做好重要的事。

于是舌根恒净，心镜弥朗，藉此闻思，永为种性

名句的诞生

五天正语[1]，充布阎浮[2]；三转妙音[3]，并流震旦。人人共解，省翻译之劳；代代咸明，除疑网之失。于是舌根[4]恒净，心镜[5]弥朗，藉此闻思，永为种性[6]。

——译经篇二·释彦琮

完全读懂名句

1. 五天正语：指梵语。中古时期，中国人将天竺分为东、西、南、北、中五“天”。
2. 阎浮：为须弥山四方四大部洲之南洲，故又称南阎浮提、南赡部洲。阎浮原指印度，后则泛指人间世界。
3. 三转妙音：泛指佛陀的教法。“转”为宣说，佛陀成道后曾三转法轮，宣说四谛之妙法。
4. 舌根：“六根”之一，舌识之所依。
5. 心镜：心如明镜，可照见万象。
6. 种性：指能证得菩提之潜在本性。唯识宗又将一切有情众生分为声闻、缘觉、菩萨（如来乘）、不定性、无种性等五种种性。

语译：天竺的梵语，广布在人世间；佛陀的教法，流传在中国。当人人都能通晓梵语，就能省去翻译的工作；每一代都能清楚佛经的原义，消除疑虑的过失。这时舌根能恒保清净，心地如镜子般更加明朗。以梵语来听闻、思考、学习佛法，将永久种下成佛的菩提本性。

名句的故事

这则名言同样是彦琮《辩正论》的内容，它延续了上一则名言的理念。由于彦琮深感佛经翻译的种种困难与弊病，因此他提出了一种僧人必要的学养教育，即必须要具备直接阅读“第一手数据”的能力。彦琮提出“才去俗衣，寻教梵字”的积极建议，希望每个僧人从穿上僧服的那一刻，就将学习梵文当成是一种必修的功课。

在《辩正论》中，彦琮举了许多精通汉、梵两种语言的译经师，如竺法兰、朱士行、竺佛念、智严、宝云，他们对于佛法的弘扬都有极大的贡献及影响力。彦琮心中出现一个理想：如果每个僧人都能精通梵文，那佛法必定大兴。用梵文的思维模式来修持，透过闻慧、思慧的熏习，必将永久地种下成佛的菩提种子。

历久弥新说名句

所谓“直餐梵响，何待译言”，直接聆听梵音的旨意，不需经过翻译，这当然是一件很棒的事，但在具体的实践上，必将出现某种程度的困难。因为语言的学习，并不是一件容易的事，除了学人本身的资质，更重要的是日积月累的学习。并非每一个僧人都有充裕的时间、优良的资质、适当的环境，可以同时修学佛法与梵文。在佛法与梵文两者之间，智者可以两全，庸者必偏一边，愚者或许两失。因此，仍须依照学人的实际状况做调整，才能达到最好的学习功效。

同样的，能用梵文直接来学习佛法，固然很好，但是当条件不允许，必须在“佛法”与“梵文”之间做选择时，那么“佛法”还是最重要的根本。印度的论师们可以“从禅出教”，依照自己的修行经验开展教法，中国的高僧当然也有丰富的心得。因此，倘若无法直接阅读梵典，那么依照汉文的经典、历代高僧、祖师的言论去学习，也能种下成佛的菩提种子。

物我皆空

名句的诞生

诸有[1]非乐，物我皆空。眷言[2]真要[3]，无过释典。流通之极[4]，岂尚[5]翻传？

——译经篇三·波颇

完全读懂名句

1. 诸有：指尘世间所有的物质欲乐。

2. 眷言：怀念，回顾。

3. 真要：真切重要的事或道理。

4. 极：极致。

5. 岂尚：哪有超过。“尚”通“上”，意思是高于，胜于，超过。

语译：世间所有的物质欲乐都不是真实的快乐，因为“物”与“我”这两者都是空的。回顾生命中真切的道理，没有比佛经更加重要的。流通佛经最好的方法，没有比翻译弘传更好的了。

僧人背景小常识

波颇（五六五至六三三年）全名为波罗颇迦罗蜜多罗，意译为明知识、明友。中印度人，隋唐时期重要的译经师。波颇十岁出家，随师习学大乘经，可读诵十万偈。曾游那烂陀寺，时值戒贤论师盛弘《十七地论》，波颇随学听讲，得知此论中兼明小乘教法，因此又学诵小乘诸论十万偈。

波颇识度通敏，器宇冲邃，博达大小经论，更教化无数众生。心喜游化，认为出家人应该四处游方，随缘度化，曾到西突厥活动的地方教化众生。唐武德九年，高平王出使入西突厥，发现波颇的德望，想要请他到东土，但当地居民留恋，不肯让波颇离开。后来唐朝皇帝下敕征入，接迎波颇住大兴善寺。当时佛门僧人、居士，都争相前来求教。

唐太宗贞观三年，波颇于大兴善寺开始翻译经典。其译作共有三部三十五卷，都是重要的经论，分别为《宝星陀罗尼经》《般若灯论释》《大乘庄严经论》。

名句的故事

唐武德九年十二月，波颇到达京师，住在大兴善寺，当时的释门英达，莫不求教。“自古教传词旨，有所未踰者，皆委其宗绪，括其同异，内计外执，指掌释然。征问相雠，披解无滞。”从前教义有不清楚的地方，都能明白地整理宗旨大意，分析法义的异同。对于他人的执着、偏记，在短时间内就能将其消弭；对于他人的质询问难，也能立即解答，无所障碍。后来蒙引内见，在唐朝皇帝面前传授佛法，辩才无碍。唐朝皇帝赐予他“彩四十段，并宫禁新纳一领，所将五僧加料供给”，除了波颇受到丰厚的赏赐之外，波颇带来的五名僧人，也受到较丰厚的供给。

贞观三年三月，皇帝说：“诸有非乐，物我皆空。眷言真要，无过释典。流通之极，岂尚翻传？”皇帝认为世间一切物质的欲乐都不是真实的快乐，因为“物”与“我”这两者都是空的，所以物质的欲乐对他而言，实在是毫无意义的。皇帝回想生命中真实的道理，没有任何事比佛法更为重要，然而流通佛经最佳的方式，哪有比翻译佛经更好的方法呢？因此，皇帝希望波颇能承担起翻译佛经的重任。波颇接受皇帝的诏令，于是征寻有德性的僧人，准备组成译经团队。不久后，波颇在大兴善寺中，开始了他翻译佛经的事业。当时有名的硕德也前来共襄盛举，如慧乘等证义，玄谟等译语，慧赜、慧净、慧明、法琳等缀文，房玄龄、杜正伦参助勘定。

历久弥新说名句

“空”，是大乘佛法的根本教义。佛教所说的“空”，多数人都认为这是一件无法理解的事。其实，“空”并不深奥，主要的原因是众生无法清楚地觉照“物”“我”的本质，因此对“空义”便觉得难以捉摸。

在《大般若波罗蜜多经》中，佛陀曾提到凡夫对于“物”“我”的执着，所谓：“是诸愚夫分别诸法与本性空，有差别故，不如实知色，不如实知受、想、行、识。由不知故，便执着色，执着受、想、行、识。由执着故，便于色计我、我所，于受、想、行、识计我、我所。由妄计故，着内外物，受后身色、受、想、行、识，由此不能解脱诸趣，生老病死，愁忧苦恼，往来三有，轮转无穷。”外在的一切诸法万象都是“色”，凡夫以为一切诸法与“空”是不同的。但若不能如实了知“色”即是空，不知道现象界的一切本质是空性的，就会对“色”生起执着。因为对“色”生起执着，就会出现“受”（感受）、“想”

（思维）、“行”（行为）、“识”（意识）的执着。因为执着，就会有“我”“我所”（物）的妄想分别。当出现“物”“我”的妄想分别，就更执持“物”“我”。如此反复累积，业力不断推动，生命便不停轮回受苦。

因此，想要解除生命的痛苦，就必须具有如实了知空义的觉照工夫。“诸有非乐，物我皆空”，就是一种空义的觉照工夫。由此反观自身，在平常生活中，我们是否也具备这样的觉照能力呢？

借灯为名者，无分别智有寂照之功也

名句的诞生

赜[1]又著论序[2]曰："《般若灯论》者，一名《中论》[3]，本有五百偈。借灯为名者，无分别智[4]有寂照[5]之功也。"

——译经篇三·释慧赜

完全读懂名句

1. 赜：人名，即慧赜。
2. 论序：即《般若灯论释序》。
3. 《中论》：为龙树菩萨所作，共五百偈。主张缘起无自性，以"八不中道"来开显缘起性空的道理。
4. 无分别智：修道者进入"见道位"时，将缘一切法之真如，此时能舍离名、相的虚妄概念，舍离主客、能所的差别，进而达到平等的真实智慧。
5. 寂照：寂静观照。

语译：慧赜又著《般若灯论释序》，序曰："《般若灯论》有另外一个书名，称作《中论》，全书共有五百偈。借用'灯'当作书名，是要象征般若无分别智有寂静观照的功能啊。"

僧人背景小常识

释慧赜（五八〇至六三六年）俗姓李，荆州江陵人，隋唐时期著名高僧。

慧赜少年颖悟，九岁随隐法师出家。隐法师发现他聪慧异常，常利用闲暇教他深奥玄理，慧赜总是一听即悟，从不需思索。慧赜跟师父学了《涅槃经》《法华经》及三论宗的论典。开皇十一年，江陵寺大兴法席，僧俗两众都共推慧赜为法主。当时慧赜才十二岁，便开讲《涅槃经》。慧赜说法玄理畅达，遇到有人提问，总是冷静辩答，听众莫不敬服，从此更加声名广传。

荆州刺史听闻慧赜的声誉，亲自去见他，见面后更加褒赏，随即上奏朝廷。于是慧赜蒙诏入京，住在清禅寺。此时各方求教之士皆来造访，无不赞叹其博达机捷。后来慧赜又向应禅师学禅坐，闭关两年。唐贞观年间，慧赜因精通论典，又擅长文笔，于是担任论典翻译笔受的工作。慧赜能诗文，善书画，又精鉴赏，朝中士人多爱与他交往，著有《般若灯论释序》及文集八卷。

名句的故事

唐武德年间，京城佛法兴盛，僧侣云集。当时延兴寺曾有多处开讲《仁王经》，王公卿士无不相偕参与。三论宗的祖师嘉祥吉藏，也到延兴寺说法。吉藏说法玄理通达，神采异人，好像天人降临，让听众们倾目崇敬。此时，慧赜也开讲《仁王经》，他说话清明而义理幽微，思考缜密而神采迷人，当时僧俗二众都大为惊叹。吉藏看见这种情形，便赞叹地说："慧赜不仅是论辩的能力无人可比，就连书法的功力也很少有人比得上。"

贞观年间，京城诏延名僧开创译院来翻译经典。声名远播的慧赜，不仅精通佛法，文笔亦相当知名，于是担任翻译论典的笔受工作。所谓“笔受”，即是在译场中听译主翻译，再将其意思用汉文笔录下来。因此慧赜在笔受的过程中，又读了不少经典。当慧赜读到《般若灯论释》时，他特别有体悟，于是写下了千古知名的《般若灯论释序》。

《般若灯论释》是印度清辨论师所作，此书是龙树菩萨《中论》的注释书。慧赜不仅崇敬龙树的智慧，也十分佩服清辨论师的诠释，就连书名都非常赞赏。于是慧赜在序文的开头便说道：“借灯为名者，无分别智有寂照之功也。”以“灯”来作书名，象征着般若的无分别智就像灯一样，那寂静观照的能量，将破除生命的愚昧与黑暗，显现出生命的智慧与光亮。

历久弥新说名句

从教理行果的大方向来归纳，当代学者普遍将大乘佛法分成三大系统，主要是中观般若的“性空唯名”系、瑜伽行派的“虚妄唯识”系、如来藏说的“真常唯心”系，亦有称作“法性空慧宗”“法相唯识宗”“法界圆觉宗”。

龙树菩萨的《中论》，就是中观般若系统的主要典籍。其内容以缘起无自性，融摄世俗、胜义二谛而归于中道，其观行的实践方法称作“中观”，以不生、不灭、不常、不断、不一、不异、不来、不出这“八不中道”来开显因缘正观。此书历来有许多论师做批注，如印度有青目、清辨、佛护、安慧、月称，中国汉传佛教有吉藏，藏传佛教有宗喀巴等等，他们各有不同的诠释角度。《般若灯论释》就是清辨对《中论》的解释，清辨是中观自续派的论师，他将书名标上具有法义象征的名称。所谓“般若灯”是指“般若如灯”，慧赜接着说明：“借灯为名者，无分别智有寂照之功也。”“无分别智”就是“无分别心”所开显的智慧，因此慧赜又说：“灯本无心，智也亡照，法性平等，中义在斯。”灯没有特别的私心，只是如实地散发光亮，就像清明的智慧，它不会刻意选择照见的对象，如此才能体会法性的平等，了知中道的正义。

“般若如灯”是个很好的譬喻，不仅容易明白，更具有法义象征。因此，历来高僧们都喜欢这样的表达方法，如禅宗六祖惠能大师“一灯能除千年暗，一智能灭万年愚”，就是一句广为流传的经典名言。

执空为病，还以空破。是则执有为病，还以有除？

名句的诞生

问曰："未审[1]破空[2]，空有何破？"答曰："以空破空，非以有破。"难曰："执空为病[3]，还以空破。是则执有为病[4]，还以有除？"

——译经篇三·释慧净

完全读懂名句

1. 未审：不明白。审：清楚，明了。

2. 破空：指清禅法师所主张的"破空义"。

3. 执空为病：执着空义而形成错误的观念。

4. 执有为病：执着诸有而形成错误的观念。

语译：慧净问："我不明白你所主张的'破空义'，空有什么要破除的呢？"清禅答："用空来破除空，不是以有来破除空。"慧净接着问难："执着空义而形成错误的观念，还要用'空'来破除，难道执着诸有而形成错误的观念，也要用'有'来破除吗？"

僧人背景小常识

释慧净（五六七至六四五年）俗姓房氏，常山真定人，隋唐时期著名高僧。慧净生在读书世家，少年即遍读群经，文名传遍乡里。十四岁出家，立志弘扬佛法。他每日背诵经文八千余言，对于经义的理解罕有人能相比。

慧净经常四处与人讨论法义，有人听他谈论《大智度论》及其他典籍，都惊异其神采孤拔，讲论玄妙。后又亲近志念论师，学习《杂心论》《大毗婆沙论》等小乘经论。由于慧净通达大小乘佛法，因此声名广布，吸引四方学徒钦慕。

贞观二年慧净参与译经事业，笔受《大庄严论》。他的词旨深妙，能精确地传达梵典的原意，曾被波颇三藏赞誉为"东方菩萨"。贞观十三年慧净被任命为普光寺主兼纪国寺上座。

据史传所载，慧净的著述非常丰富，如《大庄严论疏》《法华经疏》等，但多已亡佚，今日所存有《阿弥陀经义述》、《温室经疏》、《盂兰盆经赞述》与《般若波罗蜜多心经疏》。

名句的故事

慧净自幼在读书世家成长，对于儒、道典籍无不熟悉，出家后更是广学大小乘经论，博通三藏。因此他能言善辩，常以道理说服他人，在史传中曾记录了许多慧净精彩的辩论故事。

在武德初年，京城经常进行三教讲论，诸家大德都争相发表己见。有一次，来了一位清禅法师，他提出一种称为"破空义"的理论。他演讲时声色奋发，厉逸当时。这时宰相府的记录官向上报告，说明在座的法师都无法抵挡清禅法师的厉言锋辞，一定要请纪国寺慧净法师前来，否则无法败挫他的锐气。宰相知情后，立刻邀请慧净到会场参加辩论。

慧净与清禅见面后说："现在群贤云集，我本不愿在众多英士面前对你的高论提出疑难，然而借此机会，我提出一个小问题，如果可以让你尽情发挥你的高见，趁此宣扬佛法，那也是很好的因缘啊！"于是慧净就问："未审破空，空有何破？"

我不明白你所说的破空的道理，空要怎么破除呢？清禅答："以空破空，非以有破。"用空来破除空，不是以有来破除空。慧净接着问难："执空为病，还以空破。是则执有为病，还以有除？"执着空义是错误的观念，却还要用"空"来破除，难道执着诸有的错误观念，也要用"有"来破除吗？于是清禅无言以对。后来慧净又提出了几个问难，清禅却都无法回答。

从这个案例可以知道，慧净真是一个精通法义、能言善辩的高僧呢！

历久弥新说名句

"空"虽然是佛法中重要的核心观念，但并不是终极目的。在《中论·观行品》中有："大圣说空法，为离诸见故，若复见有空，诸佛所不化。"佛陀开示"空"的教法，是为了让众生舍离各种执着，倘若以为真正有个"空"，那就连诸佛出世都难以教化了。因此，青目论师有一个巧妙的譬喻，他说："譬如有病，须服药可治，若药复为病，则不可治。"有病的人需要服药，如果病好了，又不断吃药，反而会生另一种无可救药的病。所以我们必须知道，"空"就像药，药应当适当地使用，"空"也必须正确理解。

在本则名言中，慧净法师原本提出问题想让清禅法师发挥高义，不料清禅却说出"以空破空"的错误答案。因此慧净追问："执空为病，还以空破。是则执有为病，还以有除？"如果是"以空破空"，难道也要"以有破有"吗？因此清禅哑口无对。

然而"空""有"的执着应如何破除呢？吉藏《二谛义》

曾说:“借有破无,借无破有。此有无并是众生有无,皆须破洗,一无所留。”要借由“有”的观念来破除“无”(空)的执着;要借由“无”(空)的观念来破除“有”的执着。但是这两种观念,也都只是一种教化众生的方便法门,都必须舍离,千万不可以执着。

所以,有人问佛陀何谓佛法根本大义,佛陀说:“诸恶莫作,诸善奉行,自净其意,是诸佛教。”其中“自净其意”是要人舍离错误的观念,并非是“空”或“有”的固定答案啊!

若得无诤三昧，自然永离十缠

名句的诞生

菩萨之家[1]，体尚和合[2]。若得无诤三昧[3]，自然永离十缠[4]。

——译经篇三·释慧净

完全读懂名句

1. 菩萨之家：指修行人共同生活的地方，如僧团。
2. 体尚和合：指僧人之间应和合相处。如“六和敬”：身和同住、口和无诤、意和同悦、戒和同修、见和同解、利和同均。
3. 无诤三昧：心性安住于空性，与他人无诤的一种稳定状态。
4. 十缠：缠缚众生不得出离生死苦海的烦恼，称为“缠”，十缠即无惭、无愧、嫉、悭、悔、眠、掉举、昏沉、忿、覆等十种烦恼。

语译：修行人同修共居之地，僧人之间应和合相处。如果能将心性安住在空性中，进入与人无诤的状态，就自然能永远舍离无惭（做坏事自己却不知道羞耻）、无愧（做坏事却不觉得愧对他人）、嫉（嫉妒他人的好事）、悭（悭吝）、悔（后悔）、眠（心智昏眠而无力省察）、掉举（心念浮动而不寂静）、昏沉（精神昏昧）、忿（发怒而忘失正念）、覆（覆藏自己之罪过）这十种烦恼。

名句的故事

贞观十三年，皇太子集诸官臣及三教学士在弘文殿，请慧净开讲《法华经》。当时的道教领袖派道士蔡晃去与慧净抗辩，道士蔡晃首先发难，慧净的论述玄妙通神，令蔡晃无言以对。接着，国子祭酒孔颖达也提出问题，慧净也以辩才无碍的机智将他说服。

当时皇太子非常欣赏慧净，于是想请慧净担任普光寺的住持。普光寺是京城中非常重要的寺庙，而慧净当时已是纪国寺的上座，他不想让人误会自己有名利之心，因此推辞不受。慧净向皇太子说："提顿纲维，由来未悟。整齐僧众，素所不闲。"慧净说明他不擅长寺务规划与僧人管理，希望可以辞谢皇太子的好意。然而，皇太子依然苦心延请，慧净终于答应。于是朝廷下令给普光寺众，其中说道："法师比者逡巡静退，不肯降重。殷勤苦请，方始克从。但菩萨之家，体尚和合。若得无诤三昧，自然永离十缠。亦愿合寺诸师，共弘此意。"原先邀请慧净法师担任住持时，他总是推辞不肯接受这个重要的任务，经过我们诚心的恳求，法师才接受这个职务。希望他来到普光寺之后，大家都能和合相处。如果大家都能将心性安住在空性中，进入无诤的状态，就自然能舍离无惭、无愧、嫉、悭、悔、眠、掉举、昏沉、忿、覆等十种烦恼。希望全寺所有的僧众，能共弘此意。

当朝廷的令文到达普光寺后，慧净也开始了普光寺住持的生活。

历久弥新说名句

“无诤三昧”是指一个人能够与人无诤，完全将心性安住于空性中的一种稳定状态。佛经中常常提到这个名词，如《金刚般若波罗蜜经》须菩提说：“佛说我得无诤三昧，人中最为第一，是第一离欲阿罗汉。”须菩提是佛陀的十大弟子之一，他有“解空第一”的称号。所谓“解空第一”，就是佛陀弟子中对空性体验最好的一个。由于须菩提能稳定地将心性安住于空性中，得到“无诤三昧”，因此佛陀赞叹他是“人中第一”“第一离欲阿罗汉”。

换言之，要得到“无诤三昧”，首先必须掌握空性的道理，再将心性安住在空性之中。然而要如何将心性安住于空性，进而达到“无诤三昧”呢？明代的憨山德清曾在《憨山老人梦游集·示乘密显禅人》中提道：“学人日用，观四大如影，观目前如梦事，观心如急流，观动作如机关木人，观声音如谷响，观境界如空华。作是观时无我、我所……应念无生，是名入无诤三昧。”

一个修行人在日常生活中，要观察身体如泡影，世事如梦幻，心念像瀑布急流，动作像机器木人，声音像空谷回响，眼见境界像空中花朵，这些都是虚幻不实的。在观察的同时，还要去体会没有观察的“我”，也没有“我”所观察的对象。如此，在生活中渐渐地就能明白“无生”的道理，当体验到“无生”时，也就将证入“无诤三昧”了。

出家者为无为法

名句的诞生

奘曰："经[1]不云乎？'夫出家者为[2]无为法。'岂复恒为儿戏，可谓徒丧百年！"

——译经篇四·释玄奘

完全读懂名句

1. 经：指《维摩诘所说经》。

2. 为：是。

语译：释玄奘说："《维摩诘所说经》不是有这样的话吗？'出家是无为法。'怎么可以整天游戏玩乐，这样可说是白白浪费人生一世的时间！"

僧人背景小常识

玄奘从小就由二哥长捷法师携在身边抚养教导，深植向佛之心。十一岁时出家。隋末世乱，四处流徙，因此得以拜见当时素有声望的大师，跟随他们修学，培育了深厚的学识基础。随着他的见闻日广，他对佛理的困惑愈多，认为是现有佛经翻译未臻完善，使得理解出了问题。于是西行求法。

贞观元年，他年二十七岁，私自出关西行，经历无数险阻，四年后抵达那烂陀寺。他在天竺十七年，除了跟随那烂陀寺的戒贤大师学习，亦到处访问诸位贤德，只要有一经之长，无不加以问习。贞观十九年回到中国，带回经论六百五十七部，开始他的译经大业，一生译出佛教经论七十三部，一千三百三十卷。高宗麟德元年逝世，年六十五岁。玄奘精通大小乘经论，因此被尊称为“三藏法师”。他传下唯识宗一脉，又被称为法相宗、慈恩宗。

名句的故事

玄奘大师从小就聪明颖悟，十一岁时就能背诵《妙法莲华经》《维摩诘所说经》等佛经。隋唐时为维持僧人的质量，出家要经过考试，玄奘大师便被洛阳的“度僧”考试破格录取。他出家后不改向佛之心，更加勤奋用功。可是其他获录取的僧人也许年纪还轻，少年心性，玩心还重，不时会聚在一起谈笑嬉戏。玄奘大师目睹这种情形，便苦口婆心规劝道：“出家是为证得真如，人生短短百年，修行都不够了，怎还可把时间浪费在嬉戏玩乐上呢？”

“夫出家者为无为法”一句出自《维摩诘所说经》。维摩诘是一位在家居士，精通佛理，能言善辩，他借自身示现疾病，对来探病的众生说法。佛陀派遣座下弟子前往探病，弟子一一辞谢，皆道不能胜任。佛陀点名到罗睺罗（罗睺罗是佛陀出家前所生的儿子，后亦跟随佛陀出家），罗睺罗也辞谢不能，他说道：“有一次，毗耶离各位长者的儿子联袂来拜访我，他们询问我，如果我不出家，就能继承王位，有享不尽的荣华富贵，为何我毅然决然放弃，出家有何好处呢？我就为他们陈说出家的功德之利。恰巧维摩诘也来拜访我，他指责我道：‘有为法才有功德，有利益，出家是无为法，既无功德也无利益，你这样说是大错特错了。’我辩不过维摩诘，我也不能胜任。”

历久弥新说名句

“无为法”与“有为法”相对，“有为法”指没有自性，因缘和合而生的事物。如《金刚经》言“一切有为法，如梦幻泡影，如露亦如电”，清楚明白说明了有为法的虚假不实。《维摩诘所说经》亦言：“有为法皆悉无常。”“无常”言瞬息生灭流转，不能恒常不变，即没有自性。“无为法”则指断灭因缘，自在自有，也就是“真如”，真实不虚，如常不变。

除开对佛教，有几部佛经对中国文化有深远的影响：一是《般若经》，魏晋玄学思潮风起云涌，《般若经》在其中占有不可忽视的地位。即使已有许多根据梵文正本不错的译本，玄奘大师晚年仍然禁不住僧众之请，开译《般若经》。一是《维摩诘所说经》，它广泛影响了在家修行之士。中国自古以孝立国，孝是百善之首，要一般人出家断绝俗缘，实在千难万难。《维摩诘所说经》的主角维摩诘是在家居士，他揭示了在家修行无碍成佛的理路。《弟子品》就有如此问答：诸长者之子听了维摩诘说法，非常乐意出家，但父母却不允许，问维摩诘该怎么办，维摩诘说：“汝等便发阿耨多罗三藐三菩提心，是即出家。”“阿耨多罗三藐三菩提心”即“无上正等正觉之心”，只要发了愿心，在家修行同于出家。

佛非妄也。虽经劫坏，本空之处愿力庄严如因事也

名句的诞生

有论者言：“此实本地，佛非妄[1]也。虽经劫坏[2]，本空之处愿力庄严如因事也。并是如来流化，斯迹常在，不足怪矣。”

——译经篇四·释玄奘

完全读懂名句

1. 妄：虚假不实。

2. 劫坏：劫：佛教用语，为一极长时间单位，天地一终始为一劫。世界要毁坏时，会有火、水、风三大灾将世界摧毁。

语译：参与议论者中有人说道：“这里的确是释迦牟尼佛前世布发掩泥，燃灯佛授记之处，佛并没有骗人。它虽然经过了无数次世界毁坏，但每一次世界重新生成，因为当时释迦牟尼佛发愿是非常庄重严肃的，这里的遗迹也跟着恢复。同样是如来显化，使得这个遗迹一直存在，不值得奇怪。”

名句的故事

玄奘大师历经千辛万苦，终于踏入北印度，途经伽罗曷国，那里有一座高三十余丈的窣堵波（佛塔，一种印度建筑形式，用以纪念佛），为无忧王（阿育王）所建造。无忧王遗憾不

与佛陀同时，无由亲受佛陀教诲，所以在许多有关佛陀的地方建了窣堵波纪念。

此处原来是释迦牟尼前世未成佛以前，遇见燃灯佛，布发掩泥，燃灯佛授记的地方。这里不时有天花散落的异象，所以有许多人到这里供奉礼拜。玄奘大师向佛虔诚，自然也去瞻仰一番。礼佛完毕，他心里不禁浮现一个疑问：根据佛经记载，燃灯佛出世在庄严劫（过去劫），现在是贤劫（现在劫），中间不知历经多少劫数，这处遗迹当随劫坏而毁去，怎么可能留存到现在呢？佛不打诳语，此处应为虚，抑或佛经记载有误呢？玄奘大师把他的疑问讲出来询问在场的僧人，僧众各陈异解，有一个人说得最有道理，他说："世界毁坏，此处固然跟着毁坏，世界重新生成，这里也跟着复原。譬如须弥山同样如此，不独此处。全是如来显化神迹，不必怀疑。"

历久弥新说名句

一个宗教要能流传，必定有其神迹，证明其教义内容非理性部分实而可征，方能使人信服。

佛教认为任何事物都有成、住、坏、空四个阶段，世界亦不例外。"成"为生成，"住"为持续，"坏"为毁坏，"空"为空无。世界要毁灭时，进入坏劫，会有火、水、风三大灾次第出现，将世界摧毁。起先是火灾，天上会出现七个日轮，灼烧世界，海水也被烧干，色界初禅天之下皆被烧毁。色界在欲界之上，为天人所在，在这个世界的人没有男女淫欲与感官之欲，尚存色相。初禅天的人已不食人间烟火，无鼻、舌二识，但仍有眼、耳、身、意四识所生起的喜、乐感受及思维能力。

《高僧传·竺法兰》记载：汉武帝时在长安近郊开凿昆明池，结果挖到了不明黑泥，拿去问当时最为博学的东方朔，东方朔说："我也不知道，可以问问西域的胡人。"直至东汉明帝时，竺法兰来到中国，众人拿来问他，竺法兰说："这是上个世界毁坏时，劫火烧剩的灰烬。"东方朔的话得到验证，因此信奉佛教的人也多了起来。

以今天的眼光来看，这团黑泥可能是火山灰，但这也无法反证佛教劫坏之说为假，反而更增其可信度。

出处不失其机

名句的诞生

在郡赖得若公[1]言谑[2]，大忘衰老。见其比岁[3]放生为业，仁逮[4]虫鱼，爱及飞走。讲说虽疏，津梁[5]不绝。何必灭迹岩岫[6]方谓为道？但出处不失其机[7]，弥觉其德高也。

——*义解篇初·释僧若*

完全读懂名句

1. 若公：尊称释僧若。
2. 谑：诙谐风趣。
3. 比岁：连年。
4. 逮：及。
5. 津梁：渡口上的桥梁，比喻济度众生。
6. 岩岫：比喻山林。
7. 机：机宜。

语译：吴郡幸好有若公，他说话诙谐风趣，使我几乎忘了身体衰老。我看他每年都有放生，他的仁爱遍及虫鱼鸟兽。虽然不常说法，只要开讲总能深刻阐明佛法，济度众生。何必要隐居山林才能修道？他无论出世向大众行法，还是隐居山林，都合乎时宜，更加觉得他的德行崇高。

僧人背景小常识

释僧若，从小就非常闲静，被乡人推崇。十五岁时出家，住在虎丘东山精舍。他事奉师父非常恭敬，与人友善，勤奋好学，精通佛理，无论僧俗都对他非常欣赏。他在冶城寺住了二十余年，三十二岁就绝意尘世，返回虎丘隐居。南朝梁时被任命为吴郡僧正，管理吴郡的僧人事务，这本是他匡救世俗的一个好机会，但他仍然沉心山林之内，无意于俗务，以致招来一些谤议。南朝梁武帝普通元年卒，年七十。

名句的故事

释僧若三十二岁时返回虎丘隐居，极少再出入红尘，即使箪食瓢饮，饔飧不继，他仍然胸怀旷达，毫不忧虑物质生活的窘迫，成天阅读玩索典籍，其中自有可乐者。琅琊王斌当时镇守吴郡，不时会举办法会，并邀请释僧若出来讲法。他回到京城后，跟知交好友说道："幸好吴郡有释僧若在，他谈吐幽默，几乎使我忘了衰老。"并对朋友盛赞释僧若的德行，说他"出处不失其机"，"出"是出入尘俗，"处"是隐居山林之中，无论他如何行动，都合乎时宜。

历久弥新说名句

《论语·述而》记载孔子对颜渊说："用之则行，舍之则藏，唯我与尔有是夫！"如果得到任用就出来大展一番拳脚，如果被舍弃就韬光养晦，只有我与你办得到。"用之则行，舍之则藏"也可说是"出处不失其机"。鲁定公时，孔子为大司寇，当时把持朝政的是季桓子，齐人畏惧鲁国大治，就送一批女乐给季桓子，季桓子沉迷乐舞之中，三日不上朝处理政务，孔子因知事不可为，就此辞官而去。这可说是“知几”。

《孟子·万章下》提到孔子：离开齐国时，将还泡在水里准备下锅的米，一把捞起就走；要离开鲁国，因为是离开父母之国，留恋不舍，所以一路慢慢走。孟子称赞孔子“可以速而速，可以久而久，可以处而处，可以仕而仕”，是“圣之时者”——圣人中最能权衡时势变化，行为合乎时宜的人。

欲解师子吼

名句的诞生

每来云所，辄停住信宿[1]。尝言："欲解师子吼[2]，请法师为说。"

——义解篇初·释法云

完全读懂名句

1. 信宿：连宿两夜。

2. 师子吼：即狮子吼，佛教常用语。原指佛陀在大众间演说佛法，心中毫无怖畏，声震十方，群魔慑伏，好像狮子一叫，百兽都降伏一样，后常用以指称演说佛法这件事。

语译：保志每次来拜访法云，都会留宿数日。他曾对法云说："希望听到您演说佛法破除我心中的迷惑，请云法师为我说法吧。"

僧人背景小常识

释法云，西晋名将周处（"周处除三害"故事中的主角）的第七世子孙，母亲生产时房间内充满了云气，便以此命名。七岁于庄严寺出家，改名法云。他自小资质聪颖，俊朗英秀，寺中师长曾感叹智慧才能不及法云，认为他必定会成为宣扬佛教的重要人物。至三十岁时，法云在妙音寺讲说《法华经》及《净名经》两经典，甚为时人推崇，因其辩才无碍，机锋锐利，有“作幻法师”之称。

法云曾为梁武帝下诏礼聘为家僧，位至大僧正。期间曾依梁武帝授命，邀集六十四位王侯、大臣及学者著论立说以对抗范缜的《神灭论》，亦曾举办“断酒肉”法会，帮助梁武帝严禁僧尼饮食一切酒肉，奠定后世汉传佛教素食的基础。法云于梁武帝大通三年去世，享年六十三岁。去世前已染病经年，但讲经说法不曾停止，一旦登座准备说法，身上的疼痛尽消，皇帝亦曾特许他乘舆入殿，好听他宣讲佛法。

名句的故事

法云年轻时曾经批评当时讲经的人或缺乏文采，或缺乏对义理的认识，或缺乏僧侣当有的威仪，这都是因为没有充分学习，所以欠缺良好的准备，就不应上台讲法。作为提出批评的人，他自己下足功夫去改善与实践。在讲说的部分，为了能够通畅地阐述《法华经》，法云独自到深山练习，将岩石当作观众，反复演练自问自答；对于要讲说的《法华经》，他则下了相当多的功夫研究，他所写的《法华经义记》是现存最早的一部批注《法华经》的经典之作，对南北朝的佛教理论有重要的贡献。也因此，法云讲说佛法时就像他要求的一样，兼具词义与威严，因此普获僧俗肯定。

据记载，法云曾在寺院中讲授《法华经》，忽然间，天空降下花朵，满天纷飞若雪，当花朵飘到讲堂内时却不坠落在地，反而上升飘浮在空中，直到法云讲法结束才消失。当时，有位被称为“神僧”的僧人保志，一向独自修行，不与俗世往来，但他相当敬重法云，每次拜访法云都会留宿数日。有一次，他对法云说："希望听到您演说佛法，破除我心中的迷惑，请云法师为我说法吧。"法云闻言便为他说明，保志听了忍不住弹指赞叹："真是太好了！说法深入幽微的境地啊。"

历久弥新说名句

在佛经中"狮子"常写作"师子"，佛陀则有"人中师子"之称，而佛陀的讲法则称为"师子吼"。《大智度论》中记载："又如师子，四足兽中独步无畏，能伏一切。佛亦如是，于九十六种道中，一切降伏无畏故，名人师子。"系说明狮子在四只脚的动物中，是最有威严、无所恐惧而能慑服万物的，而佛陀正像是这样，能够降伏九十六种非佛教的理论与教派，所以称为"人中师子"。《过去现在因果经》中记载了佛陀出生时的事迹，佛陀出家前为悉达多太子，出生时，他不用扶持而行走七步，举起右手，发出有如狮子吼般的响亮叫声，并对在场的众人说："我于一切天人之中最尊最胜。无量生死，于今尽矣。此生利益一切人天。""狮子吼"被延伸使用在佛法的宣说上，如经典中佛菩萨演说具有降伏外道异说威力的决定性教理，或是高僧阐释性的说法等。

荣华贿货此何见关？日月如电，时不待人耳

名句的诞生

亲旧谏曰："何不就饶聚粮货待路好通，为尔栖栖横生忧苦？"澄曰："荣华贿货[1]此何见关？日月如电，时不待人耳。"

——义解篇初·释慧澄

完全读懂名句

1. 贿货：财物。

语译：亲朋好友劝告慧澄："不如就先筹募积聚旅费，静待路况好转，何必要如此困扰，徒生忧愁苦恼呢？"慧澄回答说："名誉、富贵、财货与我有什么关系呢？时间飞逝如电，是不会等人的。"

僧人背景小常识

释慧澄，俗姓兰，番禺高要人，十四岁出家，从道达和尚在随喜寺学习。慧澄天性坚定刻苦，笃志励学，穷毕生之力钻研佛教义理，奉行斋戒，终生未曾进食鱼肉荤辛。慧澄曾排除万难，一路托钵行乞至南京学法，十余年间不问俗事，致力向学。桂阳王萧象听说这件事，亲自前往邀请慧澄说法。而后桂阳王被派至南岳一地，亦请慧澄同行，慧澄于当地宣讲佛理

不辍，不论道俗皆来听讲。后来慧澄思及离开父母日久，家乡父老亦不断催促他返乡宣扬佛法，便随信使南返家乡。此行路程艰难，但他心意不改。旅途上若遇到饥民，他便将所有的食物布施；看到船夫衣衫单薄，就脱下自己身上的衣服给他。到了南海这个地方的时候，他停下来说法布施，集结起来的人群就像山林一样。慧澄说法时善于譬喻，因此道理明显易懂，不论初学者还是修习有成的人都非常期待他的讲说。

名句的故事

南朝齐末年百废待举，世道凋零，慧澄深居闭户，专心礼佛诵读经典，不求声名闻达。梁朝代齐而起，天监四年，梁武帝设国子学，分立五馆，每馆置五经博士一人，各授一经。旧时国子学皆限贵贱身份，此次不限门第，广收天下才俊。当时经学讲授融汇儒学、玄学、佛学及道教，是以不少僧侣亦积极入学。

慧澄听说这个消息，亦殷切筹备进学事宜，每思及一日将过仍未成行，便觉度日如年。梁朝初建，时势虽日渐稳定，但各地交通尚未畅达，慧澄负笈北上的计划迟迟未能实现，因而相当苦恼。身边的人看到慧澄的样子，劝告他说：“不如就先一边筹募积聚旅费，一边等待路况好转，何必要如此思虑心烦，徒生忧愁苦恼呢？”慧澄回答说：“名誉、富贵、财货与我有什么关系呢？时间飞逝如电，是不会等人的。”于是慧澄轻装上路，或借宿寺院，或托钵乞食，一路辗转至于京城，在庄严寺跟随当时与法云、智藏并称三大法师的僧旻学习。从此慧澄更加勤苦励学，十几年间深居简出，专心治学，所学广遍佛教经籍。所学越广，慧澄越是韬光养晦，谦逊待人，声名反而因此远播。

历久弥新说名句

慧澄致力于学问的追求，不愿浪费一分一秒。当他不能启程踏上求学之路时，他觉得“以日为岁”；而说到学习这件事，他觉得“日月如电”，分秒都不该浪费。

因为热衷学习而对于时间有不同的体认，在儒家经典中也有类似的故事。《论语 · 述而》篇中记载：叶公问孔子于子路，子路不回答。孔子对子路说：“女奚不曰‘其为人也，发愤忘食，乐以忘忧，不知老之将至也’云尔。”就是在说孔子对于学习的态度。叶公是楚国的贤者，但是他对于孔子的德行与学问并不清楚。当孔子脱离陈蔡之难后，曾到叶县（叶县是叶公的食邑），在这里，孔子师徒与叶公相处过一阵子。叶公问孔子的弟子子路：“孔子的为人如何？”子路不知道该怎么回答。孔子听到这件事，便对子路说：“你为什么不说，他这个人，学习非常勤奋，连饮食都会忘记，当他领悟出道理的时候，快乐得就连忧虑的事也会忘记，甚至连将要面临的衰老也不知道。”

调达亲是其事，如来置之不治

名句的诞生

帝[1]曰："惟见付嘱国王治之，何处有不治之说？"答曰："调达[2]亲是其事，如来置之不治。"

——义解篇初·释智藏

完全读懂名句

1. 帝：南朝梁武帝。

2. 调达：调达，即提婆达多，佛陀的弟子。提婆达多为争夺僧团领导权，企图谋害佛陀，趁佛陀于耆阇崛山（即灵鹫山）行经时，从山上推下巨石，伤了佛陀的脚趾。

语译：梁武帝说："只见经典上有嘱咐国王管理的说法，哪里有不治理的道理呢？"智藏回答："调达就是这种犯了罪的人，佛陀并没有惩戒他。"

僧人背景小常识

释智藏，吴郡（今江苏苏州）人，俗姓顾，出身自孙吴以来六朝的世家。年少时就显露出过人的聪敏才智，兼之秉性谦逊礼让，因而声名远播。十六岁被选为代宋明帝出家的替身僧，奉敕住于都城的兴皇寺，并从上定林寺释僧远、释僧祐和天安寺释弘宗等名僧学习。智藏的学问在齐朝时就为当时权贵所器重，名列二十余位义解名僧之一，善于讲授《般若经》《涅槃经》《法华经》《十地论》《金光明经》《成实论》等经论，且均著有义疏传世。

智藏认为政治对于佛教有正面的帮助，却不轻易受政权摆布。齐朝覆灭时，智藏曾以为佛教将随着朝廷消亡，逃到禹穴（相传为夏禹的葬地，在今浙江省会稽山）隐居，打算在此终了一生，之后梁武帝大兴佛教，智藏受聘为开善寺寺主，深受倚重。然而面临政治欲凌驾于宗教时，智藏亦不惜与梁武帝冲突，曾秉持“沙门不敬王者”的论点，故意坐上皇帝宝座以示抗议。

名句的故事

梁武帝对于推行佛教相当积极，但他认为僧界有各种问题，打算自任僧正加以整治，因此召集当时有名望的僧侣开会，与会者都不敢违抗，并签名同意，只有智藏没有签名。会后，梁武帝在华光殿设宴，并借此想要说服智藏。梁武帝认为世俗的法律过重，不适宜用来治理僧团，因此需要依佛教律法制订适用于僧团的法令，因此与智藏有了如下的对话：

梁武帝：“请问僧人犯罪，按佛法讲是否应该治罪？”

智藏：“佛理深远，佛法如大海，可能要治罪，也可能不治罪。”

梁武帝：“经典上明明就有嘱咐国王管理的说法，哪里有不管理的道理呢？”

智藏：“调达就是犯了罪的人，佛陀便没有惩戒他。”

梁武帝：“你说的调达是怎样的人？”

智藏："调达的为人我们无法知道，但这件事正是显示了治理的问题。若是应该惩戒他，佛陀怎么可能没有这么做呢？僧人一有罪就惩治他，僧团会陷入分裂；若是对于所有的过错都不加以惩治，僧团也不能持续。"

梁武帝闻言深为动容，打算取消自任僧正的敕令，在场的僧人又惊又怕，梁武帝说："智藏是大丈夫的心胸，是就说是，非就说非，不考虑自己的性命；不像在场各人明明不赞同，却没有人敢出声。"梁武帝便将自任僧正这件事取消了。有人曾问智藏为什么不怕触怒皇帝，智藏回答："此事确实可怕，但我年纪已大，即便附会皇帝的心意，寿命也不会增长，又有什么好怕呢？"

历久弥新说名句

佛陀曾对调达从耆阇崛山上推下巨石意欲杀害他这件事的因缘加以说明。往昔在罗阅祇城，有一名叫须檀的长者，他的家庭非常非常富有。他的正房妻子所生的儿子叫作须摩提，二房所生的儿子叫作修耶舍摩提。须檀过世后，须摩提因为不想跟弟弟平分家产，便邀他一起去爬耆阇崛山，趁不注意时，将弟弟推落山崖，并把大石头推下去，杀害了他。

佛陀说："过去世那位须檀就是我现今的父王白净，须摩提是我，而修耶舍摩提则是提婆达多。这就是今天提婆达多打算丢石头来杀害我的因缘。"对于过去世的种种因缘或宿世累积的"业"，佛陀是以平等心来对待，这个故事也有助于我们理解，为什么"调达亲是其事，如来置之不治"了。

众生为贪心之所暗也，贪我则惜落一毛，贪他则永无厌足

名句的诞生

众生为贪心之所暗[1]也，贪我[2]则惜落一毛，贪他[3]则永无厌足。至于身死之后，使高其坟，重其椁[4]，必谓九泉[5]之下，还结四邻[6]，一何可笑！

——义解篇三・释洪偃

完全读懂名句

1. 暗：蒙蔽。
2. 贪我：贪爱自我的身体。
3. 贪他：贪爱外在的物质。
4. 椁：指棺材外面的套棺。古时以此来显示去世者的身份地位。如《西京杂记》记载，魏襄王的坟墓用文石为椁，高达八尺，宽广可容纳四十人。
5. 九泉：人死后鬼魂所住的地方，又称“地府”。
6. 四邻：指前后左右的邻居。

语译：众生被贪心所蒙蔽。贪爱自我的身体，自私得连拔下一根毛发都会吝惜；贪爱外在的物质，欲望永远无法满足。甚至在去世之后，兴建高大的坟墓，外加一层棺椁，还以为在死后的地府，可以和前后左右的邻居交往，这真是多么地可笑啊！

僧人背景小常识

释洪偃（五〇四至五六四年）俗姓谢，会稽山阴人，南朝时代的高僧。洪偃风神颖秀，喜好读书，昼读经论，夜讽诗书，就连良辰华景，也都未尝废学。因自幼聪敏，在乡里间传为佳话。后遇龙光寺绰法师，洪偃虚心求教，在二三年之间，已学遍其幽奥玄理。于是聚众开讲《成实论》。洪偃举止闲雅，词吐抑扬，辩理明晰，对于有疑义的求教者，总是能让人虚往实归。

洪偃平时亦广学经史子集，其文章清丽，英词锦烂，又善草书、隶书，众多英杰都推赏他的才能，在当时颇有名气，有貌、义、诗、书“四绝”的美称。梁简文帝在朝时，非常赏识洪偃的人品才华，想要请他还俗，引请为学士，然而洪偃坚持不改变僧人的志向。后来洪偃入缙云山避乱，陈武帝定天下后，京辅僧众不断延请他出山。天嘉初年，洪偃在建康宣武寺敷席讲经，徒众云集，盛冠一时。洪偃著有《成实论疏》《文集》，然今已亡佚。

名句的故事

洪偃曾入缙云山避乱，在若耶云门精舍居住一段时间。陈武帝定天下后，京城的僧众们不断延请他出山说法。他对着众人说：“吾勤苦积学五十余年，事故流离，未遑敷说。今时来不遂，何谓为法亡身乎？”我勤苦地学习了五十多年，一生遭遇许多事故，已无暇一一诉说。如今时运虽然不顺遂，但什么是为法牺牲生命的精神呢？于是洪偃答应僧众们的请求。

天嘉初年，洪偃在建康的宣武寺敷席讲经，徒众云集，盛冠一时。洪偃虽然乐于说法，心不疲厌，但仍在讲经间隙息心宴坐，精进修持。天嘉五年九月二十一日，洪偃知道自己的寿命将尽了，就召唤弟子们前来，对他们说："众生为贪心之所暗也，贪我则惜落一毛，贪他则永无厌足。至于身死之后，使高其坟，重其椁，必谓九泉之下，还结四邻，一何可笑！"众生往往被自己的贪心所暗蔽，贪爱自己的身体，自私得连一根毛发也要吝惜，贪爱外在的物质，欲望永无满足之时。在死去之后，又将坟墓建得高大，外加一层棺椁，还以为在死后的世界有邻居陪伴，这是多么地可笑啊！

因此，洪偃说："今瞑目之后，以此脯腊鄙形，布施上飞下走一切众生……此之微心，亦趣菩提。"当我闭上眼睛之后，请将我的肉身布施给飞禽走兽。这一点小心意，也是菩提心的展现。洪偃说完这番话后，合掌闭目就去世了。

历久弥新说名句

在本则名言中，谈到了"贪"。"贪"是佛教所说的"三毒"之一，又称"贪毒"。因为贪欲之心就像毒蛇、毒龙一般，会毒害众生原本清净的善心，让有情众生沉沦于生死轮回的苦痛中，因此《胜天王般若波罗蜜经》说："众生长夜流转六道，苦轮不息，皆由贪爱。"

《法华经·譬喻品》说："诸苦所因，贪欲为本。"众生痛苦的根本原因，都来自贪欲。因此佛教的修行很重视对于贪欲的舍离，如《大集法门经》说："不能离贪，未得解脱，不能见法，不能善知彼出离道，不能证彼所向圣果，彼所习法，非正等正觉所说。”如果不能舍离贪欲，是不可能解脱的。不仅无法体会正法，更不能实践解脱烦恼的方法，当然也无法证入解脱的境界，得到圣果。他所学习的法门，绝对不是佛陀所说的。

所以僧人在自修、度人之时，必当不断以“离贪”来自我勉励，劝诫他人。洪偃在临死之前，仍记得提醒他的徒众要“离贪”。“众生为贪心之所暗”，当人心被贪欲所蒙蔽，从自身来说，有可能自私得“一毛不拔”，从外在的追求看去，将是无止境的欲望。贪心的思维模式，甚至延续到死后的世界，幻想着死后的环境还要比较身份地位，因此必须交代后人为自己兴建高大的坟墓，使用贵重的棺椁。针对此事，洪偃不仅以言语讽刺那些人，他更以具体的承诺，将自己的身体“布施上飞下走一切众生”，为徒众们留下以身作则的“离贪”典范。

三界无常，诸有非乐。况复三途八苦，由来所经，何足怪乎？

名句的诞生

高昌[1]乃夷其三族[2]。嵩[3]闻之，告其属曰："经不云乎？三界[4]无常，诸有非乐。况复三途[5]八苦[6]，由来所经，何足怪乎？"

——义解篇三·释慧嵩

完全读懂名句

1. 高昌：高昌国的国王。高昌国为古代西域的国家，地点约在新疆吐鲁番东南部。
2. 夷其三族：古时对重罪所施的刑罚，将父母、兄弟、妻子皆连坐诛灭。"夷"：诛杀。"三族"另有一说，指父族、母族、妻族。
3. 嵩：人名，即慧嵩。
4. 三界：即欲界、色界、无色界。众生在生死轮回中流转，依其境界分为三种，又称"三有"。
5. 三途：指六道轮回中之地狱、饿鬼、畜生三道。
6. 八苦：即生苦、老苦、病苦、死苦、爱别离苦、怨憎会苦、求不得苦、五阴盛苦。"八苦"是众生轮回六道时，必须承受的八种苦果。

语译：高昌王诛杀了慧嵩的三族。慧嵩听到这件事之后，就对他的徒众说："佛经上不是常说'三界无常，诸有非乐'的道理吗？更何况三途八苦这些过程，是众生在轮回中常经历的事，有什么好惊怪的呢？"

僧人背景小常识

释慧嵩，高昌国人，南北朝时期的高僧，生卒年及氏族均不详。慧嵩少小出家，聪悟敏捷。博学经书，开卷即悟，潜心佛理，更擅长《杂阿毗昙心论》，当时为高昌国人所敬重。此外，他更是一名刚毅不屈的僧人，总是有话直说，做自己认为对的事情，从不轻易妥协。这样的个性，也表现在他平日与人相处的应对上。

有一次，慧嵩的兄长发现慧嵩具有非常高的领悟力，兄长是朝廷的博士官，并不相信佛法，因此想劝慧嵩还俗，教他儒家的典籍。慧嵩知道后，便对兄长说："腐儒小智，未足归赏，固当同诸糟粕，余何可论！"腐儒的小小智慧，不值得长久欣赏，经不起时间的考验，就好像糟粕一样，而其他世俗的言论就更不必说了。兄长听到慧嵩狂傲的话，于是拿《易经》考问他，不料慧嵩轻易地就能解答，同时又能提出新的见解。这时慧嵩反以毗昙的一个偈颂询问兄长，兄长苦思了两个月，提出了各种答案，但都无法解释正确的道理。后来，慧嵩为兄长剖析经义时，兄长才恍然大悟，从此信奉佛法，不再劝慧嵩还俗。

北齐天保年间，慧嵩因法义精深，名闻遐迩，受到北齐文宣帝的接见，并封为徐州长年僧统。慧嵩在徐州一带，徒众云集，隋初的志念论师就是他的徒孙。

名句的故事

慧嵩在元魏末年随着高昌王到元魏京城。高昌王带慧嵩入朝，本是希望慧嵩在学习更多的佛法后，返回高昌国弘法，但慧嵩随着智游论师学习毗昙、成实等经论后，却不想返回高昌国。高昌王软硬兼施，都无法改变慧嵩的心意，竟在一气之下，诛杀了慧嵩的三族。当慧嵩听到家人被诛杀的消息，刚毅不屈的个性依然展现在他的言语上。他淡淡地对徒众说：“佛经上不是常说着‘三界无常，诸有非乐’的道理吗？更何况三途八苦，这些都是众生轮回中必经历的过程，又有什么好惊怪的呢？”

历久弥新说名句

在本则名言中，慧嵩得知家人被高昌王诛杀时，竟说出“三途八苦，由来所经，何足怪乎”，这样的反应似乎不近人情，有违常理，简直是匪夷所思。

刚毅不屈的个性，使得慧嵩在面对世事时，总是以强硬的姿态，先站稳自己立场。姑且不论这样的处世风格是否得当，我们必须先去了解的，应该是慧嵩说话的内容是否有其必要的意义。在《增广昔时贤文》中，有一句名言：“既坠釜甑，反顾无益。翻覆之水，收之实难。”釜甑已经掉地上打碎了，再回头看也于事无补。已经泼倒在地上的水，要再收回来是难以做到的。意思是指事情到了无法挽回的地步，反悔也没有用了。因此当慧嵩听到家人被高昌王诛杀，此事已成事实，悲伤也于事无补，慧嵩只能用清醒镇定的“正念”来提醒自己、提醒学生，这些生死之事，只是轮回过程中必经的旅程，不需太过悲伤，更不值得大惊小怪。

或许有人以为，慧嵩若在学成后返回高昌国，就不至于祸及家人。然而，换个角度思考，当初慧嵩不回高昌国，或许才是正确的选择。因为依照高昌王残忍的个性，慧嵩也难以在高昌国有所建树。不仅如此，慧嵩更无法在徐州一带弘扬佛法，造就无数僧才。所以，我们不能从表面去判断事情是非对错，更不该责难慧嵩。因为，任谁都无法料想，高昌王竟会做出诛杀慧嵩亲人的残暴行径。

戒德律仪，始终如一

名句的诞生

高位厚礼，不能回其虑[1]；严威峻法，未足惧其心。经行宴坐[2]，夷险莫二[3]；戒德律仪[4]，始终如一。

——义解篇四·释昙延

完全读懂名句

1. 回其虑：改变他的意念。回：反转。虑：意念。
2. 经行宴坐：行走，禅坐。泛指平日生活一切的行、住、坐、卧。
3. 夷险莫二：不管顺境、逆境，都能保持同一种自在的心境。莫二：指没有两种不同的心情。
4. 戒德律仪：僧人的戒律和威仪。

语译：显贵的职位和丰厚的礼金，不能改变他的意念；严厉威吓的刑法，也无法让他的心感到恐惧。在平常生活中的经行、禅坐，不管顺境、逆境，都能保持同一种自在的心境；对于僧人的戒律和威仪，始终谨守着应有的持戒态度。

僧人背景小常识

释昙延（五一六至五八八年）俗姓王，蒲州桑泉（山西临猗）人，隋朝著名高僧。昙延生在世家豪族，十六岁时因到寺院游玩，听到妙法师开讲《涅槃经》，突然了悟玄旨，于是舍俗服出家。昙延在弱冠时便讲经说法，词辩优赡，弘裕方雅。受具足戒后，昙延深怕自己对佛法的理解只停留在表面，因此又学华严、十地、佛性、宝性等经论。曾隐居太行山百梯寺，欲著《涅槃大疏》。昙延生怕自己的注解有滞凡情，因此经常祈请佛菩萨加持，曾夜梦马鸣菩萨前来授予法义。

北周武帝初年，昙延被授为国统。其后武帝欲废佛、道二教，昙延谏言无效，于是遁归太行山。隋文帝时，昙延出山求见文帝，请求度僧以兴隆佛教。于是昙延创立延兴寺，广度僧众四千余人。昙延的著作有很多，如《涅槃》《宝性》《胜鬘》《仁王》等疏，然都已亡佚。

名句的故事

昙延，这一位隋代的高僧，他不仅义学通达，著述等身，更曾经广度僧众四千余人。因此，昙延在当时的社会上十分具有声望。

昙延七十三岁圆寂时，曾出现许多异相。昙延生前嘱咐弟子，死后“此身且施禽兽，余骸依法焚扬，无留残骨以累看守”，将肉身布施给飞禽走兽，禽兽们吃剩的尸骨则全部焚化，不要留下任何残骸，以免还要有人看守。当昙延的肉身在终南山的林地布施完后，剩余的尸骨就地焚化。当时有三千僧人参与法事，原本天色晴朗无云，突然下起绵绵细雨。大家都惊叹未曾见过这般奇观。这时有人看见空中出现幡盖，列在灵柩的前面，分成两行，从延兴寺一直延续到终南山西面。

昙延圆寂后，各方都修铭诔来赞扬他的盛业。当时内史薛道衡就写下这有名的吊祭文。文中说："智海法源，可涉而不可测。同夫明镜瞩照不疲，譬彼洪钟有来斯应……高位厚礼，不能回其虑；严威峻法，未足惧其心。经行宴坐，夷险莫二；戒德律仪，始终如一。"昙延的智慧深不可测，教化众生从不疲厌。高位厚礼，不能改变他的意念；严威峻法，无法让他恐惧。平常的经行、禅坐，不论处在顺境、逆境，始终保持自在的心情；对于僧人律仪，总是谨守持戒态度。

从文中赞叹，我们对于这个一代高僧的形象，似乎更加熟悉清楚了。

历久弥新说名句

佛教是重视戒律的，因为持戒可以减少修行人自身的障碍，让修行人在菩提道上走得更顺利。

佛陀当初在制定戒律的时候，都是随着因缘而制戒的。所以《阿毗达摩大毗婆沙论》说："若毗奈耶，缘起所显。谓毗奈耶中，应求缘起。世尊依何缘起，制立彼彼学处。"毗奈耶是梵语 Vinaya 的音译，或翻为"毗尼"，意思为戒律。从戒律中可以看见事情的缘起始末，了解佛陀当初制定某戒一定有当时的特殊因缘。佛陀为了保护未来的僧人不要再犯相同的错误，或不再引起不必要的烦恼，因此制定戒律，让僧人们可以安心修道。

佛教不仅重视戒律，更强调"以戒为师"。如《百丈清规证义记》说："原夫戒德难思，冠超众象……禅定智慧，以戒为基。菩提涅槃，以戒为本。发趣方行，戒为宗主。戒为却恶之前锋，入道之初章。譬如世间造楼阁相似，必先固其基址。若无基址，徒架虚空，必不成就。”

持戒的功德是不可思议的，禅定智慧、菩提涅槃、发心正行，都以戒为基本。戒律是除恶的前锋，大道的入门。修学佛法就像盖楼阁，必先打好基础。持戒律就像打根基，根基若不稳固，楼阁必定无法盖成，成佛之日也将遥遥无期。

达生知命，斯亦至哉

名句的诞生

后欲返于幽谷，告同学曰：“此段一行，便为不返。”而别未淹旬[1]，已闻殂化[2]，春秋五十有三。达生[3]知命[4]，斯亦至哉。

——义解篇八·释净业

完全读懂名句

1. 淹旬：指滞留一段时间。淹：滞留。

2. 殂化：死亡，去世。

3. 达生：通达生命的道理。

4. 知命：深知自然生灭的变化。

语译：后来净业想要回到山中，就告诉其他僧人说：“这一次启程，我就不再回来了。”净业离开后不久，就传出他圆寂的消息。净业去世时五十三岁，他通达生命的道理，深知自然的变化，已经达到随遇而安的境界了。

僧人背景小常识

释净业（五六四至六一六年）俗姓史，汉东随州人，隋朝著名高僧。净业幼时好学，喜欢穿着黑色道衣，乡里都称许为贤才。少年即舍俗落发，出家后持戒精严，威仪如霜厉冰洁。更精研戒律典籍，广博异闻。曾师事慧远论师，学习《涅槃经》，当慧远膺诏入关时，净业也负帙陪从入关，一心想学尽慧远的学问。后又跟随昙迁禅师，学习《摄大乘论》。昙迁的器宇崇廓，但门墙深重不易进入，因为净业学习的心意至诚，于是昙迁就倾囊相授。

仁寿二年，净业送舍利到安州之景藏寺，曾发生异香满院、舍利放光、菩萨像回身等神奇的事情。大业四年，净业被延召入鸿胪寺，教授蕃僧经论。大业九年复召住禅定寺。净业平生教授经论，僧徒众多，敦仁尚德，有古贤才调，在当时颇有声望。大业十二年二月十八日净业圆寂，春秋五十有三。

名句的故事

净业早年的时候，跟随慧远、昙迁两位老师学习。学成之后，曾在蓝田的覆车山隐居。当时信徒得知他佛法精通、道行高深，就在山上筑辟山房，竭诚供养他，这山房后来就成为悟真寺。由于净业的修持德行誉满天下，因此在仁寿二年，净业被推举护送舍利子到安州之景藏寺。在净业护送舍利的过程中，曾经出现许多奇特的事。

首先，当净业一行人到达景藏寺之时，忽觉异香满院。正当众人建好舍利塔，欲供奉舍利时，霎时红光四溢，照耀众人。这时又听见寺院的重阁上有许多脚步声，上去查看却是门窗紧闭，毫无人迹。

其次，当时有一僧人净范，正为僧俗二众授菩萨戒，寺塔旁边水池中的游鱼，竟也全都将头朝向南方（舍利塔所在的方向），似乎也在随着受戒。

第三，当舍利子安放妥当时，有一尊菩萨像的位置正背对舍利子。这尊菩萨像本是无法移动的，人们竟在隔天早上发现菩萨像已自行回转，面朝舍利子。

尚有其他瑞相，传言不断，这些异事都让净业的名声更加远扬。大业四年，净业进入鸿胪寺教授蕃僧经论。净业专心化育僧才，一段时日后，忽然想回到山中。净业离开后，不久就传出他圆寂的消息。他去世时五十三岁，因能“达生知命”，通达生命的道理，深知自然的变化，已经达到随遇而安的境界了。

历久弥新说名句

“达生”这个名词，见于道家《庄子·达生》：“达生之情者，不务生之所无以为。”通达生命的真相，就不会被生存的现况所奴役，能坦然地面对生命。“知命”这个名词则见于儒家，《论语》孔子曰：“不知命，无以为君子也。”不了解“命”，不能当一个君子。《周易·系辞上》也说：“乐天知命，故不忧。”一个君子因为“乐天知命”，所以没有忧愁。“知命”是指深知生命变化的自然规律。

“达生知命”，讲的是一个人能通达生命的道理，深知自然的变化。当一个人能“达生知命”，就能到达“无入而不自得”的境界。所谓“无入而不自得”，就是不管遇到任何状况，不论去到哪里，都能够随遇而安。如同《中庸》所说：“君子素其位而行，不愿乎其外。素富贵，行乎富贵；素贫贱，行乎贫贱；素夷狄，行乎夷狄；素患难，行乎患难。君子无入而不自得焉。”“素其位”是指安于当下所处的现况。因此，一个君子倘若能安于当下所处的现况，没有非分之想，不论是富贵、贫贱、夷狄、患难，他都能安于所处，那么他的随遇而安，将达到“无入而不自得”的境界。

“达生知命”这句话融合了儒道两家的名言，当它用来形容佛教高僧净业的境界时，我们似乎可以发现一个道理：原来儒、释、道三家思想，在描述一个高超的人生境界时，也有其相同之处。

善修三业，无令一生空过

名句的诞生

未终初夜[1]，告弟子法仁曰："各如法住[2]，善修三业[3]，无令一生空过。当顺佛语，勿变服扬哀[4]。随吾丧，后事不可矣。"

——义解篇九·释慧因

完全读懂名句

1. 未终初夜：临终前的夜晚。

2. 如法住：依照正确的佛法安住修持。

3. 三业：指身、口、意三种业。

4. 变服扬哀：指如世俗人披麻戴孝，哭泣哀伤。

语译：慧因在临终前的夜晚，告诉弟子法仁说："希望每一位弟子都能依照正确的佛法安住修持，勤修身、口、意的善业，不要让一生白白空过。应当顺从佛陀的教诲，不要像世俗人一样为我披麻戴孝，哭泣哀伤。任凭我去世吧，死后的殡葬之事也不需要啊！"

僧人背景小常识

释慧因（五三九至六二七年）俗姓于，吴郡海盐人，隋唐时期著名高僧。慧因十二岁出家，礼敬开善寺慧熙法师为师，曾听琼法师讲授《成实论》，又向钟山慧晓、智瓘二禅师请授调心观法。后又跟随长干辩法师学习

《中论》《百论》《十二门论》。慧因学成之后，适逢辩法师归静山林，于是辩法师将徒众五百余人委托给慧因，请慧因当他们的老师。

隋朝仁寿三年，京城禅定寺延招有德望的僧人，慧因是当时佛教界的重要人物，他也参与这场盛会，更被推举为知事上座。在管理僧众、整顿寺务之余，慧因也不断讲授《中论》《百论》《十二门论》。唐武德三年慧因更被荣推为当世“十大德”之一。当时佛教僧俗二众，若有授戒法事，都礼请慧因作为羯磨戒师，因此时人都称他为“菩萨戒师”。贞观元年，慧因于京师大庄严寺圆寂，当时八十九岁。

名句的故事

隋唐时期著名高僧慧因，不仅精研教义，通达佛理，度人无数，在他的传记中，也记载了他神奇的事迹。

陈太建八年，慧因曾经入定七天，在这七天之中，慧因的身体像平日睡觉一样，但是却没有呼吸，犹如舍寿一般。当七天过后，慧因的弟子问他这七天去了哪里，慧因竟说出一件神奇的事。慧因说：“在结夏安居日开始的那一天，我忽然感到有冥间的使者来找我，对我说阎罗王请我到冥间讲《大品般若经》。这时冥间的使者众多，又有丝竹音乐来迎请我。于是我到了冥间，在那里讲了三个月的《大品般若经》，也看到地狱里痛苦的众生。如果不是我的慈悲所感得的神力，怎么能够到冥间去游历呢？”慧因又请徒弟打开房内的箱子，发现箱中多了两束绢帛。慧因说：“这就是冥间供养我的东西。”

在八十九岁的那一年，慧因即将示寂。临终前的晚上，他对弟子说："要勤修身、口、意这三种善业，别白白浪费一生。大家要顺从佛陀的教诲，不要为我披麻戴孝，哭泣哀伤。任凭我死去，更不需要料理后事。"话说完后，慧因就端身入定而坐化了。在慧因坐化的时候，在场所有的人都闻到了特殊的香味。当慧因的肉身要迁移到南山至相寺时，共有僧俗二众千余人送行到城南。就在送行的同时，大家都听到天空中不断地鸣奏着美妙的天乐。

历久弥新说名句

所谓"三业"即是身、口、意三种业。身业，指身体所做的一切行为；口业，指口中所表达的一切言语；意业，指心中所思维的一切念头。这三种业，各有其"善"与"不善"。"善"就是好的业力，能自利利人，为自己带来好的果报，提升自己的生命层次，也能帮助他人，解除他人的烦恼。"不善"就是恶的业力，会自害害人，不仅给自己带来痛苦的果报，甚至伤害他人。累积"善"业，能让自己的菩提道路走得更顺遂。相反的，制造"不善"业，将让自己在生死苦海中持续沉沦。

"善修三业，无令一生空过。"这是慧因临终前对弟子的谆谆教诲。生命是无常的，人们更应把握有限的时光，为自己的菩提道多累积一些资粮，不要让一生白白空过。因此，能"善修三业"，这就是一种精进的表现。

在《菩提资粮论》中说："诸菩萨等，从初发心乃至究竟觉场，建立一切菩提分相应身、口、意善业，此名精进波罗蜜。"一个修行人，从初发心要修行的那一刻，直到成佛的那一天，都要不断地建立身、口、意三种善业。如果能做到这件事，就称为“精进波罗蜜”。《菩提资粮论》又说：“若身与福事相应，是身精进；若口与相应，是口精进；若意与相应，是意精进。”因此，当一个修行人经常注意着身、口、意要与善业（福事）相应，那他已经同时在进行身、口、意三种的“精进”。换言之，这个人正在他的菩提道上大步地往前迈进啊！

邪命之食，不可御也

名句的诞生

有学士导勤[1]，见其[2]羸弱，恐法事稽留[3]，为告外众，令办厚供。暠怪异常，推问食所由，即令勤出众，永不相袭[4]。告曰："邪命[5]之食，不可御[6]也。汝闻吾言而不解教意，其守节禀法也如此。"

——义解篇九·释慧暠

完全读懂名句

1. 学士导勤：一个名为导勤的学生或僧人。
2. 其：指慧暠。
3. 稽留：耽搁。
4. 永不相袭：相袭：相继。指永远不让他参与法事。
5. 邪命之食：僧人依不正当方法所谋得的食物，或不正当的生活待遇。
6. 御：侍奉，进献。此指供养。

语译：有一个名叫导勤的学生，他看见慧暠的身体虚弱，担心会影响讲经，因此请人准备丰盛的食物供养他。慧暠发现食物和往常不同，就去查明原因。得知真相后，慧暠便要导勤离开僧众，永远不让他参与法事。慧暠对他说："不正当的饮食，是不可以供养给我的。你听我说法，却不知教律的意义，那么其他的持戒、法义必然也是无法遵从的啊！"

僧人背景小常识

释慧暠（五四七至六三三年），安陆（在今湖北省）人，隋唐时期著名高僧。慧暠幼年出家，志向高远，四处收集经典，虽博览经典却无法通达法义，后依当时名闻遐迩、通国瞻仰的苞山明法师为师。

慧暠苦心勤学，终于能融通所学。三十岁时，慧暠开始登坛讲经。因他有心广传法义，所以四处讲经说法。慧暠所到之处，众人无不景慕，因此学徒广布四方。隋朝大业年间，慧暠到成都弘法，在教化众生的时候，因为他制定的规定太过严厉，曾招来怨妒。当时有心怀不轨的人，向朝廷告状诬陷他。当诬告解除后，慧暠至荆门布化。后来他隐遁到西山北边，想要专心静修，因为学人诚心的劝请，慧暠又随请而四处传法，最后返归安州的方等寺常住。

慧暠学养精湛，行持严谨，出家以来谨守“日止一餐”的原则，从不改变。唐贞观七年，慧暠在方等寺示寂，当时八十七岁。

名句的故事

慧暠是一个非常严谨的僧人，不管是自修还是度人，慧暠都用严格的标准来自律律人。也因为他能遵守原则，才能成就自己的道业，成为一名度人无数、众人景仰的高僧。

有关慧暠持戒严谨的事迹，在他的传记中曾记载两件重要的事。第一件事是在隋朝大业年间，当时慧暠在成都弘法。慧暠传法时，一向谨守戒律精严的规定，然而当地的徒众接受的程度各有不同。这时有人因不满规定太严格，便制造谣言向朝廷告状，状词上说："结徒日盛，道俗屯拥。非是异术，何能动世？"他认为慧嵩徒弟众多，一定是有邪门异术，不然怎能鼓动那么多人呢？后来朝廷下令查办此事，才发现这是个诬告。

第二件事是慧嵩有日仅一食的习惯，七十余年从不改变。每当徒众有丰盛佳肴供养时，他也是仅吃一餐，其余都留给僧众。慧嵩每天早上讲经说法，在下座之后，他只吃一碗饭，从不曾多食。有一次，一个名叫导勤的学生担心慧嵩的身体虚弱会影响说法，于是请人准备丰盛的食物供养他。慧嵩得知真相后，立刻要求导勤离开僧众，永远不让他参与法事，并且严厉地对导勤说："这不正当的饮食，是不可以供养给我的。你听我说法，却不明白教律的意义，那么其他的持戒、法义必定也是难以遵循啊！"

历久弥新说名句

"邪命之食"在传统的戒律中，指的是僧人经由不正当手段所谋得的食物；广义而言，泛指一切不适当的生活待遇。在《杂阿含经》中就曾提到，出家人应该拒绝四种"邪命之食"。有一次，舍利弗在王舍城乞食，遇到一个外道尼师向他请教修行人应以何谋食，舍利弗说："诸所有沙门、婆罗门明于事者，明于横法，邪命求食者，如是沙门、婆罗门下口食也。若诸沙门、婆罗门仰观星历，邪命求食者，如是沙门、婆罗门则为仰口食也。若诸沙门、婆罗门为他使命，邪命求食者，如是沙门、婆罗门则为方口食也。若有沙门、婆罗门为诸医方种种治病，邪命求食者，如是沙门、婆罗门则为四维口食也。姊妹！我不堕此四种邪命而求食也。”

有四种“邪命之食”（谋生的方法）是不能接受的。一是“下口食”，指农事种谷（会杀害虫蚁）。二是“仰口食”，指观星望斗（会惑异人心）。三是“方口食”，指依附豪势，通使四方（容易巧言曲媚）。四是“四维口食”，指医方治病，或指算命卜卦（不应以此收费谋生）。这四种“邪命之食”都有其弊病，会与众生结下恶缘，因此应当远离。

那么身为一个出家人应以何谋食呢？舍利弗说：“但以法求食而自活也。”应当用合乎因缘法则的方式来谋求食物，如此才不会带来不必要的弊害啊！

安时处顺，遂复其性

名句的诞生

远近道俗，造山修觐[1]，皆遗[2]之法药[3]。安时处顺[4]，遂复其性[5]。

——义解篇九·释静藏

完全读懂名句

1. 觐：拜会，访谒。

2. 遗：留下，给予。

3. 法药：指佛法。因佛法能治众生苦痛，故又称法药。

4. 安时处顺：安心于当时的处境，顺其自然。

5. 遂复其性：就能返回清净的本性。

语译：远近的修行人和俗家信徒，经常到山上去拜会静藏。静藏都授予他们佛法，教导他们要安心于当下的处境，顺应自然的变化，就能返回清净的本性。

僧人背景小常识

释静藏（五七一至六二六年），俗姓张，泽州高都（山西晋城）人，隋唐时期的高僧。静藏九岁出家，以清化寺诠禅师为师。静藏潜心修业，受具足戒后，更勤修禅定。二十三岁时曾发弘誓："大丈夫出家，当佛陀的弟子，以'释'字为姓氏，哪里有不让正法流传天下，名声遍满僧道的道理呢？”

静藏遍诸法席，听采经论，专精于《摄大乘论》《十地经论》，曾在净影寺弘扬所学。隋炀帝大业九年，受召入鸿胪寺，教授外国留学僧。从蕃夷之地来的留学僧素质不一，有些心性贪婪、个性暴戾，但静藏都能乘机诱化，授以法义。唐武德元年，宇文世寿为纪念父亲太仆卿宇文明达，向皇帝请求在蓝田建玉泉寺，并供请静藏为住持。静藏在玉泉寺弘法度人，颇有声望。武德九年静藏因有事入京，不料却在京城感染上当时的流行疾病，因而京城示寂，当时五十六岁。

名句的故事

专精《摄大乘论》《十地经论》的静藏，在隋炀帝大业九年，受延请入京城鸿胪寺，教导外国留学僧学习佛法，当时也有许多官员拜他为师。其中有一位太仆卿名叫宇文明达，他就是静藏的徒弟。明达对师父非常恭敬，经常向他请教法义。有一次，明达被派遣到黄河两岸去安抚当地的乱民。这是一个非常危险的任务，出发前，明达特地前来拜见师父。静藏送行时对他说：“世界是无常的，这是佛陀常说的道理，离别是容易的，要再聚会可能是困难的，希望你保持对佛法的信心。”明达知道师父向来有预知事情的能力，似乎在暗示他此行将有不测，因此他对师父说：“我一定遵从您的教诲，若有不测，希望在冥道上也能得到师傅与佛法的帮助。”当明达到达相州时，果然被贼人所杀害。

明达死后，他的儿子宇文世寿向皇帝请奏，因为父亲安抚乱民，对国家有功，希望可以建寺来纪念他。皇帝答应请奏，世寿便将蓝田的故寺翻建，又度二十名僧人。当皇帝询问寺名时，世寿便请教静藏。静藏说：“此山上有润玉，下有流泉，就名为玉泉寺。”世寿又请奏皇帝，希望供请静藏担任玉泉寺住持，于是静藏就到玉泉寺常住。当时远近的僧人或俗家信徒，经常到山上向静藏求教。静藏总是教导他们要“安时处顺，遂复其性”。只要安心适时，顺应自然的变化，就能返回清净的本性。

历久弥新说名句

“安时处顺”，有时常被错解成消极的“安于现况”，甚至误以为遇到任何状况都无所谓，都随他去，这实在是非常严重的谬误。其实，“安时处顺”的典故原本出于《庄子·养生主》，它原本是在说明“人死不能复生”，这是无法挽回的事实，所以必须“安时处顺”。

有一天，老子（老聃）死了，弟子们都非常哀伤。这时，老子的好朋友秦失前去吊祭他。秦失到了老子的家中，哭了三声就离开了。老子的弟子们非常不理解地问他：“你难道不是老师的朋友吗？为何只哭了三声就离开了？”于是秦失说了他的道理，他说：“适来，夫子时也；适去，夫子顺也。安时而处顺，哀乐不能入也。”正该来的时候，老子应时而生；正该离去的时候，老子顺理而死。安心适时而能顺应自然的变化，哀乐的情绪便不能侵入心中。

这个故事的重点是人的寿命，当生命到了尽头，必然要提醒自己用理性去面对，而不是放纵自己的情绪，将自己淹没在哀伤之中。因此“安时处顺”应是指一个人不论遇到任何状况，都能够处理好自己的心情，接受事情的结果。这当然不是消极的随波逐流，相反的，应该是先积极地“尽人事”，才能安于现况地“听天命”。

众生无我，苦乐随缘

名句的诞生

"随缘行"者，众生无我，苦乐随缘，纵得荣誉等事，宿因[1]所构，今方得之。

——习禅初·菩提达摩

完全读懂名句

1. 宿因：过去的因缘。

语译："随缘行"指的是，众生本来没有"我"，一切苦乐都是随着因缘而起而落，纵使得到了光荣、赞誉这类好的果报，也都是过去累积的因缘所造，今日方才得以消受。

僧人背景小常识

菩提达摩，中国禅宗的初祖，南印度人，属于婆罗门种姓。自幼聪颖神慧，悟性卓绝，出家后专心致志于弘扬大乘佛法，常以禅定法门教授世人。据经典记载，达摩初到中国时，曾在广州、建康等地逗留，后因与梁武帝萧衍不投缘，遂渡长江到北魏。当时中国盛行读经论义理，对禅定法门不熟，不时有人对达摩讥讽质疑。但有二位僧人，一个名叫道育，一个名叫慧可，他们知道达摩是可遇不可求的良师，便跟随左右，虔诚侍奉。如此四五年之后，达摩感受到他们的真诚，便授与“安心真法”。后来，慧可得到达摩授予的袈裟及四卷《楞伽经》，成为中国禅宗的二祖。达摩一生行迹不定，四处弘法，十足地是位充满传奇色彩的高僧。

名句的故事

“随缘行”是菩提达摩向道育、慧可传授“安心真法”的部分内容。达摩说，佛法虽浩瀚繁多，但总归来说，修行法门可归为“理入”和“行入”二种。“理入”意即深信众生皆有佛性，只因蒙尘障蔽，才无法洞视真我，若能坚定这种信念，凝神专志，就能慢慢除去知障，回归不二真相。

所谓“行入”又分为“四行”：一是“报怨行”，二是“随缘行”，三是“无所求行”，四是“称法行”。“行”就是行为，所以“四行”讲的都是关于佛法实践的事情。其中，“报怨行”和“随缘行”颇有点密切的关系。修行人在受苦时，要了解今世虽无大过，但眼前的困厄是过去所造的恶业所致，如此想通，就能甘心承受，不怨天尤人。这就是“报怨行”，安于业报的意思。再者，众生本来就没有“我”，那个能思考、说话，能喜怒哀乐的我，是随着各种因缘而生聚的，若有朝一日缘散去了，也就回归于无了。因此，修行人遇到好事、坏事，都能随顺因缘而不动心，不特别高兴，也不唉声叹气，这就是“随缘行”，心念不随着瞬变之缘舞动的意思。

历久弥新说名句

佛教有相当多的经典在谈如何离苦乐、得解脱的问题。何以要说“离苦乐”，而不说“离苦得乐”？因为乐与苦在本质上没什么不同，都是虚作之事。如果一味地求乐避苦，还是会落入“求乐”的执着之中，称不上真正的解脱。《宗镜录》卷七曰“一切众生迷根本智，而有世间苦乐法者”，又说“随缘不觉，苦乐业生”，讲的就是人们迷惑于眼耳鼻舌身意等六根产生的好恶，而把世间事分作苦事与乐事，从而喜于趋向快乐、荣耀的事，又忌畏着受苦、屈辱之事。

在古印度佛教初盛的时代，有位开悟的比丘名叫优陀夷，他很擅长说法，也乐于教导虚心求教的学生。一日，有位婆罗门尼师向优陀夷请法，她问道：“有些沙门、婆罗门说苦乐是人自作的，有些又说苦乐是他人造作的，又有人说苦乐既是自作又是他作，也有人说苦乐不是自作也不是他作，到底哪一种说法才对呢？”优陀夷说：“我问你几个问题，你回答看看。你有眼睛吗？”婆罗门尼说：“有。”优陀夷问：“眼睛有看到形形色色的东西吗？”婆罗门尼说：“有。”优陀夷又问：“有因为视觉的认识、接受，由视觉引发因缘，而在内心升起的苦、乐或不苦不乐吗？”婆罗门尼回答说：“的确是如此没错！”优陀夷继续问：“你有因为耳、鼻、舌、身、意等官能感受引发的因缘，而在内心升起的苦、乐或不苦不乐吗？”婆罗门尼点头说：“您说的再正确也不过了！”优陀夷于是说：“这就是了。阿罗汉说的苦乐造作，是从种种因缘而生的才对呀！”

在这段出自《杂阿含经》的对话中，优陀夷将能引发苦或乐的源头，归之于人的六根（眼、耳、鼻、舌、身、意）及其所触生的种种因缘。修行人若认识到，苦乐是六根接受外界刺激而引发的，六根若不做反应，不分别，苦乐就无从产生，他就会从“修根”着手，拔除苦乐。若要是随着苦乐之事，一下子烦恼，一下子又手舞足蹈，如此反复循环，那简直是没完没了。人若是可以做到六根不再任意引发好恶苦乐，又能洞见眼前的喜乐或灾难皆是“因果链”的一环，而在这“因果链”中，并没有一个真正的“我”在欢喜或受苦，他也就能做到菩提达摩讲的“众生无我，苦乐随缘”了！

缘尽还无，何喜之有？得失随缘，心无增减

名句的诞生

缘尽还无，何喜之有？得失随缘，心无增减，违顺风[1]静，冥顺[2]于法也。

——习禅初·菩提达摩

完全读懂名句

1. 风：指“八法”“八世风”，分别为利、衰、毁、誉、称、讥、苦、乐。八法兴作时，能煽动人心，如同风一般，八风若不动，心也就安住了。
2. 冥顺：冥：幽微。在心之幽微处仍能安顺于佛法。

语译：因缘散去了，就回归于无，还有什么好高兴的呢？有所得或有所失都应该随顺因缘，心念不增也不减，不管是在顺境还是逆境，八风都不能吹动，一心安顺于佛法。

名句的故事

菩提达摩在讲述关于佛法的实践时，提到了“四行”：报怨行、随缘行、无所求行和称法行。本篇即是在“随缘行”之下说的。达摩擅长于教授人禅定之法，禅定的基础在于心，心要安住了，才有“定”可言。凡夫的心念杂乱多变，利、衰、毁、誉、称、

讥、苦、乐等八风吹来，情绪就随之波动。遇到乐事，即喜形于色；遇到祸事，就忍不住愁眉苦脸。须知这能苦能乐的“心”或“我”，都只是随着因缘暂时而起，一旦因缘散去了，也就什么都不留了。不论是荣华显贵之福，还是困厄危迫之苦，都是之前造作的因所致，一旦因缘的“有效期限”过了，福或祸都会随之消解。因此，何喜之有，又何苦之有呢？达摩教人要从因缘法去观“无我”，了解“我”乃随缘而生，心也就渐渐地能安住于不动之境。得失成败都是随缘，无须跟着它忽喜忽悲。

历久弥新说名句

清朝顺治皇帝写过一首赞僧诗，曰：“未曾生我谁是我，生我之时我是谁？长大成人方是我，合眼朦胧又是谁？”讲的正是因缘聚散，“我”本是无的道理。若要问什么是“我”，一般会回答：“从出生开始就一直不断地感觉和思想的那个能动主体，就是‘我’。”但顺治对于“我”的思考，却延伸到了出生前和死亡后。常人认知的“我”，只局限于此世，若从佛教轮回的观念来看，此世的“我”十分短暂虚幻，出生前是一回事，死亡后又是另一回事。因此，诗句慨叹“我”本是个无常，随因缘聚散而变化，生命诞生时的欢喜和消逝时的悲伤，都属不必要了。

唐代传奇小说中有个名篇叫《南柯太守传》，这故事很能说明缘尽还无、无须悲喜的意思。淳于棼是个任侠之士，他家宅南边有棵古槐树，枝干粗壮，翠叶繁茂，淳于棼经常与朋友在树下喝酒畅谈。一天，淳于棼喝醉了，朋友将他搀扶回家后，他便倒头大睡。朦胧间，见到二位紫衣人驾车而来，自称是槐安国的使者，奉命前来邀请。淳于棼没想太多，就上了车。他看到马车朝老槐树的大穴内驶去，才觉惊异之时，却见一片秀丽山河在眼前展开。这儿有山川、道路、屋宇和宫殿，和外头世界没有两样。淳于棼下车拜见槐安国王后，马上被招为驸马，又被任命为南柯郡太守。就这样，他在这"树内洞天"待了二十年，不但政绩卓越，也颇得国王宠信。

好景不长，邻近的檀萝国忽然出兵侵扰槐安国，淳于棼率军迎击，不料却吃了大败仗。不久，公主不幸病逝，国王又对他起了猜疑之心，下令收回淳于棼的侍卫，又禁止他和人来往。淳于棼终日闷闷不乐，兴起思乡之情，国王索性派紫衣使者将他送回家去。一踏入家门，淳于棼就从睡梦中惊醒，只见友人在榻上洗脚，太阳还没西下呢！他和友人走到古槐下，巡视那个大树穴，见到里头聚居了大群蝼蚁，其中堆起的土粒竟像是宫殿楼台，规模与形状都与梦中所见相似。淳于棼于是当下顿悟了人生虚幻无常的道理，从此不沾酒色，潜心学道。

淳于棼在槐安国正风光时，他是得意且快乐的，在遭遇丧妻又被国王疏离猜忌时，他是失意且痛苦的，这两种情感对梦中的他而言，都是如此真实。这故事的趣味就在于这只是场逼真的梦，当他醒来后，前一刻的悲痛与失落，刹那间变得很不真实，甚至有点莫名其妙了！人生在世，也可以把荣辱得失看成南柯一梦，无须随着际遇太过欢喜或悲伤。缘尽还无，我本是空，这道理实在很深远啊！

幻化非真谁是谁非，虚妄无实何空何有？

名句的诞生

无名作名，因其名则是非生矣；无理作理，因其理则诤论起矣。幻化非真谁是谁非，虚妄无实[1]何空何有？

——习禅初·释僧可

完全读懂名句

1. 无实：没有实相。

语译：本来是无名的却给它安了一个名，因为有了名，是非也就出现了；本来没有定理的却给它冠了一个理，因为有了理，争论也就起来了。这些幻化的事物，原本就都不是真的，又何须分个是非出来？这些事物原本也就是虚假无实相的，何须再去争辩是空还是有？

僧人背景小常识

释僧可，又名慧可，生于北魏孝文帝之时，俗姓姬，虎牢（今河南荥阳汜水镇）人。《景德传灯录》说他“自幼志气不群，博涉诗书，尤精玄理”，而“后览佛书，超然自得”，是个饱学又聪明绝顶的人。慧可早年四处参访游学，注重默照解悟，当他游访至少林寺，参谒菩提达摩后，始知遇到“真老师”，而志意坚定地跟随学习。后来他得到了达摩的印证，成为中国禅宗的二祖。

达摩过世后，慧可将衣钵授予弟子僧璨（三祖），自己则四处云游讲经。最终，慧可停留在筦城匡救寺弘扬禅宗。有一沙门名叫辨和，因为徒弟都舍他而就慧可，遂心生嫉怒，向衙府诬告，说慧可妖言惑众。衙府信了他，便下令捉拿，迫害慧可。书上记载，当时慧可没有抵抗，神色自若平常，一代禅宗大师因此示寂于隋文帝开皇十三年，享年一百零七岁。后世唐德宗追谥为“大祖禅师”。

名句的故事

慧可禅师游居至邺、卫附近时，有位素来十分仰慕他的向居士，在亲自拜访前，先写了封信给这位大师。他写道：“有形才有影，有拍响才有声音。徒然地想捉住影子，或发出更大的声音来止住拍响，这就是不知道形体为影之本，拍响为声之源。以为除去烦恼就能涅槃的人，就是忘了形体而去在意影子；以为离开众生而能契入佛道的人，就是在静默中寻找响声。”又说，名与理都是人们强加于原本无名、无理之物上的东西，而后又为了这名与理争辩不休，须知这些都是不必要的举动啊！

向氏这封信的用意在于向慧可表明想法，也是希望大师能点拨一下。慧可回了首诗给他，肯定了向氏的见解为真知，又说，无明与智慧乃一念之差，就看人是要追着影子跑，还是要聪明地反观影子的来源。只要观见自性与佛性无异，就知道过多的分别、议论，都是无谓的啊！这一来一往的书信十分有禅味，时人就把它编进书里，流传了下来。

历久弥新说名句

佛学有个专门的词叫作“名相”。“相”指的是人的眼、耳、鼻、舌、身、意所能感知而把握的现象，举凡有形的物体或无形的思考、感受等，都在“相”的范围内。而“名”是名称，是把感知、把握到的现象赋予一个定名的意思。所以，“名相”就是种种现象的名称。又由于名相是人给定的名称，和被命名的事物之本质没有直接关系，因此，名相不是实相，它只是方便假称。由此可见，人们如果在名相上认真、辩驳，只会掉入假名的迷宫中，而离实相愈来愈远。

饭能除饥不除渴，孙能饥渴两相除

名句的诞生

尝有书生问曰："尔今何姓？外家[1]何姓？"答曰："此王彼孙。"生因调曰："何不氏饭乃姓孙？"行应声曰："饭能除饥不除渴，孙[2]能饥渴两相除，故氏孙而非饭也。"其随机谲对，皆此之类。

——习禅初·释信行

完全读懂名句

1. 外家：外公家。

2. 孙：此处向同音字"飧"借义。"飧"有以水或茶泡饭的意思，因此可以解饥又解渴。

语译：曾有书生问他说："你姓什么呢？外家又姓什么？"信行回答："我姓王，外家姓孙。"书生因而捉弄他说："为什么不姓饭要姓孙呢？"信行回应说："饭只能解除饥饿，不能解除口渴，但是'飧'能解饥又解渴，所以姓孙而不是姓饭。"信行小时候能随机诡辩应对，大抵就像这样。

僧人背景小常识

释信行，俗姓王，南北朝至隋代魏郡人（河北南部至河南安阳一带），为三阶宗的代表人物。信行年幼时，甚有同情心，且聪颖善辩。十七岁时于相州法藏寺出家，受具足戒后，勤奋不怠地用功修行。记载说他“博涉经论，情理遐举，以时勘教，以病验人，蕴独见之明，显高蹈之迹”。足可见他读经典是活读而应用，并不时翻新出自己的见解。信行因为不满当时佛教传布的形式，遂萌生创立新宗派的想法。他为了实践理想，便在法藏寺舍了具足戒，以俗人的身份开始他刻苦的修行。几年后，信行的德行渐渐远播，四方的学佛人皆来登门造访，而曾亲耳聆听其教诲的，都欢喜信受，将信行当成师父般礼拜。隋朝开皇年间，信行曾被召入京城，常住于真寂寺。尔后，他又在此地修建了化度、光明、慈门、慧日、弘善等五座佛寺，广开度化之门。开皇十四年时，示寂于真寂寺，享年五十五岁。

名句的故事

释信行是南北朝至隋朝的高僧。在他未出世前，其母孙氏因久久不能怀孕，镇日忧心烦乱，就向佛菩萨诚心祈求。一日夜里，孙氏梦见有天神带着一个小孩，告诉她说：“这孩子就给你了吧！”她惊醒之后，过了几天，果然察觉自己有了身孕。孙氏把这孩子当成是佛菩萨的恩赐，而信行出生后，也的确和一般小孩不太相同。大约他四岁的时候，看见拉车的牛陷入泥中啼叫哀鸣的场景，就忍不住放声大哭；又见到刚出生的小牛要被带离母牛身边，拉到市场去卖时，他也会哭得两眼红肿。由此可见，信行的同情心和悲悯心觉醒得很早。

不只如此，信行在机灵善辩这方面也十分早慧。他以“饭能除饥不除渴，孙能饥渴两相除”回应书生的调侃就是一例。信行的外公姓孙，书生问他为何不姓饭，大约是想捉弄他，暗指他是“只会吃饭的孙子”。不料，信行的聪明机巧更胜一筹，他马上说饭只能填饱肚子，却不能解渴，这有什么了不起，但“飧”就不同了，既能吃到饭，也能吃到泡饭的茶水，正是“饥渴两相除”，所以当然要姓“孙”不姓饭了！这孩童式的回话逻辑，令人感到好笑，却也显现出年幼的信行的确是聪明非凡。

历久弥新说名句

中国百家姓中，并没有姓饭的，倒是民间在说谐谑的故事时，不乏有人这样起头："从前有个文人，姓饭名桶，是为饭桶…… ”也曾有人开玩笑地说自己姓饭，对方就大叫起来："你若是姓饭，我就是姓菜，咱们饭菜正好配一对！”诸如此类，大抵一听到“姓饭”，底下准是接着捉狎的玩笑话，认真不得。

在故事中，释信行以“孙”的同音字“飧”，机灵地应对书生的调侃。这类聪明伶俐的小孩，在《世说新语》中有个专门名词，叫作“夙惠”。“夙惠”就是早慧，也指一种天生而来的悟性。早慧的小孩，有时很让大人惊喜，但有的时候，那“犀利”的童言童语，也颇令人坐立难安。

“建安七子”之一的孔融，因为脑筋灵活，一张嘴又特别能说话，从小就被人们誉为天才。他十岁时，曾跟着父亲到洛阳，拜会司隶校尉李元礼。李元礼在当时享有盛名，除了亲友和才识出众的人之外，他一概都不肯会见。孔融到了李元礼的家门口时，对看门的人说："我是李家的亲戚。”于是就顺利地进到大屋内。李元礼在他面前坐下，问："请问，你和我有什么亲戚关系呀？”孔融不慌不忙地说："我的先人孔丘曾尊称您的先人李耳为老师，所以我和您是世交的关系呢！”

孔融这番话当然是强词夺理，他耍了点小聪明，令自己和父亲能拜会极难见到一面的李元礼。李元礼不禁对孔融的诡辩聪明啧啧称奇。稍后，太中大夫陈韪也到李府来拜访，人家就把孔融刚刚的表现告诉他。陈韪很不以为然地说：“小时了了，大未必佳！”孔融年纪虽小，却也听得出这是贬损的话，马上就回话说：“想君小时，必当了了！”在场的人又都吃了一惊：这小孩的辩才的确令人折服！

杀羊食心岂不苦痛？一切众生皆是佛子

名句的诞生

既至山寺礼佛见进，不觉身战汗流[1]。王曰:“奉请禅师为妃治病，禅师慈悲，愿救此苦。”答曰:“杀羊食心岂不苦痛？一切众生皆是佛子，何因于妃偏生此爱？”

——习禅三·释法进

完全读懂名句

1. 身战汗流：身体打着哆嗦，直冒冷汗，形容心惊胆战的样子。

语译：蜀王来到山寺中，礼拜佛像，见到了法进，身体不由自主地打起哆嗦，冷汗直流。蜀王说:“请求禅师替我的妃子治病，禅师大慈大悲，祈愿您拯救苦厄。”法进回答说:“你杀了羊取食它的心，羊难道就不痛苦吗？所有的有情众生都具佛性，都是成佛的种子，为何你只偏爱关心自己的妃子？”

僧人背景小常识

释法进，俗氏不详。出家后常住于益州玉女寺，跟随禅师修习坐禅之法。据说他在竹林中静坐时，常有老虎陪伴左右。几十年后，法进的诸种神奇事迹传了出去，蜀王秀便央请他进宫替王妃治病。当他请辞还山时，蜀王与王妃看到他走路时可离地四五寸。法进于大业十三年（六一七年）圆寂，寺中萦绕着龙吟猿叫，三日不绝。

名句的故事

在隋朝开皇年间，蜀王秀来到法进禅师常住的益州，这时很不巧的，王妃竟然生了重病，医生怎么治都治不好。正在一筹莫展时，蜀王听到了法进禅师的神奇事迹，就派遣使者到山里去，请法进下山为王妃治病。法进听了，就拒绝说："我在山里住了八十年，几乎都跟木头没两样啦！"但使者仍是苦苦相邀，法进于是又说："我的意思说得很明白了，你们请回吧。"使者回报后，蜀王就准备了更大的阵仗去邀法进下山：他派了整整六个司的官员，驾着车队，浩浩荡荡地前往迎请。然而，法进不愿意就是不愿意，蜀王于是发火了，索性亲自入山，准备把老和尚抓回来，治他一条不敬之罪。

谁知，到了山里，见到法进后，蜀王的锐气、杀气全消，复又苦苦哀求禅师下山救人。法进便说："你以前杀山羊，取食它的心，就不曾想过它有多苦多痛，为何现在王妃生了点病，你就心疼不已？一切有情都是能成佛的种子，你又为何偏爱王妃甚于山羊呢？"蜀王这时才明白，他正在领受罪业果报，一时大感惭愧。法进见他有了悔意，这才答应下山医治王妃。他入宫后，也没开什么药方，只是吩咐他们要布施财物，又让王妃洗了手，诵点经咒，那怪病竟就好了大半。法进禅师的奇人异事，又添了一桩！

历久弥新说名句

佛家讲不杀生，不外乎几个理由：同情同理、因果报应和众生皆有佛性说。牲畜和人一样，皆是成佛的种子，不应当成为天生就该被屠杀食用的对象。这种谈戒杀、果报的观念传入中国后，旋即渗透民间，成为俗文学的重要素材。

在《续搜神记》专门谈杀生果报的章节中，就有一则这样的故事。话说沛国有个读书人，他的夫人生了三胞胎，这三个儿子直到快二十岁时，都无法开口说话，只能发出咿咿呀呀的声音。有一天，一个路人经过这儿，听到那咿咿呀呀的怪声，就问："这是什么声音啊？"沛国人就回答："让您见笑了！那是我儿子的声音，他们一直无法好好说话。"路人说："这样啊，你要不要想想看，为什么你儿子会这样？"沛国人被这话吓了一跳，开始认真地思考，想着想着就记起了一件往事。

沛国人对路人说："在我很小的时候，床前有一个燕子巢，巢中有三只小燕子，每当母燕子从外头带回食物时，小燕子都张开嘴等着接。每天都是如此。当我伸手指进燕巢时，这些小燕子也是把嘴巴张得大大的。当时我为了好玩，就找了三根花刺喂它们，它们吞下刺没多久就死了。现在想来，真的很后悔！"路人说："就是这件事了！"他话才说完，沛国人的三个儿子忽然都能开口说话了！因为他知道过错，懂得忏悔，所以降临在他儿子身上的灾厄也就化解了。

从另一个角度来看，这故事谈的就是同情心、仁心的道理。沛国人对于儿子不能说话感到心疼，但他又为何忍心让燕子吞下芒刺，刺穿了喉咙呢？如果人人能懂得将心比心，世上就不会再发生这类的恶作剧了！

名句的诞生

世途沦丧，适化江湄[1]，去来任物，隐显从时。

坏瓶何爱，净土为期；有生有灭，何喜何悲？

——习禅四·释智周

完全读懂名句

1. 江湄：江岸。此处泛指长江中下游一带。

语译：世道颓坏失正，正是他度化大众于江岸一带之时。来去皆任凭造化机缘，隐居或显达都随顺着时机。迟早都会坏损的瓶器，有什么好珍爱、惋惜的呢？人当以往生净土作为目的。有生就有灭，又何须欢喜或悲伤呢？

僧人背景小常识

释智周，字圆朗，俗姓赵，南北朝至唐朝时娄县曲阜（今江苏昆山一带）人。智周自幼出家，拜有“释门梁栋”之称的流水寺滔法师为师，勤恳地服侍左右，博览群经。年长受具足戒后，访遍名山，因厌倦尘世的纷扰，遂隐匿形迹于马鞍山慧聚寺。智周在此常住三十余年，扩建寺院，讲经著述，不遗余力。后来众人力邀他下山“济益道俗”，这才结束长年的隐居生活。他讲经时，“横经者溢坐，杖气者泥首”，僧俗皆心服于智周的教导。唐武德五年七月五日时，圆寂于大莱城南武州刺史薛士通舍，享年六十七岁。同年十一月，弟子法度等人将遗体奉迎回马鞍山，贞观四年，弟子慧满等于慧聚寺的西岭修设圆坟。

名句的故事

本句出自回向寺释道恭所写的《南武州沙门释智周圹铭》。根据记载，释智周常住于慧聚寺的三十年间，曾经“兼造殿阁，门廊周匝，壮丽当阳，弥勒丈六夹纻并诸侍卫”。所谓“夹纻”，即古时候一种造佛像的技术，匠人们用泥制成塑像，接着一层漆一层麻布重重包裹，等漆干后去掉泥胎，最后贴上各种装饰物。智周对于书法、雕塑、建筑皆颇有研究，当年的慧聚寺在他的建设下，一度雅致而辉煌。只是，有形之物终究会坏损，历经几个朝代后，大师当年的巧思，就与他振聋发聩的讲经声，一同消逝在历史的长河中了。只留下斑驳的楼宇，一本本著作和纪事，令后人孺慕向往。

这就是道恭和尚当时写这篇铭的心情了！他写道：“披云对月，赋曹陆之诗；跂石班荆，辩肇融之论。故人安在？仰孤帐而荒凉；景行不追，望长松而咽绝。”这是抒发惆怅之情。站在遗迹前，想象释智周在世之时，该有多少睿智的言语，回荡在这庄严宏伟的庙宇长廊中？然而，修行人可以感时伤逝，但可不能真的溺陷于感时伤逝！于是，道恭和尚心念一转，想及世间物本都是随缘而生灭，无须欢喜，更不必悲伤，他于是又豁达开朗了起来。毕竟，修行目的就是为了穿越种种生灭之虚相，透见究竟之真理啊！

佛教将一切物，皆视为因缘聚合而成，缘散了，物也就由坏而空了。佛陀在世时，曾讲过“有因有缘集世间，有因有缘世间集；有因有缘灭世间，有因有缘世间灭”的道理。世人将感官、思维受到外界刺激后所升起的色、受、想、行、识等五蕴，当成“真实的知觉”，因而兴起爱欲、占有的念头，就这样，原本是随缘聚散之物，因着人的爱欲，就成了执着的对象，而人们也就为了所执着之对象的成、住、坏、空，产生了悲喜的心理反应。佛陀于是说，人若了解因缘聚集就生成了世界，因缘离散世界就空灭的道理，就不会固执于眼前的幻象，而懂得探求究竟之实相。

禅宗六祖惠能在即将圆寂之前，曾经把徒众都叫来跟前，说：“我在八月时就要离开这世间了，你们要是修行上还有疑惑的，赶快问一问吧。等我走了之后，你们还能问谁呢？”众人听了这番话，忍不住哭了起来，只有神会一人，神情不为所动，也没有哭泣落泪。

六祖于是说：“神会虽然出家较晚，却已经学到平等看待善与不善，遇到毁谤与称誉都不动心，悲伤与喜乐都不恣意蔓生的境界。其余的人都还不行啊！这几年的修行都在修什么哩？你们现在哭泣，是在忧愁什么呢？若是担忧我不知道要去哪儿，那我可以告诉你们，我当然自己知道要去哪儿，若是我自己都糊里糊涂，又怎能将临终的日期告诉大家呢？”又说：“法性本无生灭去来。”这意思是要徒众们知晓，师父走了，肉身灭了，但法性如如不动，不曾出生，也不曾死去，所以有什么好伤心难过的呢？

只是，要一般人舍去生离死别的忧伤实在太难了。过几日，六祖要徒众帮忙收拾行囊，他要回新州一趟。大家当然又是一阵不情愿：师父将不久于人世了，为何还要到远方去呢？于是便苦苦挽留。六祖只得再“机会教育”一次，说：“诸佛出现，犹示涅槃，有来必去，理亦常然。”这是要人超脱固定思维，把“来”“去”皆当成随缘而动，不要人走了就悲，人来了又喜，在悲喜起落间，乱了方寸。“有生有灭，何喜何悲？”这话问得轻巧，但隐藏在背后的体悟是何等的超然！

名句的诞生

成师以事咨王，王遣数十人执仗防护。璪谓防人[1]曰："命由业也，岂是防护之所加[2]乎？愿诸仁者将领还城，启王云尔。"

——习禅四·释智璪

完全读懂名句

1. 防人：守卫的人。

2. 加：增益，帮助。

语译：慧成禅师将寺里闹鬼的事禀报了永阳王，永阳王于是派遣数十人拿着武器来进行防护。智璪对这些守卫的人说："人的命都是由业报决定的，岂是防卫守护就能有所帮助呢？各位仁勇之士回到城里去吧，希望禀报永阳王我刚才说的那些话。"

僧人背景小常识

释智璪，俗姓张，先祖为清河人，晋朝南迁时随之寓居于临海。祖父张元秀曾任南朝梁的仓部侍郎、临海内史，父亲张文怀任南朝陈的中兵参军。智璪自幼从能识字读经开始即言谈不凡，举止坦荡，受到邻里众人的敬爱。十七岁时双亲俱逝，智璪服丧后得了重病，医药皆无效。在某天夜里，他面向明月，专心诵念：“月光菩萨，惟愿大悲，济我沉痾！”如此持续近半个月，一日便梦见有人从东方来，对他说：“我来为你治病。”连续三夜之后，大病竟不药而愈。智璪认为性命是三宝所救，便往安宁寺剃度出家，后游访至天台山，受学于智顗法师。智璪专精于法华忏法，亦常修法华三昧，经常有灵验的奇事发生。唐贞观十二年，示寂于国清寺，享年八十三岁。

名句的故事

这是智璪法师在宝林山寺修习法华三昧时发生的事。法华三昧的第一夜，智璪听见有人摇动门和窗户的声音，便出声问：“你是谁，这么晚了还来敲门？”门外传来拉长的声音说：“我是来看灯的。”寺内的慧成禅师听到了，便对弟子们说：“大堂内素来就住了一个恶鬼，今天它必然是想来取一人的性命。”等到天快亮时，慧成来敲智璪的房门，唤他起床，半晌听不到回响，他就哀叹起来：“苦啊，苦啊！人没了呀！”智璪马上开门，问他在叹什么，慧成这才不好意思地说：“你还在啊！我还以为昨晚的鬼已经害了你的性命，所以才这样哀叹。”

慧成将这事禀报给永阳王知道，永阳王为了保护智璪和其他僧人，就派了一队护卫到宝林山寺站岗，但智璪以“命由业也，岂是防护之所加乎”为由，辞退了护卫。护卫走后，晚上，这鬼就侵门踏户，到处敲打柱子和墙壁。大堂内原本有六盏灯，智璪命人熄掉五盏，他自己就留在那儿，照常打坐、诵经，丝毫都不害怕，如此过了二十一日。直到法会行将圆满结束时，外头突然来了个青衣童子，合掌称赞：“善哉！善哉！”说完就不见踪影了。原来这鬼也不是存心坏事，它只是想试探智璪的定力。智璪禅师始终都表现出稳如泰山的样子，鬼也就折服了，不再捣蛋。

历久弥新说名句

科幻小说家倪匡在《命运》这本小说中，讲了一个石头纹路竟能预测诸种人事的诡谲故事，一切就好像冥冥之中自有定数一样。在中国民间流传的故事中，不乏“命中注定”的奇谈。清朝时，有位太守请了个“铁口直断”的相命师到家中，替宝贝女儿算命。这算命的看看小姐的生辰八字，就对太守说：“你的女儿命中注定会在某某年被老虎所伤而亡。”太守嗤之以鼻，说：“真是胡说八道！我女儿平日只在深闺内院活动，既不出门，也不入山郊游，哪来的老虎能伤得了她呢？”就给算命师一点钱，打发他走了。

虽说如此，太守心里还是留了个疙瘩。到了算命师所预言的那一年时，他就让女儿住到家里最高的楼层，免得真的有“不测之虎”跑到家里来伤人。这小姐住的楼房，每一层的门都被父亲紧紧关了起来，不准任何人通行，她的生活必需品就透过窗子用绳索拉上去。太守张罗完毕后，心里就踏实了下来：任凭老虎再厉害，也没办法破门攀楼去伤人吧？几日后，小姐闷得无聊，就开始把玩起放置在楼里的东西。她翻着玩着，看到了一张虎皮，就伸手去拨弄虎须。不料，虎须太硬，她一个不小心手指就刺破了。没多久，指头的小伤口发炎红肿，小姐竟因此不治。当年算命师的话应验了，太守的女儿真的是被虎伤而死。

这种命中注定之事，在佛家来看，都是过去世造的因所结成的果，无论福祸，都会按照个人该领受的，一件一件发生。若消极地看，有人会觉得命运既然已经注定，那做再多也是于事无补；但若是积极地看，则知既然造什么因得什么果，不如就从现在开始造好因善缘，扭转自己的命运。这就是所谓的“造命”了。一方面了解生活中遭受的不如意就是过去的恶因所造，一方面又积极地作为，造善因善缘，使得命运可以往好的方向发展。古人说：“祸福无门，惟人自召。”说的也就是这个道理了。

无尽世界。又便寂然

名句的诞生

武德末年疾甚，于庄严寺傍看寂然[1]。有问："往生何处？"答："无尽世界。"又便寂然。

——习禅六·释昙伦

完全读懂名句

1. 寂然：寂静且无烦扰的状态，或指身心进入静默澄澈之境。

语译：唐武德末年，昙伦的病情转剧，便在庄严寺旁安顿身心，进入静默澄澈之境。门人问："要往生到哪里去呢？"昙伦回答："往无尽世界去。"说完，就又进入静默之中。

僧人背景小常识

释昙伦，俗姓孙，汴州浚仪人。十三出家，住于修福寺，师从端禅师。端禅师学的是次第观，便告诫昙伦说："你把心系在鼻端，就可以静下来。"昙伦说："那也要有心可以系才行呀！本来就不见有'心'这个名相，我不知道要拿什么去系哩！"后来，昙伦经常在众人礼拜忏悔时瞬间就入定；又拿着钵上堂时，走到一半，竟也泰然入定。端禅师十分欣赏这个学生，说他是"大根大茎，非吾所及"，因此杂役之事都不劳烦昙伦去做。昙伦住京师时，僧俗大众多有来请法辩经者，他一一善巧应对，辩才无碍。当时有玄琬法师、静琳法师，率门人前来受法，受益的人不能胜数。唐武德年末，昙伦一病不起，示寂于庄严寺，享年八十余岁。

名句的故事

这是昙伦法师示现圆寂时所说的一句话。门人问他死后要往何处去，他答道："无尽世界。"这时有僧人轻轻触摸他，觉得手很凉，就悄声对其他人说："身子已经冷到膝盖了，到了地水火风四大分离的时刻，这也是人生的苦啊！"昙伦听到了，就回答说："这苦也是空的。"门人抓紧机会又问："舍去的报身该如何处理呢？"昙伦说："我肉身里的四大相斗相离，已经来到膝盖了。我死后，把尸身用草包捆起来，直接丢到野地，不要做其他多余的事。"过一会儿，又问："五更的钟打了没？"僧人回答说："等等维那（司职总务杂事之僧）会去敲钟。"再回头看，昙伦已没了气息。

高僧大德们的临终场景，往往都极富教育意义。凡人都乐生惧死，历代的高僧在面对死亡时，都泰然自若，超然度外，甚至显现出种种异相奇迹，这些都是为了尽可能消弭众人对于死亡的逃避感或恐惧感。人死后会往何处去？这是所有人都很想问的一句话，若能知道将往哪里去，或许也就少了几分害怕。昙伦说，死后将往无尽世界去，意即他的"来"、"去"和"目的地"都不能用一般的思考去揣度。正是"来无所来，去无所去"，对开悟的人而言，来与去都只是随缘而动而已，又何尝真的有一个实在的目的地呢？

历久弥新说名句

台湾地区的佛教界很盛行净土宗的修行法门，修净土宗的人都有个共同观念，即将来都要往生西方极乐世界。但，不是所有的宗派都有这种观念，比如禅宗就不是。于是，自古以来，一直不乏有人好奇地问禅宗大师们："死后要到哪里去呢？"

《五灯会元》中有则唐顺宗与佛光如满禅师的问答录。某日，唐顺宗问如满禅师说："佛是从哪里来的？灭度后，又往哪里去了？既然经典说，佛常住在世间，那么佛现今在何处？"如满禅师回答："佛从无为处来，灭度后也是往无为处去。佛的法身寂静如同虚空，常住在无所生心之处。有念归无念，有住归无住，佛来是为众生来，去是为众生去。佛的法身清净真实如同大海，清澈明亮而常住不灭。有智慧的人应能思考了解，切莫生疑虑！"

唐顺宗显然不太满意，于是又继续提问："佛难道不是往王宫去投生，在森林里灭度？他说法四十九年，又说自己从不曾说过一句法。山河与大海，天地及日月，只要时间到了，都会消亡，谁能说什么不生不灭呢？我还是满腹疑问啊，请禅师再为我说分明吧！"如满禅师又回答道："佛的实相本来就是清净无为的，只因世人还迷惑着，就妄自给他做了种种分别。法身与虚空一样，不曾有生灭。有缘的时候，佛就出世渡众；缘分尽了，佛就安然入灭。他到处渡化众生，就像映在水面上的月亮一样。佛既非常住于世，也不是与世隔绝；佛既是出世也是未曾出世，既是入灭也是未曾入灭。他明白实相无为，难以言喻，自然是不曾说过一句法啊！"唐顺宗听了之后大悦，从此益发敬重禅宗。

凡人“有心”，看佛就觉得他有生灭；但禅者“无心”，看到的就是佛的法身，那不生不灭的涅槃境界。换言之，凡人看到的是水中月，会疑惑它何时出现，何时消灭；但禅者看到的是天上的月，它一直在那儿，没有水中月的生灭问题。由此可见，“生／灭”“去／来”都是心在造作分别啊！

吾本无生，安能避死？

名句的诞生

猎者问曰："身命可重[1]，何不避耶？"答曰："吾本无生，安能避死？"猎者悟之，所获并放。故山中飞走[2]，依托附焉。

——习禅六·释智岩

完全读懂名句

1. 重：重视，爱惜。

2. 飞走：飞禽走兽。

语译：猎人问："身体生命应该要重视爱惜，为什么不躲避呢？"智岩回答说："我本来就没有'生'，哪里还能躲避'死'呢？"猎人顿然有所悟，把猎获的动物都放了。所以山中的飞禽走兽，都来依附智岩禅师。

僧人背景小常识

释智岩，丹阳曲阿人，俗姓华。他小时候对大人说："世间人只知追求眼前的东西，却不知面临生死大事时该如何自处！"乡里的人都感到这孩子有过于常人之处。智岩法师天生雄威，武略智勇过人，年轻时曾随着唐朝的开国将军张镇州南征北讨，建立功勋。

唐高祖武德四年，智岩又跟着张

镇州在南方平定淮海乱事，时年四十岁。他忽然感到富贵荣华如过眼烟云，于是放弃了军职，入舒州皖公山，在宝月禅师门下剃度出家。起初张镇州还多次前来，要求他回军队，但见智岩道心甚坚，只好作罢。贞观十七年，智岩来到建业城，但依旧傍山结草，自在度日。偶尔有人请他下山说法，他便随缘而施教化。智岩说法多缘事而发，而非议论大道，常有人听到泪流满面。唐永徽五年二月二十七日，智岩圆寂于石头城住处。书上记载，他临终时，神色自若平常，室内盈满异香，经十数日都不散。享年七十八岁。

名句的故事

智岩法师四十岁才出家，之后的岁月，他都隐居在蛮荒幽僻的山谷里，专心修行。昔日的军中战友结伙去看他，好不容易才找到了人，大家环顾四周，只见这里山势险峻，鸷鸟猛兽的啼叫声不绝于耳，于是问智岩："郎将，你疯癫了吗？为什么要住在这种地方？"智岩回答说："不对，我正要从疯癫中清醒，你们才是疯癫正在发作！你们如果不疯癫，为什么追逐着名声地位，丝毫没有回头的意思？一旦死亡降临了，才开始慌张无措。连这点都不能醒悟，这不是疯癫还能是什么呢？只有佛才能不愚痴颠倒，一步一阶走向解脱之道。"

就这样，智岩法师一直待在渺无人迹的深山里修行。有一天，他在山谷中禅坐入定，这时山洪忽然暴涨，来势汹汹的水夹带着砂石，眼看着就要将法师吞没。但他动也不动地端坐着，没多久，山洪就消退了。刚刚躲在安全处的一个猎人走上前问他为什么不闪躲，智岩便说："吾本无生，安能避死？"意思是生与死都是肉身的自然变化，但就自性而言，根本没有出生或死亡的现象，而今既已安住在自性之中，自然无须畏惧灾厄和死亡。他说这话，观机逗教的意味浓厚，借着猎人自己的发问，引导他思考生死的问题。果然，那猎人当下即悟，立刻把捕获的山禽走兽都放生了。

历久弥新说名句

古人有言："置死生于度外。"这话是放在"勇"的层面来谈的。一个人若是够勇敢，对自己的理想信念够坚持，他就能出生入死，毫无惧色。"吾本无生，安能避死？"看似也有"勇"的成分，却远不是从这个层次出发而谈生死无惧。从前，拾得和尚有诗曰："君不见，三界之中纷扰扰，只为无明不了绝。一念不生心澄然，无去无来不生灭。"说的是人心被无明所障碍，所以才会纷扰振荡不已。若是一转念，让心保持澄净，那么即使是生死相也就只是现象而已。

唐朝的道吾禅师曾带着弟子渐源到某信众家里诵经吊祭，渐源想借机参一下生死的问题，就指着棺材问："师父，棺材里头的人是生还是死呢？"道吾回答："不说生，不说死。"渐源问："为什么不说？"道吾禅师的回答也很妙了，他说："不说就是不说。"渐源百思不得其解，在师徒俩回山寺的途中，他就赌气道："师父若不肯说，以后我再也不出去帮人家诵经超度了！"但，道吾还是不肯松口："你不去就别去了，我就是不说！"结果，渐源真的从此以后再也不下山替人诵经。

时光荏苒，道吾禅师圆寂了，渐源转到石霜禅师那儿学习。某日，渐源又拿相同的事问了石霜禅师。没想到，石霜的回答竟与道吾同出一辙："不说生，不说死。"渐源很苦恼地问："为什么不说？"石霜大声答道："不说就是不说！"就在这时，渐源忽然大悟了，脸上露出喜悦的神情。

为什么指着死人时，既不说生也不说死呢？因为之于自性法身而言，生死只是随缘而动的变化，在常住于自性的修行者看来，根本就是不曾生也不曾死，所以，才会讲"不说生，不说死"。道吾禅师故意不说破这件事，一来是生死真的是没的说，二来是要渐源把自己的疑惑当成一个"疙瘩"，时时都去参参看。如果没有道吾禅师当年的"三缄其口"，那弟子也就无法在日后得到那了悟的喜悦。

若言无时亦应无出，若无定处亦应无说

名句的诞生

若言无时亦应无出，若无定处亦应无说。旧来本有非复清虚，上请天曹[1]，岂得无杂？寿与天地同毕，岂得无始无终？

——护法上·释智炫

完全读懂名句

1. 天曹：道家所称天上的官署。

语译：既然说圣人没有一定时间出世，那就是没有出世了；若说宗教没有固定兴起之处，那应该就是没有这种宗教了。旧来本有和清虚无关，既然与上天官署有关，那又怎么能说纯一无杂呢？既然寿与天地同毕，那又怎么是无始无终呢？

僧人背景小常识

释智炫，俗姓徐，出生时异光满室，令家人十分诧异。他从小便出家，入京城听讲佛学数年后，便名满京城。每当信众推请他宣讲佛法时，他立刻就能滔滔不绝地说法。

当时北周武帝原想废除佛教，故找来三教进行辩论，无奈道教在辩论时遭到重挫，于是武帝便将二教都废除了。虽说废除佛道二教，但表面上皇帝仍十分器重僧侣，只是命令智炫前往北齐传播佛法，虽然其盛名振于东国，但实际上却是被流放了。北周灭北齐后，武帝派人寻找智炫的下落，周武帝的弟弟越王平素与智炫交游甚密，害怕武帝因生气而严酷责罚智炫，于是就鞭打智炫的背，然后露出鞭痕给皇帝看。越王说："微臣想到智炫因此逃命就愤恨不已，所以自己先鞭打了六十杖。"皇帝看了脸色大变，说："我就是担心智炫因为心怀惭意而逃亡，不受保护，难以避开死亡，所以才派人追他，并不是想杀他。"并告知智炫绝无加害之意，此后也更加优厚地对待他。

周武帝驾崩后，后来成为隋文帝的杨坚为相，大大地弘扬佛法。当时一位官吏周宣明入朝赴考，隋文帝就问他说："智炫法师安好吗？"周宣明一时惊惶，不知所措。文帝就说："一国名僧，你竟然不认识，成何体统？"宣明只好赶紧磕头谢罪。由此可知智炫法师在当时多么受到国家尊重。智炫法师毕生宣扬佛法，一生奉献，后来又隐居于三学山，享年一百零二岁，不病而逝。

名句的故事

周武帝欲废佛法存道教，于是下诏集合诸僧人道士，以考试选取优良者，如果过于庸浅，就将之废除。此令一出，全国高僧、道士全都聚集到京师来，皇帝也亲自接见他们。

当时有位道士名叫张宾，他登台后便高声地说："大道清虚，淳一无杂，无始无终，与天地同寿，早早就风行华夏，众生仰赖它就得以长生，岂如佛法虚幻，言过其实，不容于本土，客寓中华？百姓无知，相信其诡说。今日若要说孰优孰劣，大家可以来评评理！”这时少林寺的等行禅师听了，十分愤怒，便想起来反驳，众僧侣便阻止他说：“今日兹事体大，天帝在此，不可造次，我们知道禅师佛法精深有如大海，挺身而出，然而应对之间还是需要复杂的辩论，千万不要轻举妄动。”于是众人共同商议，认为能担当此大任者非智炫莫属，智炫正好也对张宾的狂言感到愤怒，于是徐徐走上辩论台，安然坐定之后问张宾：“先生所说的大道清虚无杂，又先风行于华夏，不知道所谓的风行，起自何时？所说之教又是何处？您又说佛法不容于本土，那是否可说明道是从何时生，佛是从何时出的呢？”张宾说：“圣人出世哪有一定的时间？宗教兴行哪有起于固定的地点？道教本来就有，佛法则是从西方来的。”智炫便说：“既然说没有一定时间出世，那就是没出世了；若说没有固定兴起之处，那应该就是没有这种说法了。旧来本有和清虚无关，既然与上天有关，那又怎么能说纯一无杂呢？既然寿与天地同毕，那又怎么是无始无终呢？”张宾听了自知理亏，于是便恼怒地说：“你这妖僧说什么妄语呢！因为先王无识，才留汝辈至今，今日一定叫圣帝将你们都赶尽杀绝！”张宾这番话连皇帝都听不下去，于是告诉身边的人说：“叫张宾等人退下吧。”张宾一行人知道自己已无法通过辩论，只好摸摸鼻子黯然退下了。

历久弥新说名句

由于释智炫这段话是为了对付张宾所说的，所以针对性很强，后世的人也比较少引用这段话来说解，不过深究其背后的意义，还是可以发现智炫禅师这么说，一切都是为了要提醒张宾：不要太过狂妄而随口说出没有根据的事实。中国历代也有不少过度狂妄而导致失败的例子，春秋时期宋康王射日的故事就是如此。

周赧王二十九年时，宋国出现了一件怪事：一个小鸟的窝里孵出了一只鹞鹰。有人说："这是大吉之预兆，以小生大，预示着宋国可以当天下的霸主。"宋康王听了这句话便相信了，他炫耀自己有多么了不起，先砍倒祭祀用的神坛，并将其烧毁，又射天鞭地，以便"示威服鬼神"。还下令人们都要称他为"万岁"，夜夜在宫中饮酒作乐。宋康王的暴虐无道，让天下人称他为"桀宋"，也就是把他比作夏朝的亡国暴君夏桀。而宋康王倒行逆施不到一年，宋国便亡国了。

狂妄的行为有很多种，张宾的狂语是一类，宋康王的妄行也是一种，而智炫禅师所说的，正是要人们守好自己的根本，说话讲求根据，才不会落入狂妄的迷障之中呀！

吾宁持戒一日而死，不愿一生破戒而生

名句的诞生

吾宁持戒一日而死，不愿一生破戒而生。

——护法下·释慈藏

完全读懂名句

语译：我宁可因持戒只活一日而死，也不愿意破戒却苟活一生。

僧人背景小常识

释慈藏，俗姓金，新罗国人，其祖先原来是三韩的后裔。慈藏的父亲名为武林，列位高官，但没有子息，他平素即信仰佛法，经常祈求佛祖的加护，并造千座观音，只求生下一个孩子，而且发愿这个孩子日后若能顺利成长，就让他出家以度众生。

慈藏父亲的愿望，果然显应了。某日夜晚，慈藏的母亲梦见星辰坠入怀中，没有多久便怀孕了，并在四月八日生下慈藏禅师。慈藏年过小学就已遍览史书经典，神情沉静，内心安宁，对世间俗务毫不理会。双亲过世之后，慈藏更加厌恶世间的繁华，深深感到人生无常，最终总是归于空寂，于是他舍弃房舍、妻子、第宅和田园，只身一人投入森林谷壑之间，穿着粗服草履，登上峭壁，孤独安静地坐禅，从来不害怕虎豹的靠近。他一人居住于山中小室，在自己周围布满荆棘，袒身坐在里面，以祛除困倦昏睡之意。后来受了五戒的慈藏出山传播佛法，一月之间全国男女都接受了五戒。贞观十二年，慈藏带领门人僧实等十多人，来到了大唐的京城，并在胜光别院接受丰厚的供养。据说慈藏待在胜光别院期间，受戒者每日数以千计。但他性喜安静，于是又在终南云际寺东面的悬崖另外架室居住。

贞观十七年，新罗国请慈藏禅师归返播法，据说在他返国之时，新罗倾全国之人前来迎接。

名句的故事

慈藏毅然决然地出家了，但依照家族里继承的爵位，他理应前去朝廷担任宰相，但即使王室下达了多次征召令，慈藏始终不前往就职。新罗王知道此事之后便大怒，想要派遣使者前往山中将慈藏给杀了，没想到慈藏却说：“我宁可持戒一日而死，也不愿一生破戒而生。”使者见他如此坚决，便不敢贸然杀他，只好回去禀报给新罗王，新罗王知道后又是惭愧又是佩服，于是下令放慈藏出家，任他修佛道业。

慈藏得到新罗王的恩惠以后，随即又隐居，并和外界断绝来往。某天，慈藏睡梦之中见到两个人，他们说：“你在此幽隐，到底想要得到何种好处呢？”慈藏说：“只是希望能为众生带来好处。”于是两人就将五戒传授给慈藏，并说：“可以用此五戒为众生带来利益。”又告诉慈藏说：“我们从忉利天来传授你这五戒的。”说完之后便消失了。

历久弥新说名句

颜真卿是唐玄宗至唐德宗时代的一位忠臣，也是北齐颜之推的第五代子孙。他从小就不同凡俗，深明大义，志节凛然，是一位忠贞爱国之士。他的楷书遒劲有力，圆润厚重，表现了凛然的大将军的志节，更表现出大唐独有的风骨和气韵。

安史之乱后，节度使李希烈造反，颜真卿由于得罪了权臣，而被派去执行一项非常危险的任务——劝李希烈投降。当时颜真卿已经七十多岁了，他毅然接受了这一任务，朝廷的人都替他担心不已。到了叛军那里，颜真卿才准备宣读诏书，就受到李希烈手下之人的谩骂与恐吓，但他依旧气定神平，毫无惧色，这反而使得李希烈对他敬畏不已。后来有人劝李希烈说："颜真卿是唐朝德高望重的太师，相公您想要自立为王，而太师他自己就来了，这难道不是天意吗？宰相的人选，除了颜真卿，还有谁会比他更合适？"颜真卿听到这番话之后，愤怒不已，呵斥他们不知廉耻，他说："我们颜家是大唐的臣子，世世代代都忠于国家。难道要跟你一样忘恩负义、背叛君国吗？"李希烈听了颜真卿的表白之后，内心非常地惭愧，但仍然以死相威胁，而颜真卿不为所动，原来他早就写好了遗书，做了必死的准备。

最后李希烈依然痛下毒手，杀害了他。在生命的最后一刻，颜真卿仍在大骂他们是"逆贼"。颜真卿虽然不是修道之人，不过他这种坚持忠君爱国的精神，和慈藏愿意为佛法舍身的态度正是一致的，他们都是"宁可持戒一日而死，不愿一生破戒而生"之人。

宋高僧传

夫一心者，万法之总也

名句的诞生

议者以师不守禅行而广讲经论，游名邑大都，以兴建为务，乃为多闻之所役[1]乎？岂声利之所未忘乎？嘻，议者焉知大道之所趣哉！夫一心者，万法之总也，分而为戒定慧，开而为六度[2]，散而为万行。万行未尝非一心，一心未尝违万行。禅者六度之一耳，何能总诸法哉？

——义解篇第二之三・释宗密

完全读懂名句

1. 役：受累。
2. 六度：又称六波罗蜜多，为六种可解脱生死烦恼得度涅槃安乐的法门，分别为布施、持戒、忍辱、精进、禅定、智慧。六度万行，即为六度包括了菩萨所修的一切法门。

语译：那些议论的人以为宗密法师不恪守禅行，却广泛地讲述经论，访游各大都会名城，以兴建寺院为己务，这是受到博学多闻所累吗？岂不是声名利益还不能抛下吗？哎！那些议论的人哪里知道大道的真正旨趣呢？心是一切法的总持，万法可分为戒、定、慧三种，摊开来说又可分为六度，其下散发出去的就是千千万万种行为。万行无非都总持于一心，一心未曾与万行相抵触。禅定只是六度的其中一种，哪里能涵盖所有的法门呢？

僧人背景小常识

释宗密，俗姓何，果州西充县人。宗密生于富豪之家，年轻时学儒术，胸怀经世济民的抱负。唐宪宗元和二年，他来到遂州大云寺会晤道圆禅师，二人相谈甚为投机，宗密于是在此出家剃度。宗密修道有成，下山访游，至荆南惟忠禅师处，南印称赞他是“传教人也，当宣导于帝都”。至东都奉国寺神照禅师处，神照说他是“菩萨人也，谁能识之”。至长安拜见澄观禅师时，澄观赞叹地说：“毗卢华藏，能随我游者，其唯汝乎！”

宗密在四川一次出外托钵时，偶然得到一本《圆觉经》，深达义趣后，便下定决心要为此经作传，后又专志于《华严经》。他一生中著作数十种经文疏钞，又有酬答、书偈、议论等，多达二百余卷。唐文宗时，宗密经常被召入宫，颇得重视。当时僧俗士庶皈依他的人也很多，宰相裴休就是他得力的弟子之一。唐武宗会昌元年，宗密于兴福塔院圆寂，享年六十二岁。后唐宣宗追谥为“定慧禅师”。

名句的故事

宗密法师出家前曾精通于儒典，因此他后来讲经著述时，经常使用贯通儒释二家的方法。例如，以儒家“五常”（仁、义、礼、智、信）来配合佛学的“五戒”（不杀生、不偷盗、不邪淫、不饮酒、不妄语）。这种善假方便的教法，就是宗密的风格。因为他教人经常不拘泥于单一法门，当时就有人质疑他：“您是学禅的，学律藏的，还是专门讲经论的？”宗密诙谐地回答："我是'四战之国'，人家很难定位我，不如把我当成'大智圆明自证利他大菩萨'吧！""四战之国"是《史记》的典故，指某个国家四面皆为平原，无险可守，容易遭到侵犯，因此人民都养成备战的习惯。宗密的意思是，他不恪守某种法门，就像四战之国没有险要可守一样，但也正因为如此，以没有方法作为方法，他是灵活而且随时能接受挑战的。

宗密的学生，同时也是当朝的宰相裴休，为老师做了有力的辩护。他说，众人都以为宗密"不守禅行"，状似外务太多，却不知这种批评乃是以小人之心度君子之行。六度万行，总乎一心，心与行并不互相违背。禅定只是六度中的一种而已，人们若要求禅师只能以禅法、禅行度人，岂不太狭隘了？裴休这番话确实言之成理，铿锵有力。

历久弥新说名句

"夫一心者，万法之总也"的"心"不是普通的心，也不等于儒家常说的道德心，这是佛家，特别是禅宗会去谈的"自性""本心"。

唐代的赵州从谂禅师以善于观机逗教而闻名，他为后世留下不少值得玩味再三的语录。某日，一位僧人前来拜会赵州，他问："万法归一，一归何处？"赵州回答："我在青州做了一领布衫，重七斤。"乍看之下，这是答非所问，再仔细推敲，就知道赵州的回答大有玄机。

佛经言，一心流出万法，而万法归于一心，这万法与一心并非是不同的两个东西。那僧人说"万法归一"，这已是真理了，但他却还要问"一归何处"，这就显示出他并不真的了解

“一心”是什么，所以才会想继续探问“一心”的源头、本质是什么。后世有禅师评论道：“听到这话，若一击便懂，天下的老和尚都拿你没办法；若稍有踌躇，就已跌在老和尚脚跟下了！”这话说得很逗趣，也很贴切。的确，当赵州答非所问时，若那僧人心里一纳闷，继而发现自己问得太矛盾，说不定他当下就悟了。若还是不悟，那就像是在赵州前栽跟头了。

后世雪窦重显禅师说：“编辟曾挨老古锥，七斤衫重几人知？”（《禅林类聚》卷四）意即赵州受过老师们严格的训练，不知被打了多少次呢！他说这句“我在青州做了一领布衫，重七斤”，有几人真正知道这七斤的分量是多少？禅师一句无厘头的话，其背后隐藏的，是他一生的精进修行和大智慧啊！

悟者一刹那，不悟河沙劫

名句的诞生

“朕以开、示、悟、入《法华》之宗旨也。悟者，觉也，明也，悟达大道，悟佛知见[1]。”又云：“悟者一刹那，不悟河沙劫[2]。所以悟者真乘了然成佛之义。今赐‘悟达国师’为号，虽曰强名，用表朕意。”

——义解篇第二之三·释知玄

完全读懂名句

1. 佛知见：佛的智慧。
2. 河沙劫：又作“恒河沙劫”。“劫”是佛典中的时间单位，一小劫为一千六百八十万年，二十小劫为一中劫，八十中劫为一大劫。“河沙”是数量繁多之意，“河沙劫”即为数不尽的劫，意指长得难以想象的时间。

语译：“我以为开、示、悟、入是《法华经》的旨趣。悟，就是自觉，就是光明。悟可以达大道，悟佛的智慧。”又说：“悟只是一刹那的事情，不悟的时间却是如恒河沙劫般漫长。所以开悟的人已渡越了生死海，真确地了解成佛之道。今天赐‘悟达国师’作为称号，虽然是强加的名号，但用以表达我的敬意。”

僧人背景小常识

释知玄，俗姓陈，眉州洪雅（在

今四川）人。五岁时，祖父令他写咏花诗，一会儿工夫就写成了：“花开满树红，花落万枝空。唯余一朵在，明日定随风。”七岁时，遇到法泰法师在宁夷寺讲《涅槃经》，知玄听着听着，似乎明白了自己的前世因缘，十一岁便正式出了家。知玄聪颖过人，深入经藏而融会贯通，十三四岁就能向大众讲经说法。唐武宗时，发生了历史上有名的“三武法难”之一，知玄发挥辩才替佛教请命未果。宣宗即位后，对佛教的态度转为友善，知玄立即奏请重兴佛寺，在晚唐时期佛教中兴的过程里，他扮演了重要的角色。至僖宗时，乃赐号“悟达国师”，表达对这位大师的敬意。知玄临终前交代弟子说：“我死后就将尸体丢到原野中，让鸟兽去收拾。我很久以前就和西方净土有约，如今要去了！”说完便使身体右侧卧，面朝西，一会儿就没了气息。享年七十三岁。

名句的故事

唐僖宗时发生了黄巢之乱，大批农民军入侵长安，僖宗于是往西南到成都避乱。此时，知玄法师是王室的国师，僖宗临走前便诏他同行。在避难的路上，知玄不时讲经开示，成了随行的文武朝臣之心灵支柱。僖宗为了表扬他，就让大臣去商议，要帮国师取一个庄严称头的名号。所有的翰林院学士都费心思考，各自呈上适合的名号，僖宗看过一份又一份，竟没有一个是称心如意的。他于是说：“还是我自己来取，免得耗时又伤神！”

僖宗提笔沉吟一番，就想到可以从《法华经》中取材。《法华经》的宗旨“开、示、悟、入”，意即开佛知见，示佛知见，而后使人悟佛知见，入佛知见。知玄法师不但已经“自悟”，而且还能“悟人”，引导众人走向成佛大道。于是就取“悟”和“达”的意思，组成“悟达国师”的名号。这是皇帝的一番美意，知玄几番推辞都推不掉，只好接受了。但这样的荣宠实在不是修行人所能惯受的，来年知玄就上了奏折，乞求告老还乡，回到九陇旧地，继续清静地修行。

历久弥新说名句

从书上记载的先例来看，开悟都是瞬间迸发，随即“更上一层楼”的，但在这令人狂喜的瞬间发生前，修行人经过了多少训练、磨难和挫折啊！

据说宋朝的翰林学士苏东坡，某日和照觉禅师参禅论道后，忽然有体悟，因而陆续作了三偈。第一偈是参禅之前的心境，曰：“横看成岭侧成峰，远近高低无一同；不识庐山真面目，只缘身在此山中。”第二偈是参禅中的心境，曰：“庐山烟雨浙江潮，未到千般恨不消。及至归来无一事，庐山烟雨浙江潮。”第三偈是参禅而有所悟的境界，曰：“溪声便是广长舌，山色岂非清净身？夜来八万四千偈，他日如何举似人？”这三偈写得工整漂亮，耐人寻味，后来都成了千古流传的名篇。

苏东坡在此次禅悟后，扬扬得意的老毛病又复发了，他听说荆南玉泉寺的承皓禅师是开悟之人，机锋甚健，就存心去试他一试。东坡一见承皓禅师，开口就问：“敢问禅师，禅悟是什么？”承皓反问道：“请问您的尊姓？”东坡答：“姓秤，就是称天下老和尚有多重的秤。”承皓于是大喝一声，然后又问：“请问我刚刚这一喝有多重呀？”东坡无言以对，于是再拜而退。

不知东坡被这大声一喝后，有没有当下又悟了？在禅宗的修行里，悟与实修是相辅相成的，悟了之后修，修了之后又悟，直到能开悟见性，展露大智慧。若执着于悟的喜悦和成果，那就真的是反被自己“误”了！

吾止愿为师子吼，不作野犴鸣也

名句的诞生

诲旁读大藏教文，二时行道，精进罔疲，凡世伎术、百家之言，黜于议论之外。诫门徒曰：“异端之说，汩乱[1]真心，无记不熏，何须习俗？吾止愿为师子吼[2]，不作野犴[3]鸣也。但专香烛涂扫，以内院为息肩之地。”

——义解篇第二之四·释贞诲

完全读懂名句

1. 汩乱：混浊不清。

2. 师子吼：又作狮子吼，以此譬喻佛陀说法。

3. 野犴：犴：一种北方的黑嘴野狗。“野犴”即野狗。

语译：贞诲自读大藏经文，日夜精进修行，凡俗世谈、技能乃至诸子百家的学说，都排除在他的讲论之外。他训诫门人说：“和佛教思想相违背的学说，都会混淆真正本心。没有任何学说的印记不会烙印下熏息的痕迹，何需等到将它内化成习惯？我只愿意作‘师子吼’，而不作野狗咆哮。但求专务于烧香拜佛、擦地打扫，以内院为息止杂乱心灵之所。”

僧人背景小常识

释贞诲，俗姓包，生于唐朝末年，吴郡常熟人。十三岁时于本州龙兴寺出家，天生性情沉着冷静，专诵《法华经》。十九岁时到扬州受具足戒，后辗转至各地游历参访。凡是听到哪里有名师大开法筵，必定赶去听闻求教；读经文时，必深入察核旨趣，深思诸法的本质和现象。唐天佑元年，贞诲来到东京相国寺，在这里开讲《法华经》十几遍，但没有得到众人的重视。后梁末帝贞明二年，贞诲应邀至西塔院讲《法华经》，世人才开始认识了这位当代高僧的修为道行，纷纷前来皈依，络绎不绝。后唐清泰二年二月十日，贞诲沐浴更衣，召弟子五十余人礼佛、唱诵、布施；十一日时，他望着天空合掌说："有劳诸位圣众在空中排列相迎了！"当时，有几百人都听到天上传来音乐声。没过多久，贞诲即闭目而逝，享年七十三岁。

名句的故事

胡适曾说："为学要如金字塔，要能广大要能高。"这样的学习方法，能教育出上至天文下至地理，无所不知的通才。但佛门里有种不一样的见解，他们认为应当要"一门深入"，勿博学杂染。因为阅读经典并非是技术性、知识性的学习，而是对文意做通透的了解，进而在自身的生命历程中实践，渐次体悟。可以想见，这种学习方式无法博通，往往一本经典就要研究三年五载，虽然耗时，却能非常扎实地打下学问的基础。

贞诲一生专研《法华经》，晓悟通彻后，才又旁读大藏经。他可谓是"一门深入"之学习方式的模范了。他训诫门人的一番话，即是过来人的现身说法。当世有许多好佛学的人喜在儒、释道之间做"会通"的诠释，说得好的人，自然是才智了得的大学问家，但这样的人却是少数，大部分都沦为牵强附会之说。贞诲的看法是，既然要修行，那就专心做好修行人分内的事，读佛陀教诲的文字。若如此，就能训练自己一开口即是“狮子吼”，那又何须旁学一些与佛理无干，甚至互相抵触的知识呢？

历久弥新说名句

明朝的屠根在批注《金刚经》时曾这样解释“狮子吼”：“狮子者，喻大乘正宗之人。金毛狮子吼声来，一切野狐俱恼烈。”又说：“哮吼一声，一切缘觉声闻、化他魔王，尽皆赫得胆战心寒，故云：‘赫得魔王胆战竞。’”（《金刚经注解铁鋑錎》）而佛陀的狮子吼和真的狮子在大吼，又有微妙的不同。佛教认为狮子大吼让人心生恐怖、厌恶，但佛陀狮子吼能振聋发聩，使人坚定信念而得欢喜心和精进心。

其实佛经里谈的狮子吼，不见得是大喝或大吼，只要是有令人觉醒之力量的话语，都可以以此命名。《佛说兴起行经》中有一则佛陀狮子吼的故事。有几个婆罗门联合起来买通一个年轻貌美的女子，要利用她去污蔑佛陀的清誉。这女子叫作战遮，一开始，她刻意精心打扮，定期走进祇园精舍听佛陀说法，又常当着众人的面，制造她刚从祇园内院走出来的假象，好让人狐疑她是不是在僧团内过夜。就这样持续了七八个月后，一日，战遮女挺着大肚子，走近佛陀说法的讲堂，大声指责他说：“你和我都有夫妇之实了，为什么还弃我不顾？真是无情的人！”

众人听战遮女这么说之后，不少人错愕惊慌了起来，佛陀却一语不发，只是神色威严坚定地坐着。就在这时，战遮女塞在衣服里的大木盆忽然滚下来，她的“大肚子”瞬间就变平坦了。众人方才晓得，这是一桩何其恶毒的阴谋。佛陀于是说：“光亮可以驱逐黑暗，觉悟的道可以攻破无明。四圣谛、无常无我、缘起性空、四念处、八正道，这些我所教导的真理，都像狮子吼般被宣说出来了。狮子的吼声如雷贯耳，能驱邪障。大家坚定信念，如法修持，就能得到成就。”阿难比丘记下了佛陀说的话，后来编入了题名为“师子吼”的经文中。佛说的真法就等于狮子吼，也就成了佛教徒的共识了。

即得见性成佛

名句的诞生

偶闻廛肆[1]间诵《金刚般若经》，能凝神属垣[2]，迟迟不去。问曰："谁边受学此经？"曰："从蕲州黄梅冯茂山忍禅师劝持此法，云即得见性成佛也。"能闻是说，若渴夫之饮寒浆也，忙归备所须留奉亲老。

——习禅篇第三之一·释惠能

完全读懂名句

1. 廛肆：市街店铺。

2. 属垣：属，音"zhǔ"。贴附着墙。

语译：偶然间，听到市街上的店铺传出念诵《金刚般若经》的声音，惠能全神贯注地贴着墙聆听着，一直不肯离去。他问："这部经是在哪边学到的？"人家告诉他说："在蕲州黄梅冯茂山的弘忍禅师劝人受持这部经，说是见性即能成佛。"惠能听了之后，如同焦渴的人喝到冰凉琼浆一般，急忙回去，张罗起要留给家中长辈的物资。

僧人背景小常识

释惠能，俗姓卢，南海新兴（今广东省新兴县一带）人，唐贞观十二年生，卒于唐先天二年，享年七十六岁。惠能自幼丧父，母亲寡居在家，靠着贩卖木柴为生。书上记载，惠能没读过书，大字不识几个，这和他成长的环境有关系。当他听闻五祖弘忍禅师在蕲州冯茂山传授“见性成佛”法门的消息，便专程赶去求教。五祖初见惠能时，以为他根器太利，恐遭人嫉害，便故意指派他去做些粗活杂事。后来，五祖传授衣钵后，惠能便下山往南行走，唐仪凤元年时至广州法性寺，从印宗法师剃度受戒，正式以比丘的身份成为禅宗六祖。来年，惠能前往曹溪宝林寺长住，弘扬禅宗大法，道俗皆来皈依。唐中宗曾派使者请惠能进京说法，他以身疾为由婉谢了。中宗于是御赐袈裟等物，敕改宝林寺为中兴寺，又命韶州刺史负责整修，把惠能在新州的旧居所改建为国恩寺。惠能弘扬的是“顿悟”法门，与神秀在北方提倡的“渐修”法门不同，后世遂形成“南能北秀”的局面。

名句的故事

惠能禅师的父亲名为卢行瑫，因事被罢官流放到岭南新州。唐贞观十二年二月八日子时，他喜获麟儿，这时有二位僧人不请自来，对卢行瑫大大道贺，并说这小孩儿应命名为“惠能”，因为他将来必能“惠施众生，能作佛事”。然而，卢行瑫无缘见到儿子长大。惠能三岁时，父亲生病过世，家里顿时三餐不继，偶尔还得靠乞讨为生。等到惠能年纪稍大，能到外头砍柴来卖了，这才有了点固定收入。

这则故事，就是从惠能到街市卖柴开始讲。某日，他收完卖柴的钱时，忽然听到店内有人在诵经，他起初是好奇聆听，不料却愈听愈入迷。没多久，他忽然有所悟。当他向人打听诵的是什么经时，人家告诉他是《金刚般若经》。惠能又问从何处能学到这部经典，于是就得到“蕲州黄梅县东禅寺的住持五祖弘忍大师常劝人要持诵《金刚经》，如此便能见性成佛”的信息。

惠能虽不识字，但悟性却是与生俱来的，一听到有人在教“见性成佛”，心里便向往不已。只是，他这一去，家中的老母亲就断了经济来源，又没人照料，惠能一时间感到犹豫不已。乡里有人知道了他的决心和难处后，就拿出十两银子，让他安顿母亲。于是，惠能就顺利地圆了参礼五祖的心愿。

历久弥新说名句

“不立文字，教外别传，直指人心，见性成佛”是禅宗的宗旨。六祖惠能在曹溪宝林寺弘法时，有位名叫行思的僧人前来参访。行思见到六祖，就问：“要怎么做才能不落入阶级？”这里“阶级”指的是由各种分别知见形成的高下、优劣之分，想要不落入“阶级”，即是想超脱对立分别之虚相，直见清净本性的意思。惠能见有人发出“大哉问”，便反问：“你从前都做了些什么？”行思回答：“圣谛都没好好修持。”惠能机锋一转，又问：“那到底是修到哪个‘阶级’了？”行思领悟了，便回答说：“圣谛都不修持了，哪还有‘阶级’的问题？”

行思这番话，深契禅宗“教外别传”的旨趣。他本来还想问个修行的“方法”，经六祖点拨后，马上体悟到自己的问题正是从“阶级式知见”衍生出来的，只要通通抛去这些分别知见，他要的答案也就不问自明了。惠能听了行思的答话，便知道眼前来了个有大根器的学生，从此就十分器重他。后来，行思果然得到六祖的心印，与怀让、玄觉、神会、慧忠等并列为六祖座下的五大弟子。

古德曾这样说，佛说八万四千法，人人各自以其根器受持，而“唯有祖师西来意，不在八万四千门”。“祖师西来”就是达摩从西土传来的禅宗，此法门不在佛教讲的八万四千法门之中。禅宗祖师相传，都是以心印心，没有具体的修行方法，也没有奉为金科玉律的“教科书”。尤其是六祖惠能，他没读过书，又不识字，就凭陆续听闻经法，印证了他的实践，当下也就顿悟了。这真的是为“不立文字，见性成佛”做了最好的注解。

诸佛理论，若取文字，非佛意也

名句的诞生

咸亨[1]中往韶阳，遇刘志略。略有姑无尽藏，恒读[2]《涅槃经》。能听之，即为尼辨析中义。怪能不识文字，乃曰："诸佛理论，若取文字，非佛意也！"尼深叹服，号为行者[3]。

——*习禅篇第三之一·释惠能*

完全读懂名句

1. 咸亨：唐高宗的年号。
2. 恒读：惯常诵读。
3. 行者：尚未剃度，但能了悟佛理，行止如僧人者。

语译：咸亨年间前往韶阳，遇到了刘志略。刘志略有个姑姑出家为尼，名为无尽藏，平日惯诵《涅槃经》。惠能听到经文后，就为她分析起经典的大义。无尽藏嫌怪惠能不识字如何能解经，惠能说："所有的佛理妙论，如果只取它的文字意，那就不是佛陀的本意了！"无尽藏深感佩服，尊称惠能为"行者"。

名句的故事

这是惠能前往蕲州冯茂山参礼五祖的途中所发生的故事。当他来到韶阳一带时，遇到了刘志略。此人好学佛理，与惠能一见如故，又十分钦佩惠能对于佛理的悟性，就急着想把他介绍给自己的姑姑。刘志略的姑姑在山涧寺出家为尼，法号无尽藏，她平日好读《涅槃经》，每每读到有所领会时，便会高兴地拍手大叫：“妙啊，太妙了！”一天，无尽藏又在屋里诵读《涅槃经》时，忽然听得窗外有人拍手大叫：“妙啊，太妙了！”她心里感到纳闷，就走出去瞧了瞧，却见惠能站在屋檐下。

无尽藏问：“你为何要喊叫呢？”惠能说：“我刚刚听到经文，大受启发，忍不住高兴地大叫哩。”无尽藏又问：“这经里有不少难词术语，你都弄得懂？”惠能于是说：“诸佛的微妙理论，不能从文字上去钻研，诸佛本意不在文字之中。”无尽藏感到眼前站的人不是泛泛之辈，便虚心请教经典中的大义，惠能果然一一解答，辩才无碍。无尽藏于是尊称惠能为“卢行者”。后来，无尽藏常邀请惠能来山涧寺，每回他一到，寺里的比丘尼便争相请法。凡是听法受益、迷惑得解的人，都称赞惠能广施法惠于大众。

历久弥新说名句

在佛教未传入中国之前，古人早已对“言外之意”有特别的领悟。庄子就曾说：“言者所以在意，得意而忘言。”这是说语言文字只是传达意思的媒介，接收的人若是了解了对方的意思，那么他说过的话、写过的字大可不必记得。若明明能很好地把握意思，却还要向语言文字里钻牛角尖，那就像渔夫不用心捕鱼，却一个劲儿只注意着手上的工具一样，未免失之于愚了。

唐朝有位香严智闲禅师，他早年曾在百丈怀海禅师门下学习，素来以博闻广见、机智灵敏而为人所称道。百丈禅师圆寂后，他便前来依止沩山灵祐禅师。一日，沩山问香严说：“我听说，你能问一答十，问十答百。但这都是凭着你的聪明才智构想推理而得。我现在问你，能否就‘生死根本，父母未生时’说一句看看？”香严一时答不上来，回寮房后，就将能找得到的经文都翻阅一遍，但还是找不到答案。他忍不住叹息说：“唉，画饼不可充饥！”便去央求沩山指点。沩山说：“我要是说给你知道，你以后会反过来骂我的。我的答案是我的，于你无益。”

香严于是将生平读过的文字都烧了，说：“以后只做个吃饭劳动的和尚，再也不劳心费神了！”就辞别了沩山禅师，往四方参游去。不知过了多久，一日，在歇息之地拔除乱草时，香严禅师偶然间拾起一块瓦砾，用力抛开，那瓦砾打中了附近的绿竹，发出清脆的响声。香严如梦初醒，大彻大悟，回到住所后他就沐浴焚香，遥拜沩山禅师，说：“师父，您的大慈大恩胜过父母啊！若当日您就给我说破那道理，我哪里还会有今日的醒悟？”于是作了一首偈云：“一击忘所知，更不假修持。动容扬古路，不堕悄然机。处处无踪迹，声色外威仪。诸方达道者，咸言上上机。”后来沩山禅师知道了这件事，就对人说：“这学生真的开悟了！”

悟了真理的人，再回头来读文字，怎么读都会读到真理；没了悟的人，再怎么读，都只能读到言筌。不通过经典文字悟大道，但从生活中的每个巧妙机遇的瞬间，顿时突破迷障，了悟真理，这就是禅宗的灵动有趣之处。

人有南北，佛性无南北

名句的诞生

未几[1]造焉，忍师睹能气貌不扬，试之曰："汝从何至？"对曰："岭表来参礼，唯求作佛。"忍曰："岭南人无佛性。"能曰："人有南北，佛性无南北。"

——习禅篇第三之一·释惠能

完全读懂名句

1. 未几：没多久。

语译：没多久就到达了五祖那里，弘忍看惠能的气质、相貌不甚好看，就试探地问："你是从哪里来的？"惠能回答说："我从岭南来参访礼拜，只求作佛。"弘忍说："岭南人没有佛性。"惠能说："人有南北之分，但佛性却无南北之分。"

名句的故事

惠能知道五祖弘忍在东禅寺后，便安顿好家里，迫不及待地上路。他风尘仆仆地行走了一个多月，终于来到一心仰慕的禅师面前。五祖见惠能相貌似村野之人，举止没有文雅可言，就试探性地问他从何处来，惠能回答，从南海新州来。新州这地方是"南蛮人"住的，在中原人看来与文明开化沾不上边，因此，五祖就顺口说："岭南人无佛性。"惠能听了，没自卑也没生气，回了"人有南北，佛性无南北"一句。五祖见状，马上知道惠能是个大根器，当下虽想多和他说几句话，但碍于周围徒众太多，不好明白地表露他重视惠能，就故意指示他去做些砍柴舂米的粗活。

如此过了八个月后，五祖来到辛勤工作的惠能身边，对他说："你根器很利，我担忧别人会嫉妒陷害你，所以才故意不理会你，你懂吗？"惠能说："弟子明白。我从不曾走到堂前听法，也是为了不让别人起疑。"五祖点点头，放心地离开。于是惠能便在井边、石臼边不停劳动，比一般人做得更多。在这期间，他渐次扫除了烦恼，达到一心不乱的平等境界。

历久弥新说名句

"人有南北，佛性无南北"这句话很有意思。人总是用各种标准在衡量他人，依学历，依门第，依国籍，也有依财力或权力的。被分类的人若是落在好的那类，就重视他；若是落在坏的那类，就不免要看轻他了。由此，近代又衍生出一个名词，叫"竞争力"，就是能往高阶爬、百战百胜的能力。假使世间没有一套套衡量人的标准，大家的眼睛都只往内看，而不往外比较，说不定"竞争力"就会被"自觉力"这类的词替代了——人与人之间无须东南西北地比较，只需扪心自问："觉了否？"觉了否，这也是禅宗唯一关心的事情。

惠能到广州法性寺时，印宗法师曾问："五祖弘忍禅师有交代如何弘扬禅法吗？"惠能说："没有方法，只论见性，不讲禅定解脱。"印宗不解地问："为什么不讲禅定解脱的方法？"

惠能回答：“禅定解脱是‘二法’，但佛法是‘不二法’。”

印宗又问为何会如此说，惠能于是解释道：“法师您曾讲授《涅槃经》，应当知道佛性就是佛法的‘不二法’。在经典中，高贵德王菩萨曾问佛陀说：‘犯四重禁（杀、盗、淫、妄）、五逆罪和偏执邪见的人，他们会从此断了善根佛性吗？’佛陀说，善根有两种，第一种是恒常稳定的，第二种是变幻不定的，而佛性都不属于这两种，所以它没有断绝或不断绝的问题，而可以称作不二。第一种善根是善的，第二种善根是不善的，而佛性既非善也非不善，所以它的确可称为不二。凡夫老是看到‘二’，而智者却了悟自性无二，无二之性就是佛性。”

由此可见，惠能不想讲授一套禅定法，那是因为有个固定专有的“法”，就会落入“有”的一端，那就是“二法”了。而他的“不立文字，直指人心，见性成佛”之教法，是要人随机契入自己的佛性之中，不预设“修行教案”，所以是“不二法”，以没有方法为方法。佛性不二，法门亦不二，这其中的深意颇值得人细细嚼来，慢慢玩味。

拂拭以明心

名句的诞生

夫甘苦相倾，气味殊致。甘不胜苦则纯苦乘时，苦不胜甘则纯甘用事。如是则为药治病偏重必离也。昔者达摩没而微言[1]绝，五祖丧而大义乖，秀也拂拭以明心，能也俱非而唱道[2]。及乎流化，北方尚修练之勤，从是分岐，南服[3]兴顿门之说。

——习禅篇第三之一·释神秀

完全读懂名句

1. 微言：精辟微妙的言论。

2. 唱道：倡导大道。

3. 南服：南方。

语译：甘味与苦味相依相存，味道不同但各有妙用。甘味无法胜过苦味时，那么苦味就乘势而起；苦味胜不过甘味时，那么甘味就借机壮大。这若是在开药方治病的话，偏重于甘味或苦味都将远离治疗的效用。过去达摩辞世而精妙的言论就此断绝，五祖过世后，禅宗的大义也逐渐遭到扭曲。神秀主张勤于拂拭尘垢而达明心见性之境，惠能不行这种方法而倡导顿悟之道。等到他们各自的理论都广为流布教化，北方就崇尚勤劳修炼，从这里南方就与之分歧，兴盛起了顿悟之说。

僧人背景小常识

释神秀，俗姓李，生于隋朝大业二年（六〇六年）至七年（六一一年）之间，东京尉氏（今河南尉氏）人，是为中国禅宗北宗的创始人。神秀十三岁出家，经典记载他“少览经史，博综多闻”，足可见是位“学问僧”。神秀年近五十时，才来到黄梅东山寺参拜五祖弘忍禅师，一见了面，就惊叹地说：“此真吾师也！”从此便在东山寺长住，专心致志于禅修。弘忍禅师过世后，神秀便前往玉泉山，在那儿讲经弘道，三十年中，吸引了无数信众前来请教领法。当时，武则天十分敬重这位大师，派遣了使者前往邀请神秀进京。神秀来到京城后，武则天万分礼遇，不但延请他常住宫内，还替他在玉泉山修建佛寺。当时的王公仕宦乃至庶民，皆竞相礼拜神秀。有位中书令名叫张说，对人谈起神秀时形容道：“禅师身长八尺，庬眉秀目，威德巍巍，王霸之器也！”神秀的风采气度不俗可见一斑。唐中宗神龙二年，神秀圆寂，享年一百岁（一说九十六岁），数以万计的人自愿为他服丧。谥号为“大通禅师”。

名句的故事

这段话是《宋高僧传》的作者赞宁写下的一小段评论，针对的是源于唐朝时的禅宗南北派之争。五祖弘忍过世后，神秀和六祖惠能在北方与南方各自传法，因为二人的思想不同，且影响力都很大，遂逐渐导致禅宗的南北对立。

究竟南北宗的分歧点是什么？他们都肯定人人皆有佛性，只是暂时为妄念烦恼所遮蔽，修行就是帮助人们去除障碍尘垢，见性而成佛，分歧就出在去除障蔽的方法。神秀认为，佛性既为客尘所障，就要有“拂拭”的工夫，不断勤于修炼，才能有见性成佛的一天。惠能却以为，本性清净，何以会有尘垢可拂拭？一心作佛，一心就是佛。因此主张以顿悟、直见本性的方式进入佛境。

然而，修炼与顿悟并非绝对互不相涉的两种法门，因此赞宁才会有这番慨叹。他以甘味和苦味，比喻神秀和惠能各自倡导的修行法门，认为从开药方医病的角度来看，药材偏于甘或偏于苦，都是不当的偏颇。而修行就像用药治病，偏于“神秀系”或“惠能系”，从而各自排除对方的宗系，都是一种执着，应当理解这二系都出自禅宗法门，使其相辅相成才是上策。

历久弥新说名句

在中国禅宗史上有“南能北秀”“南顿北渐”的分法，说的便是神秀倡领的北宗禅与惠能宣扬的南宗禅。神秀与惠能的不同，从早年他们应五祖要求所作的偈，就可以看得出来。

五祖弘忍在世时，有一日对门下的人说：“你们各自凭着智慧，从本心般若之性，作一偈给我看。如果合格了，我就将衣钵传给他。”几日后的三更时分，神秀在南廊的墙上写了一偈，曰：“身是菩提树，心如明镜台。时时勤拂拭，勿使惹尘埃。”隔天，五祖见了这首偈，随即命令徒众烧香礼敬，说依这首偈修行，有大裨益。晚上，五祖便唤神秀来到跟前，问墙上的偈是不是他作的，神秀承认后，五祖便说：“你这首偈，未见本性，只到门外，未入门内。”又吩咐道：“你这一二日再想想，另作一首偈给我，如果这回你入门了，祖位就传给你。”

神秀回房后，一连想了好几日都未有结果。倒是惠能，听了人家传诵神秀的偈之后，也请人代为在墙上题了首“菩提本无树，明镜亦非台。本来无一物，何处惹尘埃”。就是这首偈，使五祖决定要将衣钵传给惠能。

“时时勤拂拭，勿使惹尘埃”和“本来无一物，何处惹尘埃”的差别，就是神秀的“渐门”和惠能的“顿门”之差异。因为还把心当成某种有形之物来看待，所以才有尘垢，才会需要时时拂拭；如果直截地契入本心，了解清净自性就是本心的唯一性质，那自然就没有沾不沾尘垢、拂不拂拭的问题了。

无所从来，一无所归

名句的诞生

及见，能[1]问[2]会[3]曰："从何所来？"答曰："无所从来。"能曰："汝不归去？"答曰："一无所归。"

——习禅篇第三之一·释神会

完全读懂名句

1. 能：六祖惠能。

2. 问：询问，质问。

3. 会：神会禅师。

语译：神会见到惠能以后，惠能问神会说："你是从哪里来？"神会回答说："我没有从哪里来。"惠能又问："你怎么不归去？"神会答道："我没有归去的地方。"

僧人背景小常识

（唐洛京荷泽寺）释神会，本姓高，襄阳人。神会个性敦厚淳明，自小向学，最早跟着私塾老师学习五经，由于本身十分聪慧，因此对于五经艰难之处都能通解。老师见神会进步神速，进一步带着他学习《老子》《庄子》这些道家的典籍，让神会拓展视野，提升了心灵的境界。长大之后，神会自己又阅读了《后汉书》，这也是他第一次接触到佛家的道理，同时感到十分向往。从此以后，神会就时常留心神佛的学问，阅读的典籍也大多与此类相关，反而对于追求世间的功名没有任何兴趣。逐渐明白志向的神会，最后决定追求更高深的佛理，因此他向双亲辞别，投奔了本府国昌寺的颢元法师，正式剃度为僧。

名句的故事

成为僧侣之后的释神会，遍览佛家群经，对于这些典籍的内容熟烂于心。某天，他听说鼎鼎大名的六祖惠能禅师要到附近宣扬法道。所有的僧侣都十分兴奋，纷纷前往朝圣，当然神会也不例外，他穿着朴素的僧衣，带着简单的行李，用破掉的衣裳裹住脚底当作鞋子，就这样走了很远的道路，好不容易见到了六祖惠能。

惠能见到风尘仆仆而来的神会，就问他说："你是从何而来？"神会回答说："我无所从来。"惠能又问他说："你何不归去？"神会回答道："我亦无归去之处。"惠能又说："你这样太茫茫了。"神会答："因为我还在追寻佛法的道路上。"惠能听了便说："你认为自己仍未通达佛理？"神会说："今天一来，已经得道，所以不会再滞留了。"此后神会就在曹溪住了好些年。后来，他遍访各地的名胜古迹。开元八年，他被分派住持南阳龙兴寺，并且持续地宣扬佛法。

历久弥新说名句

"无所从来，一无所归。"世间万事万物都是如来，唯有放弃对事物的执着，才能真正达到“无所从来，一无所归”的如来境界。

张良辅助汉高祖刘邦把秦消灭，建立了汉朝，但他并不留恋功名，拒绝了刘邦赐予的封地，孑然一身远走他乡。汉高祖为感念张良辅助成就霸业，特地封张良为留侯。传说中张良葬在龙首原。汉末赤眉兵乱时，张良的坟墓遭人掘开，盗贼打开棺木时，竟然发现棺中并无张良的尸骨和衣冠等物品，只有写在白绢上的几篇论述兵事的文章而已。虽然张良一生的事迹，从黄石公故事到死后羽化成仙的传说等等，都有浓厚的道家色彩，但是他不执着于功名霸业，拒绝刘邦的赏赐，一人放下世俗之物飘然离去，却与佛家“无所从来，一无所归”的道理不谋而合。

即心是佛，不见有身

名句的诞生

尔后德充慧广，郁[1]为禅宗。其大略寂照灭境，超证离念，即心是佛，不见有身。

——习禅篇第三之二·释神会

完全读懂名句

1. 郁：茂盛的样子。

语译：从此以后，德性充备，智慧广博，成为禅宗繁盛的一支。释神会所传的佛法大致为：佛法广照灭境，修佛者要超越外证远离杂念，心即是佛，而不受身形的囿限。

僧人背景小常识

（唐成都府净众寺）释神会，俗家姓石，先祖原本是西域来的人，直到祖父那一辈才迁居到岐地生活，于是籍贯上就成为凤翔人了。释神会在佛理方面开窍较晚，早年时内在的至性和智慧尚未启发，就好像一块璞玉一般，默默无闻地过着平凡人的生活。

直到释神会三十岁那年，他远游四方并且进入蜀地，谒见无相大师，没想到这一会面竟然令神会的利根大开，顿时领悟了佛理，并且深深感到佛理是如此地契合着内心，就连带领他进入佛学世界的无相大师都不禁感叹地说道:“我所有的佛理都将让你继承了呀!”从此以后，释神会致力于推广禅宗，将一生奉献给佛家，直到贞元十年十一月十二日因病过世为止，享年七十五岁。据说当时仰慕释神会的佛家弟子非常多，贞元十二年门人弟子将其法座迁至寺庙北隅时，因为孺慕先师的德性，不禁悲从中来，号哭之声足以令山林变色。

名句的故事

“即心是佛，不见有身。”这是释神会悟道以后，用以行之于事的重要佛法准则。然而这么一句话，又是从何而来，该如何理解呢？这必须先回归到佛法最开始的原则。

在禅宗里，有个相当重要的概念就是“虚空”：佛法广大无边，但同时也是虚空的。虚空没有东西南北之分别，也没有时间、空间的隔阂，如此才能无边无际，无所不包。这个佛理就是这种存在，它是万事万物的本质，映照大千世界，而人心也是如此，映照着人间事理，因此说“即心是佛”。

佛既然是事物的本质，那它就不会被外表的形式框住，所以说“不见有身”。用具体的譬喻来说：假如这里有一块黄金，黄金的外在是“身”，而黄金的超世之光与天生丽质是内在价值，虽然它能够以首饰、指环、表带、杯器等等不同形态呈现，但不论它做成什么形式，本质还是黄金，色泽也仍然是黄金。这就好像佛理，无论它是以什么形式呈现出来，佛理的本质是永远不会改变的，这就是“即心是佛，不见有身”的道理。

历久弥新说名句

宋代文人苏东坡，才华横溢，聪明慧黠，而他有位相知甚笃的方外之交佛印禅师，平时二人在佛学、文学上总不忘相互切磋，但每次都是佛印禅师占上风，苏东坡心里不是滋味，所以百般用心，想让佛印出糗。

某日，两人对坐相谈，苏东坡一时心血来潮，便问佛印禅师：“你看我现在坐姿像什么？”佛印禅师说：“像一尊佛。”苏东坡听了之后相当满意。此时，佛印禅师反问苏东坡：“那你看我的坐姿像什么？”苏东坡毫不犹豫地回答：“你看起来像一堆牛粪！”佛印禅师微微一笑，双手合十说声：“阿弥陀佛。”苏东坡回家后，得意扬扬地向妹妹炫耀说：“今天总算赢了佛印禅师。”苏小妹听完原委，却不以为然地说：“哥哥，你今天输得最惨。因为佛印禅师心中全是佛，所以看任何众生皆是佛，而你心中尽是污秽不净，把六根清净的佛印禅师，竟然看成牛粪，这不是输得很惨吗？”苏东坡听完苏小妹的话，只得用手拈一拈胡子，黯然同意他的确是输惨了。

苏东坡与佛印这段著名的逸事，正说明了执着外在与看破万象的差别。苏东坡正因还陷于外相的执着里，所以会说佛印像一堆牛粪，可见他离把握佛法的精髓还很遥远；而佛印已是方外之人，其心即佛，不囿于外在影响，因此才会说苏东坡看来像尊佛呀！

心与境寂，道随悟深

名句的诞生

每至海霞敛[1]空，山月凝照，心与境寂[2]，道随悟深。

——习禅篇第三之三·释道一

完全读懂名句

1. 敛：聚敛。

2. 寂：佛家语，寂灭的意思。

语译：每当云海晚霞聚敛在空中之际，明月与大山相互凝照之时，内心随着外境之幽静归于寂灭，同时对佛法的体悟也愈加深刻。

僧人背景小常识

释道一，俗姓马，原来是汉州人。道一从小就展现出对佛法的热爱，行为举止都相当旷达，颇有超脱之气，因此他很年轻的时候就削发为僧，投奔资州唐和尚，并受具足戒于渝州圆律师。修佛之后，听闻衡山这个地方有位怀让禅师，是曹溪六祖的近侍弟子，因此道一离开了岷峨玉垒连绵起伏的西蜀之地，前往深山拜谒怀让禅师。当他见到怀让禅师之后，突然对佛法有了更深一层的领悟，于是就在临川西里山、南康龚公山两座大山之间徜游，并且思考佛法。听说在道一徜游之前，这些地方是荒山野岭，根本没人敢靠近，如果有人想要硬闯，就会发生不祥的灾祸，但是自从道一进入之后，这些地方就逐渐成为清净的道场，毒蛇猛兽也变得温驯许多了。道一门下极盛，百丈怀海即为其法嗣，一生奉献于佛法。据说他过世之前，行为举止都和平常没什么两样，甚至还请人为他沐浴一番，最后才安然地圆寂，享寿八十岁。

名句的故事

道一进入佛门之后致力于禅宗研究，其认为真正的佛法是远离文字的，而是存在于蠹虫露水之中；真正的圣法是没有固定居所的，而是存在于山间的清水源头之内。正因如此，道一对于徜游山林十分感兴趣，于是在临川西里山、南康龚公山之间云游，加上受到当地地方官裴公的支持，便可安然地在深山野岭之间全心追求佛法的奥义。每当他见到云海、晚霞聚敛在空中之际，明月与大山相互凝照之时，内心便可随环境尽归寂灭，同时可以更深刻地领悟佛法之道了。

从此以后，释道一便领悟到，原来佛法就在内心之中，唯有达到物我两忘的境界时，才能更深一层地领会佛法的广大。

历久弥新说名句

八大山人是明朝末年相当杰出的书画艺术家，原名朱耷，本是明皇室后裔，少年时过着富贵的生活，锦衣玉食样样不缺，没想到好景不长，八大山人十九岁时竟遭遇家国之变，使其精神遭受重创。刚开始八大山人还怀有恢复明室之心，曾经亲自参与反清抗战。但随着情势的转变，他实在感到无回天之力，才逐渐以笔代戎，用书画作品倾吐自己的心声。不得已之下，他转而在宗教之中寻找自己的归属，从而落发为僧，一心沉浸在自己的艺术世界里。

八大山人的作品可分为书法、山水、花鸟三大类，现存于世大约有两千多件。创作的晚期，原本那种不平之气慢慢消失，转而将艺术和宗教嫁接，纯粹地浸淫在一方净土中，从而产生今天我们所见到的八大山人奇特并震撼人心的作品，正可谓“心与境寂，道随悟深”。

圣人如影，百姓如梦，孰为死生哉？

名句的诞生

此则圣人如影，百姓如梦，孰[1]为死生哉？至人以是能独照，能为万物主，吾知之矣。

——习禅篇第三之三·释遗则

完全读懂名句

1.孰：何，什么。

语译：所以圣人也只是如影子那样不实，而百姓则像梦境般虚幻，更何况是生死呢？所谓得道的至人，就是能够独自鉴照这一切的虚空，所以能成为万物的主人。而遗则习得佛法之后，便认为自己已经领略这个道理了。

僧人背景小常识

释遗则，俗姓长孙，原本是长安京城里的人。他的祖父长孙冽，曾担任过鄂州司马；父亲长孙利涉则是隐居在金陵。遗则从小身体就十分瘦弱，也不和一般的世俗之人往来，只是一人终日无所事事，安静恬淡地过生活。他早年的时候还跟随张怀瓘学习草书，完全领略其师用笔的神妙之处，同时他还广博地阅览各种经史书籍，其中特别喜欢佛书，认为只有佛理能够切合内心。

某日，遗则突然放弃了家族俗务，追随牛头山的慧忠学习佛法，并从中领悟到了达摩心法的奥义。学成之后，便南游天台，来到一处名为佛窟岩的地方，遗则看了十分喜欢，于是整地建屋，从此定居下来，每日过着饮山泉、吃野菜的恬静生活，据说连虎豹都成为他的宾客，麋鹿也想拜他为师。不久之后，前来山林砍柴的樵夫们看到这个情形，便争相走告，有钦慕他的佛法之人便说："这位修道者应该没有弟子吧？"于是为他盖起精舍，遗则从此就在佛窟岩传播佛法，并自己命名为佛窟学，成为影响唐代佛教的一个重要支派。

名句的故事

遗则的师父慧忠，因为长期居住牛头山，因此又称为牛头六祖。刚开始的时候，天竺达摩来到中原传播禅宗心要，尽得其道的有曹溪惠能和嵩山神秀两人，追随惠能者称之为南宗学，学习神秀者则叫作北宗学。而四祖道信又在五祖弘忍之外别传给慧融，从慧融开始就在牛头山传播佛法，这样一代一代传下来，于是达摩心法中有一支就叫作牛头学。

遗则既然继承了慧忠的佛法，经过潜心精读，久而久之也有一番悟道。他认为天地万物都是虚幻的，就连人的本身也是虚幻的，但这些虚幻之物并不是不曾存在过的，所以圣人也只是如影子那样不实，而百姓则像梦境般虚幻，更何况是生死呢？所谓得道的至人，就是能够独自鉴照这一切的虚空，所以能成为万物的主人。而遗则习得佛法之后，便认为自己已经领略这个道理了。

历久弥新说名句

钱泳，初名鹤，字立群，号台仙，一号梅溪，江苏金匮（在今江苏无锡）人。他是清朝知名的学者，精通金石碑版之学，一生以访碑、刻帖、著述为业。

某一天，钱泳睡梦之中来到一座高楼大院前，只见楼阁高耸，童子出门相迎，两侧仆从如云，夫人在姬妾簇拥下缓缓而出，对他说："两个儿子进京考试还没回家，自你出去后，家中喜得三个孙子，合家康安，这真是太幸福了！"钱泳大惊，进入内室以后，只见金钱如山，不计其数，此时突然有老仆前来报信，说他的两个儿子都中了进士，令他好不快乐。醒来后，钱泳还在枕上回味，久久不起。

过了几天，钱泳又做了一个梦。这次他在梦中与贵人欣赏宝器、书画，其中有一对玉鸳鸯价值连城，钱泳忍不住拿在手上仔细端详，结果一不小心，失手将玉鸳鸯掉在地上摔碎了，对方十分恼怒，钱泳吓得跪地说："愿意不计代价赔偿。"于是他变卖了家中所有的书帖，可是仍然凑不够钱，只好又去向往日的好友借贷，可却没有肯借给他的人。钱泳从此开始穷困，饥寒交迫，妻子也变得一副面黄肌瘦的样子，简直不堪入目。

醒来后，钱泳赫然发现，自己短短几天内经历了贫穷与富贵，失意与得意，因此无限感慨，赋诗道："人生如梦幻，一死梦始醒。何苦患得失，扰扰劳其形。"

其实，人的一生的确是有如梦幻。生命轮回，元神不灭，人生不过百年，再多的功名富贵也都不过是过眼烟云，转瞬即逝。钱泳的故事，相当贴切地反映了遗则佛法的精要。他在梦中经历了人生的大起大落，最终领悟到这一切的繁华与失落终究是虚空，正是所谓的"圣人如影，百姓如梦，孰为死生哉"。

名句的诞生

垢净共住[1]，水波同体。触境迷著[2]，浩然忘归。三世平等，本来清净。一念不起，即见佛心。

——习禅篇第三之三·释道悟

完全读懂名句

1. 住：存在。

2. 著：执着。

语译：肮脏与清净本来就是一同存在，海水和波浪原来就是同一个物体，（人们）接触到世境往往会沉迷于对相的执着，迷失在浩瀚的人间而忘却回归。人生三世都是平等的，本性自来清净，只要不起邪念，即能见到佛心。

僧人背景小常识

释道悟，俗姓张。道悟禅师自幼生得超凡脱俗，与一般儿童迥异，从小就不喜好世间游乐，只有出世的志愿。十四岁时，他就想出家，却没有得到父母的允许。不得已之下，只好减少饮食，一天只吃一餐，结果饿得形体羸弱憔悴。最后，父母终于答应让道悟依明州大德落发，二十五岁时又赴杭州竹林寺。这段时间，道悟禅师经常于风雨晦暝的夜晚，独自前往荒僻的林间打坐习禅。经过这番苦行，终于让身心得以安静，后来他离开了竹林寺，开始四方游学。

大历十一年，道悟禅师潜入大梅山隐修，终日与虎豹为伍。就这样过了三四年的时间。出山后，道悟禅师来到钟陵谒见道一，道一为之解悟，从此以后，始知法无异说。第二年秋天，道悟禅师又辞别道一，前往湖南参访石头希迁禅师。

希迁禅师影响了道悟一生，使他从前修法所获心得顿时扫荡无余。道悟禅师大事了毕之后，便前往荆州住山开法，一时四方学徒闻风而至。最后被请入荆州城中，于天皇寺布法。道悟禅师圆寂于元和二年丁亥，春秋六十，僧腊三十五。

名句的故事

道悟禅师求法的过程大致可以分为三个阶段：第一阶段是追随国一大师时期，主要借由苦修来体悟佛法。第二阶段则是追随道一禅师时期，从此知道法无异说。第三阶段则是参访希迁禅师（又称石头和尚）。这是对道悟来说很重要的一次见面。当他见到石头和尚时，道悟禅师便问：“离开了定慧，应该以何种法来示人呢？”石头和尚道：“人应该随处作主，立处皆真，本无一法可得，遑论定慧这些家具。你要我离，离个什么呢？”道悟禅师又问：“如何明得？”石头和尚说：“自性如虚空，无形无相，如何把捉？”

道悟禅师一听，觉得因缘不契，便有些生气地说道：“你若这样讲，我即不肯。我现在就离开这里！”石头和尚于是说道：“也不想想你是从那边来的。”道悟禅师回道：“道悟不是那边人。”石头和尚道：“我早就知道你的来处也。”道悟禅师更生气了，说道："师父何以这样赃诬于人？" 石头和尚说："你的身子还在呀。" 道悟禅师感到十分疑惑，便问："虽然如此，毕竟该如何将法示于后人？" 石头和尚一听，便反问道："你说谁是后人？"

道悟禅师一听，从此大彻大悟：原来只要回归到万事万物的本质，就可以看见佛心，那些所谓的佛法传道不过就是外在的东西呀！正是所谓"垢净共住，水波同体。触境迷著，浩然忘归。三世平等，本来清净。一念不起，即见佛心"。

历久弥新说名句

陶渊明，又名潜，字元亮。寻阳柴桑人。他生活在晋宋易代之际，原本出生在一个没落的官僚家庭，陶渊明七八岁时，父亲便已去世，但由于家庭环境的影响，尽管穷困，他还是养成了喜爱读书的习惯。

陶渊明年轻时，曾经有"大济苍生"的宏伟抱负，希望有一番作为。然而他性格正直耿介，与官场的腐朽风气格格不入，几次都是辞官而去。最后一次从彭泽令任上辞职，结束了他的仕途生活，从这时起，真正走上了"躬耕"的道路。

陶渊明在南村等地过着"躬耕自资"的生活，家境虽然大不如前，常常是终年辛劳，难以糊口，但仍然坚持不与统治者同流合污的态度。陶渊明晚年，贫病交加，身体愈来愈衰老，最后在宋元嘉四年十一月与世长辞。

陶渊明是中国诗歌史上第一个大量写作田园诗的诗人，开创了田园诗派。他的诗歌有浓厚的田园生活的气息，为中国古典诗歌增加了描写对象和表现题材，把无数诗人引入了一个新的创作天地。更重要的是，陶渊明在诗歌中所表现出来的高尚品德，不同流合污的气节，甘于贫贱的情操，给后人树立了榜样。陶渊明撇除尘物，回归内心的本质，使其作品拥有一股感动人心的原始力量，就很像道悟所说的“一念不起，即见佛心”。

不立佛殿，唯树法堂，表法超言象也

名句的诞生

朝参夕聚饮食随宜，示节俭也；行普请法，示上下均力也；长老居方丈，同维摩之一室也；不立佛殿，唯树[1]法堂，表法超言象也。

——习禅篇第三之三·释怀海

完全读懂名句

1. 树：树立。

语译：早上参拜和傍晚聚会的饮食随时制宜，以表示节俭；布行佛法遍及各人，以表示上位下位都公平地尽力传法；长老的住处只有一丈平方，和维摩简陋的房间同样；不设立佛殿，只树立法堂，是要表现真正的佛法超越言语物象。

僧人背景小常识

释怀海，闽人。很早就离开家，四处游历。其天性相当纯朴自然，不会随便受人影响。他听闻大寂禅师到南康布法，一心想前往依附，果然这一次的追随让怀海收获丰富，体会到了佛法的奥妙，而且成为一位有名的禅师。

后来怀海居住在新吴界，那里有崇山峻岭，高达千余尺，是个修佛的好地方。怀海居住的那段时间里，信奉他的禅客无远不至，让堂室都显得狭窄了。怀海布法特别的地方，在于不必遵循传统的佛律制度，另外自立禅居。过去从达摩传法到六祖以来，布法者大部分都居住在律寺之中，很少像怀海这样自立禅院的。除此之外，怀海也不区分追随者的高下身份，一律都可以进入僧堂，这些打破律制的生活，就是后来的禅宗之始。

怀海在元和九年正月十七日圆寂，享年九十五岁。唐穆宗长庆元年，赐其谥号为“大智禅师”。

名句的故事

怀海禅师布法不循传统律制，也不居住于律寺之中，而是别立禅院。他对待追随的门徒也不区分孰高孰下，而是令他们全部进入僧堂。据说禅师在堂中设了许多长连床，并架设了柜子置放各式道具，门徒寝卧的时候必定斜枕床沿，他们称之为带刀睡。这种带刀睡，只是为了应付长时间的坐禅，而稍微休息一下而已，并不需要真正的沉睡。门徒在僧堂里，早起参拜，傍晚聚会，饮食则随时制宜，以表示节俭，布法行善也都是所有人分配分量相等的工作，长老和禅师使用同样的小室。

这种不设立佛殿，只有树立法堂的作风，是要表现真正的佛法超越言语物象，这种精神就是后来的禅宗。而禅宗风行草偃地席卷整个唐朝，成为一枝独秀的门派，可以说就是从怀海开始的呀！

历久弥新说名句

百丈怀海继承了释道一的禅法。百丈修定《百丈清规》，对方丈及其手下人员的职责和每日生活都做了详细规定，奠定了中国僧团的组织基础和禅宗丛林制度，对中国佛教具有极大影响。

本来佛教在印度时，僧人是禁止耕种的，完全靠信徒的供养维持生计。百丈发现这个问题，就对僧众说："一个身心健全的和尚，为什么要像寄生虫一样吸取俗人的血汗呢？从今日起，你们都要跟我去开荒种地，自食其力。"从此之后，百丈便领着弟子们白天劳动，晚上讲法，过起自食其力的宗教生活。

百丈这个改革影响深远。唐代会昌年间，佛教遭到了一个大浩劫。当时的皇帝唐武宗展开了灭佛运动，声称"一夫不耕有受其馁者，一妇不织有受其寒者"，而佛教僧尼不耕不织，寺庙却富丽堂皇，无视社会贫困的广大百姓，因此，他下令拆烧佛寺，驱逐沙门，致使四万多所寺院被破坏，二十六万僧尼被迫还俗。

在这次佛门大浩劫中，各宗派里只有禅宗损失最小，得以幸存。这一方面是因为禅宗不需要经典、寺院、佛像，即使这些东西被破坏了，仍能正常地进行宗教活动；另一方面是因为禅宗和尚皆亲自劳作，自给自足，不需要寄生于社会。

这完全归功于百丈当日的改革，他秉持"不立佛殿，唯树法堂，表法超言象也"的精神，终使禅宗能在难关中顺利地保全下来，而且获得更加蓬勃的发展。

名句的诞生

业于是礼跪而言曰："至如三乘文学，粗穷[1]其旨。尝[2]闻禅门即心是佛，实未能了。"大寂曰："只未了底心即是，别物更无。不了时即是迷，若了即是悟。迷即众生，悟即是佛。道不离众生，岂别更有佛？亦犹手作拳，拳全手也。"

——习禅篇第三之四·释无业

完全读懂名句

1. 粗穷：大概了解。

2. 尝：曾经。

语译：无业于是礼跪而说："对于大小三乘的经文义学，我略知其大旨。曾经听说禅宗宣扬即心即佛的道理，对此，我尚未明了。"道一说："只是体究这个未了的心便是，除此之外再也没有什么别的东西。不明白自己的心就是迷，明白自己的心就是悟。迷就是众生，悟了即可成佛。道并没有远离众生，除了心之外，岂有别的佛吗？这就像握手成拳，拳的形状虽然与手掌不一样，但拳还是手掌呀。"

僧人背景小常识

释无业，俗姓杜，商州上洛人，是道一禅师之法嗣。无业禅师的母亲李氏怀孕的时候，曾做过一个梦，梦中听到空中有个声音问她："得以寄居吗？”她答应了，醒来后不久便发现自己怀孕了。无业禅师诞生的那晚，据说神光满室，众人都感到很诧异，认为这个孩子必定不是常人。无业禅师幼年时即与平常的孩子不同，走路的时候必直视，坐下时即跏趺，也从不跟其他孩子嬉戏。

九岁时，无业禅师便依志本禅师学习佛法，对佛典能一目十行，讽诵无遗。十二岁落发，二十岁从襄州幽律师受具足戒。他学习《四分律疏》，刚习毕经典，就能够立刻宣讲。

无业禅师后来在道一座下得旨，其后进入曹溪礼拜六祖塔，又旋即游学四方，后往清凉山金阁寺重新阅藏，时间长达八年之久。后住开元精舍，大开弘化，接引学人。随着无业禅师的法誉日隆，唐宪宗多次诏请进京讲法，无业禅师总以生病为由，婉言谢绝。直到穆宗皇帝即位后，在长庆二年，皇室想强行迎请禅师进京，于是，无业禅师才剃发澡浴，准备上路。到了半夜，他却跏趺而坐，奄然归寂。

据说禅师圆寂的那天，天空中出现五色祥云，异香四逸，所获舍利，璨若珠玉，后谥为“大达国师”。

名句的故事

无业禅师听说道一禅师禅门鼎盛，因此特地前往瞻礼。据说无业禅师生得身材高大，站立如山，声如洪钟。道一一见，便觉得他不同寻常，于是开玩笑地对他说：“好一座巍巍佛堂，只可惜其中无佛！”

无业禅师听了之后，非但没有生气，反而连忙向道一问道：“我对于大小三乘的经文义学，都略知大旨，但曾经听说禅宗宣扬即心即佛的道理，对此，我尚未明白。”

道一回答道："你就去体究这个未了的心便是，除此之外再也没有什么别的东西了。不明白自己的心就是迷，明白自己的心就是悟。迷就是众生，悟了即可成佛。道并没有远离众生，除了心之外，难道还有别的佛吗？这就像握手成拳，拳的形状虽然与手掌不一样，但拳还是手掌呀！"

无业禅师一听，当下豁然开朗，涕泪纵横地说："我本来以为佛道离我们还很遥远，需要经过勤苦修行才能成就，今日才知道佛性原本就自体具足了。一切万法从心所生，但有名字，无有实者。"

历久弥新说名句

陆九渊，字子静，抚州金溪人，南宋哲学家，是陆王心学的代表人物。陆九渊出身于一个累州义居、百口之人的世家。他从小就是个神童，三四岁时向父亲提出"天地何所穷际"的疑问，而且还久久思考到废寝忘食的地步。

陆九渊十三岁时，有一天对自己小时候思考的问题忽然有所顿悟。因为这天，他在古书上读到"宇宙"二字，注解者说："四方上下曰宇，往古来今曰宙。"于是忽然醒悟了，原来"无穷"就是如此，人与天地万物都在无穷之中。于是他提笔在书上写下："宇宙内事乃己分内事，己分内事乃宇宙内事。"

《陆九渊年谱》中说他"因宇宙字义，笃志圣学"，就是说他从"宇宙"二字，体悟到人生的道理，从此立志要做儒家的圣人。他认为做圣人不用寻找其他方法，最原本的道理其实就在自己心中，他说："宇宙便是吾心，吾心即是宇宙。"

陆九渊重视心性的修养，也是所谓"心学"的创始人，其主张“吾心即是宇宙”“发明本心”“心即也理”等等，都是重视自我内省的工夫。这种追求自我内心的精神，正与无业禅师所谓的即心即佛十分相似呀！

后来，陆九渊的学说在明代获得王阳明的赞赏，使得陆九渊的“心学”得以发扬，因此学界称之为“陆王学派”。

生死之身如循环乎？

名句的诞生

生死之身如循环乎？环无起尽，何用记为[1]？而又此心流注，中间无闲[2]，见沤[3]起灭者，亦妄想耳。从初识至动相灭时，亦只如此，何年月可记耶？

——感通篇第六之一·释慧安

完全读懂名句

1. 记为：这里是指记年岁的意思。为：句末语助词。
2. 闲：间隙。
3. 沤：水泡。

语译：此生死之身就好比一个循环那样吗？生死循环，没有开始，也没有结束，又何必去记年岁呢？再说人心一直相续不断，中间没有丝毫间隙，如果以为人死了以后，生命就中断了，就像水泡的破灭，这是错误的妄想。从初始到动相的幻灭，也是如此，又有什么年岁可记呢？

僧人背景小常识

释慧安，俗姓卫，荆州枝江人，生于隋朝开皇初年。从小外貌端正文雅，秉性宽裕，不受世俗红尘之污染，修学于佛门，所学经典无不贯通。到了隋文帝十七年，皇帝下令调查登记天下私度的僧尼，但慧安却说："我本来就是个无姓无名之人。"于是逃入山林幽谷之中。到了大业年间，因为国家开凿通济渠，征召了许多民夫，加上耗费庞大，民不聊生，此时慧安又走出山林四处化缘乞食，以救济贫病的百姓，因此顿时有许多民众对他心怀感激。隋炀帝听到这件事，便想召见慧安，令他只好又躲入太和山。

后来慧安游历到终南山，决定居住于此。当时他所居住的原谷之间，早降的霜雪使得农作物无法生长，四十里内外的农家都遭殃，却只有慧安居住的地方完好无伤。永淳二年，慧安又迁居至滑台，居住于草亭之间，亭中只有一张简单的绳床，四方皆无遮蔽，袒露无遗。到了唐中宗神龙二年，慧安又被召见进宫，纳度弟子十四人。三年之后，他终于辞别朝廷回归少林寺。

景龙三年三月三日，慧安突然向门人说："等我死了以后，就把尸体丢进山林里，让野火焚烧掉。千万不要违背我的遗愿！"到了八日，慧安便安然圆寂了。据说他的法身焚烧之后，出现了八十颗舍利子，其中有五粒颜色呈红紫色，奉送给皇室，而慧安的门人就将其余舍利子散施给其他人，并为慧安造塔。

名句的故事

慧安的法名远播，从隋到唐初都有皇帝欲召见他而未果，但女皇帝武则天却有幸见上慧安一面，两人之间还有一段精彩的对话。

传说慧安接受了武则天的召见后，来到了宫中，武则天便询问慧安禅师的岁数，他说："此生死之身不是就好比循环那样吗？生死循环，没有开始，也没有结束，又何必去记年岁呢？再说人心一直相续不断，中间没有丝毫间隙，如果以为人死了以后，生命就中断了，就像水泡的破灭，这是错误的妄想。从初始到动相的幻灭，也是如此，又有什么年岁可记呢？”武则天听了之后十分佩服，便向他叩头信受。

历久弥新说名句

唐朝诗人李贺，从小就有作诗天赋，但体弱多病，加上家境贫困，因此一生郁郁不得志。传说他时常早晨出游，带着小童，身骑一匹瘦驴，背着一个破旧锦囊，镇日漫游在山林之间，只为了寻觅好的诗句，如果遇有所得，便将诗句投入囊中，傍晚归家之后，就将诗句编连成其文。

李贺的生命十分短暂，他死的时候只有二十六岁。或许是早已明白自己的寿命不长，因此李贺的诗句经常充满无边的想象力，以及对生命转瞬即逝的感慨。像他的《示弟》：“别弟三年后，还家一日余。醁醽（lùlíng）今夕酒，缃帙去时书。病骨犹能在，人间底事无？何须问牛马，抛掷任枭卢！”就是一篇对生命短暂的无奈慨叹之语，从反问的诗句就可以看出李贺是多么努力地想活在当下。

然而正如慧安所说，所谓生死只是一个循环，人的躯壳转瞬即逝，但人死并不代表生命的中断。李贺虽然很年轻便离开了人世，但他对生活的认真，对当下的体悟，这些深沉的内心感受，却随着他所吟咏的诗句流传下来，千百年后仍有读者能够与之共鸣，这便是慧安所说的：生死不正是一个循环吗？

名句的诞生

面上无嗔[1]供养具[2]，口里无嗔吐妙香，心里无嗔是珍宝，无染无垢是真常。

——感通篇第六之三·释无著

完全读懂名句

1. 嗔：愤怒。

2. 供养具：指供养佛、菩萨、如来等。

语译：面目上没有嗔恨之情便足以供养一切如来，嘴里没有嗔恨之言自然会吐出妙香，心中无嗔恨之心就是珍宝，而没有染著、没有纳垢便是真常了。

僧人背景小常识

释无著，永嘉人，学问广，秉性贞确。从小便留心于佛学，志在游历四方，后来到了云华寺追随澄观法师学习华严宗之教。

传说大历二年的夏天，无著在五台山华严寺内挂单之时，曾见到一位老人牵着牛来到面前，并带着无著参观了他的居舍。只见那房间十分平整，呈琉璃色，厅堂卧室、摆设都不像世间人所使用的样子。两人坐定之后，老人询问无著："你最初出家是志求什么啊？”无著回答说：“欲期证得佛果啊！”老人又问：“你身上有没有带着衣钵之类呢？”无著恭敬地说：“自从受具足戒以来，我随时都带着的。”不料老人却不以为然地说：“沙门并无难事，应知能舍即舍，连衣钵都不舍，你好走了。”老人欲拂衣而去，无著趋行欲留之，老人于是为他说了一偈：“一念净心是菩提，胜造恒沙七宝塔。宝塔究尽碎为尘，一念净心成正觉。”如果人能够净心，哪怕是一刻间的工夫，都胜过造恒河沙那样多的七层宝塔啊！要知道宝塔究竟有一天也会化为尘土的，然而人心中诚挚的一念为基础，却可以使自己日后完成正觉的大道。

原来他早已谒见了文殊菩萨，只是始终没有发觉，后来他寻路回到大华严寺，对寺众提起遇见菩萨之事。

名句的故事

根据记载，唐朝大历年间，曾有无著禅师和法照禅师二人，在五台山亲见文殊菩萨，亲睹道场胜境。

话说当年化身为老人的文殊菩萨在开示无著之后，便命童子送无著下山。童子陪着无著走出金刚窟，无著才问：“这个地方叫什么名字？”童子反问无著：“你刚从何而来呢？”无著答：“金刚窟呀。”童子又说：“金刚之下何字？”无著答道：“般若。”童子这才说：“刚才的地方，即是般若寺。”直到此时，无著才真正醒悟，原来老人就是文殊菩萨化身呀！于是无著赶紧向童子磕头，乞求惠赐一偈。童子这时便唱起歌来：“面上无嗔供养具，口里无嗔吐妙香，心里无嗔是珍宝，无染无垢是真常。”童子说完后便与房舍都消失了，等无著再度抬头时，只见山色苍苍，林木郁郁。无著最后带着凄凄然之心下山，终身隐居在五台山。

历久弥新说名句

屈原，战国时楚人，是楚国的贵族。约生于楚宣王三十年，卒于楚顷襄王二十一年。他天才横溢，学识广博，二十多岁便做了楚怀王的谏官，刚开始很得怀王信任，没想到却引起同僚的妒忌，不断地在怀王面前中伤他，诋毁他，使怀王对他疏远起来。后来，他虽然又被任命为三闾大夫，但由于政敌一再进谗，结果他还是被放逐到汉北。怀王死后，顷襄王继位，屈原进一步遭到迫害。他看到楚国朝政一天比一天坏，却无可作为，只好把一腔热情寄托于诗歌创作，发愤作《离骚》。最后他见国家陷入绝境，感到痛不欲生，便抱着大石，自沉汨罗江而死。

屈原在政治上虽然遭到很多的污蔑，但他却很少怨怼政敌；在文学上，他以丰富的想象力，将大量神话传说陶铸成为各种优美的形象，他的代表作《离骚》，表现了他追求崇高理想的坚决意志与高洁人格。正如本文童子所示："无染无垢是真常。"正因为屈原的精神不染尘，所以最终仍留下了高洁的篇章，令后人传诵不已。

有死即生，有生即死，万物相纠，六道轮回，何得定耶？

名句的诞生

鼎曰："阇梨[1]若言定，何因高岸为谷，深谷为陵？有死即生，有生即死，万物相纠，六道[2]轮回，何得定耶？"

——杂科声德篇第十之一·释神鼎

完全读懂名句

1. 阇梨：佛教指能教授弟子法式，纠正弟子行为，并为其模范的人。
2. 六道：佛教以天、人、阿修罗、地狱、饿鬼、畜生为"六道"。

语译：神鼎说："阇梨若说万物都有定相，为什么高的岸边会变为河谷，深深的山谷变而为丘陵？有死亡就有出生，有出生就有死亡，万物互相牵连变化，众生在六道中轮回着，哪有什么定相呢？"

僧人背景小常识

释神鼎，唐朝人，姓氏、身世、生卒年不详。他豪放不羁，头发长了就任随它垂散在眉际；经常拿着食器在长安市中巡游，乞得什么就吃什么；若有人施舍粗布或锦罗，他就将之缝补起来，拼缀成蔽体的衣裳。

神鼎流传下来的事迹甚少，比较

为人所知的是他和利贞法师辩论的故事。神鼎曾偶然地来到寺院中，与利贞辩经论法，展露了思辨敏捷、对答流利的能力。有人问神鼎他是否为菩萨行位的人，神鼎只推说他仍有喜怒嗔怨心，哪里称得上是菩萨！后人评论道，神鼎虽说“有喜怒非菩萨者”，但“菩萨虽喜怒非喜怒，非菩萨而谁也”。是言极度推崇神鼎的修持与智慧。

名句的故事

释神鼎行迹不定，是位四处游历的奇僧。有一次，他来到寺庙内，见到利贞法师正在讲经，凝神听了一会儿后，就问利贞说：“万事万物都有个定相吗？”利贞说：“有的。”神鼎又问：“既然说有定相，那又如何解释大地的景象更替，而众生的生命形态在六道轮回中变换不已呢？”利贞愣了愣，又说：“如此看来，应是没有定相的。”神鼎又问：“若是没有定相，那我们为何不指天为地，指地为天？何不把星子当成月亮，把月亮当成星子？”利贞一时语塞，竟答不上话来。一向擅长辩论的利贞法师被来路不明的和尚问倒了，众人喧哗了起来。

在场有个叫张文成的人，他赞叹地说：“法师能如此敏捷辩答，依我看，您应当是菩萨行位的人吧！”神鼎听了，只是淡淡地说：“菩萨有得时不会喜，有失不会怨，挨打不会生气，被辱骂也不会起嗔恨心。但我乞得食物就大喜，不得就怨怒，打一下我就生气，骂一句我就起嗔恨心，照这样看来，我离菩萨的境界还很远哪！”他讲完就翩然离去，只留下在场的人啧啧称奇。

神鼎法师问了个难题，但书上却没有记录他如何解答。看来，他应是为了破除说法者某些过于执着的观点，才说出这番话来。按理说，神鼎最初的提问就是个“陷阱”，因为在明心见性的开悟者看来，万物没有“定”或“不定”的问题，一切都只是随缘而生，随缘而灭。不妨这样设想：假若神鼎问话时，利贞就像赵州禅师般，回答“吃茶去！”之类的话，说不定这个故事的结局，就是二人相视而大笑的场景了。

在流传的佛教相关文献中，不乏对生死轮回较浪漫些的解释。唐代袁郊写的《甘泽谣》，里头就有篇专讲历经转世而真情性不变的故事。当时洛阳惠林寺有个僧人，法号圆观，他有个无话不谈的知音，名叫李源。一日，二人相约到蜀地游玩，游逛之后，圆观想到长安去看看，李源却想顺路到荆州走走。二人争了半天，最后圆观让步了，便一同坐船下了荆江。舟行到南浦时，遇到了一个孕妇，圆观一看，就哭了起来，说：“我不想到荆州来，就是怕遇见她啊！”李源忙问是何原因，圆观说：“这妇人姓王，她怀孕三年都无法生产，就是因为我迟迟不肯去投胎的关系。今天既然遇上了，是再也不能躲啦。你就诵经助我速速往生吧！三天后，你去见那妇人新生的小儿，他会对你一笑。十二年后中秋夜，你在杭州天竺寺外等着，我会与你再相见。”当天傍晚，圆观就断了气，随后，妇人果然顺利分娩。

三天后，李源依约前去，见到新生儿对他咧嘴笑，他忍不住落了泪，只得回家去，等待与故友相逢的日子。十二年后中秋节，李源到了天竺寺，正愁不知该往哪里找人时，忽然听到有牧童敲着牛角唱着：“三生石上旧精魂，赏月吟风不要论。惭愧情人远相访，此身虽异性常存。”李源听了，便高兴地问：“圆观，你过得好吗？”那牧童笑着说：“你真是守信用的人哪！不过，你还有俗缘未了，先回去吧，只要勤奋修行，我们就能再相见。”说完，又唱了首歌，就转身离去，不见踪影了。

这故事有点儿离奇，但很有情味。人是感情动物，对于性情不灭、隔世情缘的事，多少都是乐于相信的。然而人在转世轮回中，果真有个“定相不变”“定情不灭”？其实都是因缘与人之爱欲在作用罢了！

明高僧传

汝等识字者，用耳闻经；不识字者，用心念佛

天下何事耶？吾人自扰之耳

名句的诞生

尝自叹曰："天下何事耶？吾人自扰之耳。朝廷设官愈多，则天下之事愈烦，况释教乎？今僧之苦无他，盖官多事烦耳。所谓十羊九牧[1]，可胜言哉！"遂建言以闻，得旨尽罢诸路总统，天下快焉。

——译经篇第一·释沙啰巴

完全读懂名句

1. 十羊九牧：百姓少而官长多，比喻政令繁多而扰民。

语译：曾经自己叹息说："天底下哪里有什么事呢？都是人自己在骚扰自己。朝廷设置的官愈多，那么天下的事情也就愈来愈烦琐，何况是佛教呢？今天僧人的苦没有其他的，就只是官太多事情太繁而已。所谓'十羊九牧'，就是在说这种情况吧！"于是就将他所知的向元世祖提出建议，得到旨意罢除各地的释教总统，天下之僧人皆感到畅快。

僧人背景小常识

释沙啰巴，西域积宁人，生年不详。孩童时就跟随帝师癹（bá）思巴剃发出家，学习诸部灌顶法。又跟随著栗赤上师学习大小乘佛教。当时有位密教大师，名为剌温卜，沙啰巴曾向他学习佛道，所以，渐渐地擅长讲吐蕃话，且通晓多国文字。后来，帝师迦啰思巴向元世祖推荐沙啰巴，于是便受命翻译当时中国还未见的显教和密教经典。事成后，元世祖特赐“大辩广智”的称号。沙啰巴曾得圣眷荣宠，但急流勇退，选择在坴坻隐居，盖屋种树，准备于此终老。但没多久，又被君王征召至燕京，官拜光禄大夫、大司徒，并赐庆寿寺作为讲经著述之所。沙啰巴所翻译的经典，皆由朝廷官方出版。沙啰巴晚年生病时，谢绝一切医药，于延祐元年十月五日面佛端坐而终。

名句的故事

蒙古族从成吉思汗时代，就开始信奉喇嘛教。至忽必烈时，便以喇嘛教为国教，向全国大力推行。他任命八思巴为国师，统掌藏、蒙地区的喇嘛教，也包括全国各地的佛教。终元朝之世，国师一直都是元帝国佛教界的首脑。除此之外，为了加强对南方佛教的控制，中央又在杭州设置江南释教总统所（后被罢销，改由俗人官员构成的行宣政院负责管理佛教事务），择喇嘛僧统理，管辖江南佛教。

元朝初年的喇嘛僧享有各种特权和经济优势，但也因此造成僧人养尊处优，乱象丛生。持特权而藐视官府、掠夺民产的僧人，数不胜数。这种情形，又以南方特为严重。当释沙啰巴到江南任职释教都总统时，他便大刀阔斧地整顿弊乱，使江南地区释教之风气为之一新，可也因此得罪不少人。这着实是吃力不讨好的工作！释沙啰巴思忖，这些麻烦事追根究底来说，都是因为江南地区的释教总统和喇嘛僧的权力太大了。有道是能管的事愈多，能发生人事弊案的环节也就愈多，于是他索性向元世祖建言，废除这些释教总统。果然，他的提案被采纳了，中央不再于地方设置释教管理官，天下之僧人于是松了口气，对沙啰巴竖起拇指称赞。

历久弥新说名句

印光大师在一封回复李德明居士的书信中曾说："谚云：'天下本太平，唯人自扰之。'智者以智扰，愚者以欲扰。"(《印光大师文钞续编·复李德明居士书》）这是说聪明的人因为太聪明，就想出许多规矩、枝节来困扰自己；而不那么聪明的人，虽然不会被"头脑"障碍，却很容易迷失在各种贪欲之中。然而，无论是聪明反被聪明误，还是被欲望牵着鼻子走，这些都是人的念头造成的，如果这些纷纷的意念能有止息停歇的一天，人们就会发现：心中原本是如此平静，根本不需要多做些什么来使得它变得更好！

心中事如此，天下事亦然。《旧唐书》中也有则讲"天下本自无事，只是庸人扰之"的故事。唐朝有个官员名叫陆象先，他平时做人颇有原则，很能明辨是非。他在任职蒲州刺史时，曾有个小吏犯错，他仅仅责骂了几句，就让那小吏离开了。在一旁的录事官忍不住就说："他犯的这种错，依法来说，应该受到杖责。"陆象先便回答说："我刚刚训他的话，他应该都听懂了，如果每次犯这点错就要依法杖责，我看，你才是那个最需要被杖子打的人！"录事官听了，羞惭得满脸通红。

陆象先曾对人说："天下本自无事，只是庸人扰之，始为繁耳。但当静之于源，则亦何忧不简。"他认为天底下本来没那么多事的，都是一些思想庸碌、不知通情变通的人滋生出来的。人们若能懂得观察事情的起源，思考最合情合理的处置方式，那又何必担忧没有办法大事化小、小事化无呢？陆象先就是有这种待人处事的智慧，所以在他当官的任期内，部属与百姓都能感念他的通情与恩德，和气而太平地过生活。

汝等识字者，用耳闻经；不识字者，用心念佛

名句的诞生

又越七日，除夕，集众告曰：“元年元日吾当行矣。汝等识字者，用耳闻经；不识字者，用心念佛。务禅定智慧，务济物普心[1]，即此是佛，慎弗他求。汝等勉之！”

——*解义篇第二之四·释明龙*

完全读懂名句

1. 济物普心：救济、帮助万物，使心胸广大而周遍。

语译：又过了七天，除夕当日，召集众人说：“万历元年正月一日我就要走了。你们识字的人，要用耳朵听经；不识字的人，就用心念佛号。要专务于修禅定智慧，专务于救济普度众生事，这就是作佛，千万不要再作其他的追求。你们要好好努力！”

僧人背景小常识

释明龙，俗姓姚，名东阳，淮南宿迁人。自幼聪颖好读书，曾考入邑庠（县学）做学生。平日在家广读经典，不问俗事，淡泊而自得。后来，明龙到北方游览名刹古寺时，升起了求道心，三年后就到银山法华寺跟随大光和尚剃发出家，后居住在羊山秀峰庵。当时的休宁司马汪道昆路过法华寺时，

听闻客居于此的明龙法师德高不凡，便要求会面。当小沙弥进门来通报时，却见明龙的僧衣开敞，完全不畏惧寒冷。在谈话中，明龙阐述了达摩祖师西来意，督府等人畅然了悟，这才知道遇上了“真人”。

明龙法师示寂前交代弟子专心致志于佛道，慎勿他求，于明朝万历元年正月一日辞众坐化。当时羊山曾大放光芒，众人皆引以为异。

名句的故事

这段话说的是明龙法师示现圆寂之前后的故事。当时的休宁司马汪道昆和督府前去拜会明龙，听了他阐述“师祖西来意”之后，感到钦佩仰慕不已，便询问明龙能否常住，渡化众人，明龙却回答：“无常无住。”过了没多久，明龙所居住的羊山居然放出五色光。过了七日，在除夕那天，他召集门人，宣布万历元年元日当天他就要离开人世了。于是又细细交代，佛弟子应专心致志于读经念佛，禅定精进，不可舍离本业，颠倒妄想，到他处去寻找成佛的方法。

除夕的晚上，明龙叫弟子出去观望星象，问：“已经午夜了吗？”弟子回答：“已经午夜了！”明龙说：“时候未到，我等中午再走。”正月元日早上，羊山一带又出现了五彩的亮光，到正午时，明龙就端坐断了气。日子又过了七天，羊山再次放出彩光，前来送葬的弟子与信徒都对着明龙的遗体跪拜说：“诸佛菩萨啊，但愿这祥瑞之光能常普照下土！”遗体火化之后，留下成堆的舍利子，督府于是盖了一个佛塔来收藏这些舍利，汪道昆则为这座塔写了篇铭文。

历久弥新说名句

在历代的佛学问答集中，常可见“如何成佛”的问题。就像当初六祖惠能拜见五祖弘忍时，弘忍问他为何而来，惠能回答为求作佛而来一样，到底要怎么修行才能成佛、作佛，这是佛教的修行里一个很基本，却也是很难的问题。

释明龙在圆寂前垂示弟子，即言做好闻经、念佛、禅定智慧、济物普心等事，就是作佛，无须质疑，更不需再向外寻求成佛的快捷方式。我们知道，做这几件事的功效，其实不外乎增长智慧，培养定力，与诸佛菩萨济世的愿力互相感应。总归来说，就是让自己存佛心、做佛事，若能心心念念都向佛、作佛，自然当下也就是佛了。《观无量寿经》云：“是故汝等心想佛时，是心即是三十二相、八十随形好，是心作佛，是心是佛。”讲的也是这样的道理。

是心作佛，是心是佛；可以推想，是心作他物，是心就成了他物。在禅宗公案中，有则这样的故事：有位立志修禅的僧人，每回静坐到接近入定时，就会看到一只大黑蜘蛛缓缓向他爬来。这景象有点可怕，僧人因此就再也静不下心来打坐，他便怀着满腹苦恼，向禅师求救。禅师想了想，说：“下次大蜘蛛再出现的话，你就用墨在它肚子上做个记号吧。”僧人接受了禅师的建议，当他再次静坐，而大黑蜘蛛果然又出现时，他就在蜘蛛的腹中央画了个圈。待僧人结束打坐，站起身来，却赫然发现自己的腹部有个墨汁画的大圆圈。禅师见到了这光景，于是告诉他：“那蜘蛛就是你，是你的想法干扰了你的修行。”僧人这才恍然大悟。一心想着什么，向着什么，那所思之物就会逐渐具形，影响我们的生活。心若向着正面的事物，人就能提升；反之，则沉沦。人的心念的力量，真是难以估量啊！

法无二故，见无二见

名句的诞生

帝又问曰："前日在此阁坐，忽思得不与万法为侣有个见处。"远曰："愿闻。"帝曰："四海不为多。"远曰："一口吸尽西江水又如何？"帝曰："亦未曾欠阙。"远曰："才涉思惟便成剩法[1]，正使如断轮[2]，如闪电，了无干涉。何以故？法无二故，见无二见，心无别心，如天无二日。"帝悦，赐"佛海大师"之号。

——习禅篇第三之一·释慧远

完全读懂名句

1. 剩法：多余的、不必要的方法。
2. 断轮：此处应是引用《庄子·天道》"桓公读书于堂上，轮扁斫轮于堂下"的典故，取刀斧劈木造轮的精准利落之意。

语译：孝宗又问："我前天在这阁中静坐，忽然想明白了'不与万法为侣'的意思。"慧远说："请让我听听您的说法。"孝宗说："四海不算多。"慧远说："那'一口吸尽西江水'怎么解释？"孝宗说："这也不曾有少过。"慧远说："法只要一涉及想法、念头就成多余虚假的了，应该使之如劈木造轮般精准利落，如闪电般迅捷不落痕迹，彼此之间互不干涉。为什么呢？因为法没有二法，见没有二见，心也没有其他的心，就像天上没有两个太阳一样。"孝宗听了大感高兴，赐予慧远"佛海大师"的称号。

僧人背景小常识

释慧远，俗姓彭，眉山金流镇（今四川省乐山市夹江县三洞镇）人。十三岁时，在药师院宗辩禅师座下出家，后来成为临济宗圆悟克勤的弟子。某日，圆悟在堂上讲庞蕴问道一禅师“不与万法为侣”的公案，慧远忽然顿悟，随即扑倒在地。众人将他扶起后，慧远于是说：“吾梦觉矣！”到了夜里，慧远谒见圆悟，问道：“净裸裸空无一物，赤骨力贫无一钱，户破家亡，乞师赈济。”圆悟说：“七珍八宝一时拏。”慧远又说：“祸不入谨家之门。”圆悟又说：“机不离位，堕在毒海！”慧远便大喝一声，圆悟便以长杖击床，说：“吃得棒也未？”慧远又大喝，圆悟连喝两声。慧远随即跪地礼拜，从此之后，他机锋峻发，无所障碍。

慧远刚开始出世化众时，住于皋亭山显孝寺。乾道六年十月十五日，奉诏迁往灵隐寺，此后便常与宋孝宗往来应对，得御赐称号为“佛海大师”。慧远于淳熙三年示寂，死后七日，面容颜色红润，宛如活人。目睹的人无不称奇，从而增加了修行的信心。

名句的故事

要了解这段对话，得先读读另一则公案。唐朝有位留名佛教史的在家居士，叫庞蕴。庞蕴年轻时，曾到江西参礼道一禅师，他问：“不与万法为侣者是什么人？”“万法”是世间的一切现象，“不与万法为侣”即不和这些虚幻不实的“相”常伴左右，所以，庞蕴是在问：能看见“实相”的是什么人？如何能够？马祖回答："等你能一口吸尽西江水时，我就告诉你。"据说，庞蕴一听，当下茅塞顿开。

为什么禅师不直接回答呢？因为洞见实相这件事，无法言传，只能靠悟。一口吸干西江水，就是在刹那穿越千万种现象，直抵明心见性之境。

孝宗说"四海不为多"，意思是天下诸相虽多，但本质相同，皆为虚幻，故何多之有？又说，"亦未曾欠阙"，这是想表达他了解自性本自具足，什么都不缺。慧远大师根据某些观察，判断出孝宗是用"头脑"在思考这个问题，而不是真的体悟，所以就讲了"法无二故""见无二见"的道理。这正是"真人一出手，便知有没有"，在明眼人看来，真开悟和"假性悟"之分，是清清楚楚，无法混淆的。

历久弥新说名句

去过高雄佛光山游览的人都知道，那儿有个不二门。"不二"在佛教里有很深奥的意涵，但简单来说，它代表的是实相不二，道心不二。所谓"二"，指的是事物两两相成的现象，例如：有高就有低，有美就有丑，说"无"即是与"有"相对。在佛教里，修行者追求的是明心见性、洞见实相，自然不能被世间的种种"二"法所迷惑，因此真理不二，修行者也应该使自己的见识不二——不偏执于"有"，也不偏执于"无"。

因为"法无二"，所以"见"亦应"无二"。但世间之事物何其繁多，如何能做到见识不二？"一口吸尽西江水"是个很巧妙的比喻，形容开悟之人能在电光石火间，穿透种种虚相而见到实相，那就好像一口气就吞下整条西江的水一般！

宋朝《嘉泰普灯录》中，有几句意境很美的话：“千江同一月，万户尽逢春。”“千江有水千江月，万里无云万里天。”踏遍千山万水，仰头一望，仍是同一个明月；三、四月一到，同一气候区的千万人家，都能感受到暖暖春意。美国的月亮不会比中国圆，台北东区的春天，不会比西区更温煦。这是要人在“异中见同”，在诸法虚相中见到不动之实相。在月轮当空的晚上，放眼望去，有江有水的地方，那儿就有一个倒映的月亮；但真实的月亮，只有高挂在天空那一个。若能把缭绕在心头、如云雾般的烦扰障蔽拨去，那如万里晴空般的心，自然就能有澄净的智慧，不二的“眼力”。

着衣、吃饭、屙屎、放尿、驮个死尸路上行

名句的诞生

元曰："你但将诸方参得悟得，并圆悟、妙喜[1]与你说得底，都不要理会。途中我可替者尽替汝，只有五事替不得，须自承当。"曰："何为五事？"元曰："着衣、吃饭、屙屎、放尿、驮个死尸路上行。"谦于言下大彻，不觉手舞足蹈。

——习禅篇第三之二·释道谦

完全读懂名句

1. 圆悟、妙喜：皆为禅师的名号。

语译：宗元说："你且将那些人已经参悟了的，连同圆悟、妙喜跟你说的那些道理，都暂时不要理会。一路上能替你帮你的我都会做，只有五件事我无法帮替，你必须自己承担。"道谦说："这五件事是什么？"宗元说："穿衣、吃饭、拉屎、放尿、扛个尸体在路上走。"道谦听了这番话终于大彻大悟，不自觉欣喜地舞动跳跃。

僧人背景小常识

释道谦，宋朝人，生卒年与家世皆不详。他最初来到汴京依止圆悟禅师，但无所获；又跟随妙喜禅师居住于泉南，长年服侍他。妙喜即大慧普觉禅

师，是南宋时推行参话头的一代高僧。道谦参禅二十年，经常为迟迟不能开悟感到苦恼，后来因缘际会，借由好友宗元的点拨，竟实时顿悟。古书记载了几则道谦在上堂时对徒众说的话，皆发人深省。例如，某日上堂，道谦说："从西土来的祖师大德，在中土这儿秘密交付了某些东西，这'密付的心'是什么？"而后自答说："秋季八月天，哪里热？"诸如此类，皆是打禅语，欲门人实时参透玄机之意。

名句的故事

道谦法师年纪轻轻就出家参禅，二十年过了，他的同参一个一个开悟，只剩他还像根木头一样。有天老师派他出门将一封信送到长沙去。道谦听了就满心不愿意，心想："我参禅的功课还没个进度，要是出远门办这件事，岂不蹉跎了大好时光？"他把这想法告诉了好友宗元，宗元听了就骂道："老师叫你去办事，怎可不从？"道谦心里一纠结，竟哭了起来："我这辈子都不能开悟了！"

宗元便要道谦宽心，别再胡思乱想，要是觉得旅途艰辛又费时，他可以一起同行，打点一切杂务，但唯有五事爱莫能助。道谦问是哪五事，宗元便说，此五事乃"着衣""吃饭""屙屎""放尿""驮个死尸路上行"。道谦原本满腹心不甘情不愿，一听见"驮个死尸路上行"，竟豁然大悟。过了几个月，道谦事情办完，回寺里交差时，他师父走出来迎接，远远就对他大喊："建州小子，你这回真的不一样啦！"语毕，师徒皆开怀大笑。

古德说，人生大喜莫过于开悟，由此可见。

历久弥新说名句

历史上还有另一个著名的参“拖死尸”而得悟的例子。南宋时的高峰原妙是位了不起的禅师，他年轻时跟随雪岩和尚参话头，经常莫名其妙就挨老师一顿打骂。雪岩最初要原妙参“无”字，他用功了好一阵子，成果却很不理想。一日，老师去探视他参话头的情形，说：“谁给你拖个死尸来？”声未绝，又以痛拳打他。原妙听了之后，仍是满头雾水，只得继续用心苦思。

又过了好几个月，一天晚上，原妙在睡梦中记起之前有位断桥和尚曾要他参“万法归一，一归何处”，醒来后，他忽然觉得这件事非常重要，于是就不言不语，废寝忘食地专注在这句问话上。就这样，他像呆人般过了几天几夜。第六天，他跟着众僧人到祖师堂诵经，抬头一望，见到法演和尚的画像赞语，其诗曰：“百年三万六千朝，反覆元来是这汉。”忽然他像被雷击般，轰然醒来，就在这刹那，他悟了那句“谁给你拖死尸来”的意思。

既然悟了，原妙就去拜见老师。雪岩一见他进门来，就问：“谁给你拖个死尸到这里？”原妙没有回答，只是大喝了一声。老师于是拿起拐杖，就要往他身上打。原妙见长杖要打下来了，便伸手接住，说：“师父，今天你不能打我！”雪岩问：“为什么不能打你？”原妙没有说话，只是拍了拍衣袖就走了。第二天，雪岩见到原妙，劈头就问：“万法归一，一归何处？”原妙说：“狗舔热油铛。”雪岩问：“从哪里学这种鬼话来的？”原妙笑嘻嘻地说：“就是要师父您问呢！”雪岩于是很高兴地走开了。从此之后，师徒二人机锋竞辩，不相上下。

原妙禅师后来在他的语录中说，修禅的人要对自己发真疑问，但不可稍有懈怠动摇，要“如个守尸鬼子，守来守去，疑团子欻然爆地一声，管取惊天动地”。原来，“拖死尸”不只是指责、点破修道者的执念而已。学人要先能专注“守尸”，然后再注意到“守尸”的是谁，“尸体”又是谁，如此渐进，才能了悟。一句看似简单的“驮个死尸路上行”，里头的深意却颇为奥妙。

地炉无火客囊空，雪似杨花落岁穷。拾得断麻穿坏衲，不知身在寂寥中。

名句的诞生

因住莞山而刀耕火种[1]单丁[2]者一十七年。尝有偈曰："地炉无火客囊空，雪似杨花落岁穷。拾得断麻穿坏衲，不知身在寂寥中。"

——习禅篇第三之二·释行机

完全读懂名句

1. 刀耕火种：用刀砍树，用火烧杂草，以恢复地力。
2. 单丁：独自一人。

语译：因此就住在莞山，辛勤耕作，独自生活，过了十七年。曾有一偈说："地上的炉子没有柴火而旅客的行囊空无一物，白雪像杨花一般无尽地飘落在岁末之时。捡拾断裂的粗麻裳，穿着破旧的僧衣，我浑然不觉置身在寂静冷清的大地中。"

僧人背景小常识

释行机，宋朝人，自号简堂，台州杨氏之子，生卒年不详。行机禅师年少时风姿秀异，才冠群儒。二十五岁时，弃妻别子出家学道。剃度后，曾四处游历参访，拜在护国景元禅师座下，专心参学。过了几年，行机为求大彻大悟，暂时辞别师父，独自前往莞山隐居修行，过了好一段清苦艰难的岁月。一日，听闻樵夫砍树落地声，顿然开悟。而后由于机缘成熟，行机应邀前往江州，成为圆通寺的住持。他登座一开讲就说："圆通不开生药铺，单单只卖死猫头。不知那个无思算，吃着通身冷汗流。"把前来闻经求法的僧俗大众都吓了一跳，方知这位新来的住持是个异人，从此法席大振。几年后，行机自圆通寺移住国清寺，后退居在景星岩。南宋孝宗淳熙五年，又移往他处隐居至殁。时人谓行机禅师为"佛法中津梁"。

名句的故事

台州国清简堂行机禅师，是继承护国景元禅师衣钵之人，他早年时跟从师父学道有成，为求彻底的觉悟，自愿进入番阳莞山苦修。他独自在深山里住了十七个年头。某年，正值冬天最冷的时期，雨和雪连番落下，屋里却没柴可生火，也没存粮可充饥。如此险恶的生存环境，他却仿佛无知无觉，依旧自在过日。这首偈就是在此种状态下写成的。

"地炉无火客囊空""拾得断麻穿坏衲"，是常人很难忍受的物资贫乏状态，但他却说"不知身在寂寥中"。为何会不知呢？因为他一心专注在修行、求开悟上头，四周环境的变化，有饭吃或没饭吃，竟都成了次要的，甚至是不重要的事！就是有此等超凡的忍受力与专注力，他才能慢慢催熟了大彻大悟的契机。就在某日闲观樵夫砍树时，行机禅师被树干倒地所发出的轰然巨响震得大彻大悟，平日那一点障碍于心胸的东西，都像化冰般消释了！正是"不经一番寒彻骨，焉得梅花扑鼻香"，高僧修行得道的故事，往往都是如此。

历久弥新说名句

古德有偈云："埋头雪岭岂平常，为道忘躯世莫量。不经一番彻骨后，如何做得法中王？"修行者匿迹于深山野岭，过着清苦异常的生活，他们那种求道的决心、勇气和耐力，的确不是一般人所能体会了解的。更可贵的是，这些人还能不以为苦，安然自得地过日子，他们的内心比那些生活优渥的人还要更富足、平静。

古往今来，不只是修行者，读书人也很能借由理事通达而忘忧忘我、安贫乐道。最著名的两个例子，就在《论语》里。子曰："贤哉，回也！一箪食，一瓢饮，在陋巷，人不堪其忧，回也不改其乐。"颜回的生活阶层，用今天的话来说就是"三级贫户"，这是何等让人忧愁郁结的境况啊！但颜回不但没发愁，甚至还"逆向操作"，反而乐在其中。这是因为颜回读书养性有成，他能安于内在的丰富与学习进取的动力之中，简单的快乐、单纯的平静就使得他能"安于贫"。

另一个例子是孔子。有一次，楚国的大夫叶公向子路打听孔子的为人，碍于学生不宜妄自评断老师，子路便缄默不答。后来孔子知道了，就对子路说："女奚不曰'其为人也，发愤忘食，乐以忘忧，不知老之将至'云尔！"忘食、忘忧、忘老，这不寻常的"忘"，来自孔子对于学习之不寻常的专注和热诚。志于道，则内在丰富满足，形躯乃至于外在环境的优劣，都不能左右他的信念和心情。

明朝的憨山德清禅师曾写过一首《山居诗》："寒威入骨千峰雪，怒气冲人万窍风。衲被蒙头初睡醒，不知身在寂寥中。"这里的"不知身在寂寥中"和释行机所说的如出一辙。他不是真的无感无觉，否则，怎会有“寒威入骨”之雪、“怒气冲人”之风的形容？在山里修行的人，对于无衣无被而无法防御的冷，还是很有切身之感的，只是不去执着于冷、无御寒衣物这些事情上。他放下了冷与物质匮乏，而抵达心里平静自足之境。不知身在寂寥中，只知心在寂静中，这是何等超越的境界啊！

如风吹水，自然成文

名句的诞生

偶有道者问曰："猢狲[1]捉不住时奈何？"师曰："用捉作什么？如风吹水，自然成文。"

——习禅篇第三之四·释祖先

完全读懂名句

1. 猢狲：猕猴。

语译：偶然有求道者问："猕猴抓不住时该怎么办？"祖先法师说："抓它做什么？就像风吹皱水面一样，自然有波纹出现。"

僧人背景小常识

释祖先，字破庵，俗姓王，四川广安人。祖先年幼出家，师从罗汉院德祥禅师；后来参礼随庵守缘禅师时，因相谈投契，遂留在此处，负责管理寺院内的香烛。后又参学于水庵师一禅师，水庵师一禅师卸职归隐后，祖先又前往参谒密庵咸杰禅师，被禅师留下担任寺院内的知客。咸杰知道这个弟子是大根器，便特意鞭策调教。一日，咸杰于堂上讲解"不是风动，不是幡动，亦是心动"的公案时，祖先听闻后，顿然省悟。咸杰禅师移居蒋山时，祖先亦随行前往，在五年内侍奉师父、修身克己，殷勤不懈，因而尽得咸杰禅师的真传，继承其衣钵。祖先在讲经弘法时期，曾先后常住于夔州卧龙山咸平禅院、平江穹窿山福臻禅院、广寿慧云禅寺等佛刹。祖先圆寂于南宋宁宗嘉定四年时，得年七十六。临终前有偈曰："末后一句，已成忉怛。写出人前，千错万错。"

名句的故事

这个故事发生于祖先禅师在灵隐寺担任首座代师说法期间。有一日，寺里来了一位修行者，他见到祖先，便恭敬地问："猢狲子捉不住该怎么办呢？愿垂开示。"一个修行者，怎么会有抓猴子的问题呢？原来，"猢狲"在佛门中是一个惯用的譬喻，指的是凡夫狂野难驯的心。这修行人想问的是：我这奔驰狂乱的心，该如何才能安定下来呢？

祖先回答："用捉作什么？如风吹水，自然成文。"在禅宗里，要收服妄想颠倒的心，靠的不是"以意念制意念"，而是什么都不做，只静静地看着心念起落生灭。如此便能慢慢体会到，心念造作的一切都是幻生幻灭，当然更是无须随之起舞，时而哀怒时而喜乐。这和当年慧可向达摩问如何安心的故事有点类似，达摩回答："将心来，与汝安！"就在慧可诧异于"心"如何能拿得出来时，便忽然悟了！那些令人不安的心念，根本是"拿不出来"的虚幻之物，既然是虚幻不实，又何必被它左右呢！

历久弥新说名句

古代伊斯兰地区，有一群智慧的先知，他们用抓蝴蝶的比喻说明真理与人的关系：当人努力想抓住蝴蝶时，总是很容易扑了个空；但是只要人静静地坐下，蝴蝶就会飞到身边来。在这里，“蝴蝶”的比喻和“猢狲”的比喻有异曲同工之处，以动制动绝非聪明的法子，以静制动才是上上之策。

宋朝的文人苏洵，对于“自然成文”有很精妙的诠释。风与水本是不同的两样东西，而当它们相遇时，所激荡出的波纹或浪涛，皆是偶遇而自然，而有千万种令人看不厌的样态。因此“风水之相遭”能成就“天下之至文”。原因在哪里呢？那是因为风与水是“不期而相遭”“无意乎相求”，而千变万化的美丽水纹就这么自然而然地激荡出来。又因为“自然”，所以它最美，是“天下之至文”。

苏洵这种想法，也影响了他的两个儿子（苏轼和苏辙）写文章的态度。苏轼就有句名言说作文应“如行云流水，初无定质，但常行于所当行，常止于所不可不止”。这意思是，写文章不要刻意雕琢铺排，这样写不出自然率真的作品，要随着文思、情感自然流动，写到该停止时就停下来。这样的作品，就有“自然成文”的趣味，读者也容易读到作者寄寓其中的真生命、真性情。既然能展现出“真”，不也就是最好的作品了吗？

写文章和身心修行，经常都是同个道理的事。若把“猢狲”当成“词语”或“构句”，试着问一问，我们也能以“用捉作什么？如风吹水，自然成文”作为答案。善于引导孩子写文章的作家李崇建，他就主张以写“烂作文”的心态来作文章，慢慢地就能练出一手“纸上功夫”。其中的原理很简单，当人们遍索枯肠还找不到好字句时，通常都是犯了“求好心切”的毛病。一心一意想写“好作文”的人，就是很容易写出平庸文章的人。但那些一开始就放胆去写，不在乎成败的人，即使最初真的写出烂作文了，那也无妨，他起码懂得何谓自然抒情，何谓按着自己的节奏写作，只要假以练习，就能自然成文——成就“天下之至文”！

来无所来，去无所去

名句的诞生

嘉泰二年八月四日，手书别公卿。垂语示学者曰："有大力量人，因甚抬脚不起？"又曰："开口不在舌头上。"贻嘱弟子以阐法是务。乃书偈曰："来无所来，去无所去。瞥转玄关[1]，佛祖罔措[2]。"加趺[3]而逝，寿七十一。

——习禅篇第三之四·释崇岳

完全读懂名句

1. 玄关：通过玄妙关门，直见清净自性。

2. 罔措：不知所措。

3. 加趺：盘腿而坐。

语译：南宋宁宗嘉泰二年，崇岳禅师亲手写信告别三公九卿。他留下话语昭示学生说："力量很大的人，为何没办法将自己的脚抬起来？"又说："开口不在舌头上。"这是嘱咐弟子以阐述佛法为第一要务。于是写下一偈说："来没有来的地方，去没有去的地方。当人一转念，瞬间掠见清明本性时，连佛祖都会高兴得不知该怎么办才好。"他盘腿打坐而过世，年寿七十一岁。

僧人背景小常识

释崇岳，俗姓吴，生于处州龙泉之松源，故以松源为号。崇岳自幼聪颖非凡，二十三岁时离家访道。因听闻大慧宗杲禅师夸赞应庵昙华禅师“为人径捷”，便前往参礼师学。在应庵禅师门下，崇岳用功精进，颇得师父器重。一日，参“狗子无佛性”有所醒悟，应庵以为崇岳是个难见的法器，便劝他出家。南宋孝宗隆兴二年，崇岳始于临安白莲精舍落发为僧。尔后，他仍旧四处游访，直至参谒密庵咸杰禅师，听他问僧人“不是心，不是佛，不是物”之语，忽然大彻大悟，而得禅门之心印。崇岳出世化众后，先后常住于平江澄照、明州之香山等道场。南宋宁宗庆元三年，奉旨前往灵隐寺开法席，一时僧俗聚集，颇得爱戴。嘉泰二年八月四日，示寂于灵隐寺东庵，得年七十一。南宋大文人陆游为崇岳禅师写了篇铭文，称其为“真临济正宗，应庵密庵之真子孙也”。

名句的故事

崇岳禅师年轻时，曾参礼于木庵安永禅师，可是，没待多久，他就又想离开，另寻名师。临别时，安永以一则公案测验他，崇岳应答机巧，但却不是令人很满意。安永便叹息道：“你说话很机灵，我比不过。只是，你这样的程度，哪天要是也当了老和尚，是教不得人，也验不得人的！”崇岳辩解道：“教人固然是很难的，但验人这件事，只要他打从眼前过，不待开口，就应知晓，何难之有？”安永摇头说：“我刚刚说了，开口不在舌头上，你以后自会明白。”

一年后，崇岳来到衢州，参见密庵咸杰禅师。刚开始，他和咸杰问答都很流畅，可是渐渐地，咸杰却笑而不答，让崇岳一肚子的聪明话无从说下去。某日，咸杰问一僧人：“不是心，不是佛，不是物，是个什么？”崇岳听了，便当下大悟，手舞足蹈地说："我终于知道木庵和尚说'开口不在舌头上'是什么意思了！"原来，崇岳犯的是聪明人都很容易犯的错，就是把知识思考、嘴上功夫当成某种修行成果，但真修行要修的是穿越幻相，直见本心。

后来，崇岳临终前留下两句话，都与他当年的彻悟有关："大力士为何抬不起自己的脚？""开口不在舌头上。"这都是在提醒人，不要被自己制造的障蔽阻碍了修行。了悟的人，就能"来无所来，去无所去"。若一念之间，见到了法性实相，那种觉悟的快乐，连佛祖都会喜不自胜呢！

历久弥新说名句

"如来"是佛的称号之一，梵语作"Tathāgata"，直译成中文是"有如来了"。有如来了，并不是真的来，但也不是没有来。如来的真实法身没有去来的问题，但能作无数的化身来到世间渡众。所以既是来了，也是没有来。《金刚经》说"如来者，无所从来，亦无所去，故名如来"就是这个意思。

台湾地区当代的净土大师广钦老和尚圆寂前，曾用闽南语讲了一句"无来无去无代志"，这话甚有禅意。老和尚看起来就要离开人世了，常人会当成他要走了，可事实上他本没有"走""来"的差别。自性一直都是"如如不动"的，会生灭起伏的，都不是实相。所以，老和尚其实哪里都没有去，当成他死了、走了，甚至感到伤心的人，就是还没透彻体悟"如来"的意思。

在释迦牟尼即将入灭时，一直在他身旁服侍的阿难比丘十分伤心难过，《大智度论》形容他"亲属爱未除，未离欲故，心没忧海，不能自出”。这是说阿难当时还不能远离爱欲诸相，以致耽溺在情绪中，不能自拔。有个名叫阿泥卢豆的长老，就前来提醒他说：“汝守佛法藏人，不应如凡人自没忧海！一切有为法，是无常相，汝莫愁忧！”这是告诉阿难，释迦牟尼的肉身虽然快要坏了、消逝了，但他的自性如来其实没有生灭的变化。佛陀来，佛陀去，都只是一时的现象而已啊！

图书在版编目（CIP）数据

四朝高僧传 / 文心工作室编著. — 上海：上海三联书店，2021.3

(中文经典100句)

ISBN 978-7-5426-7242-1

Ⅰ. ①四… Ⅱ. ①文… Ⅲ. ①僧侣-列传-中国-古代 Ⅳ. ①B949.92

中国版本图书馆CIP数据核字(2020)第212265号

中文经典100句：四朝高僧传

编 著 者 / 文心工作室

总 策 划 / 季旭昇

责任编辑 / 朱静蔚

特约编辑 / 李志卿　王焙尧

装帧设计 / 微言视觉 ｜ 苗庆东

监　　制 / 姚 军

责任校对 / 曹雁林

出版发行 / 上海三联书店

(200030) 上海市徐汇区漕溪北路331号中金国际广场A座6楼

邮购电话 / 021-22895557

印　　刷 / 山东临沂新华印刷物流集团有限责任公司

版　　次 / 2021年3月第1版

印　　次 / 2021年3月第1次印刷

开　　本 / 889×1194　1/32

字　　数 / 274 千字

印　　张 / 12.25

书　　号 / ISBN 978-7-5426-7242-1 / B · 712

定　　价 / 59.80元

敬启读者，如发现本书有印装质量问题，请与印刷厂联系0539-2925680。